IMPRESSUM

Bibliografische Information der Deutschen Nationalbibliothek: Die deutsche Nationalbibliothek verzeichnet diese Publikation in der Deutschen Nationalbibliografie; detaillierte bibliografische Daten sind im Internet über www.dnb.de abrufbar. Alle Rechte der Verbreitung, auch die das auszugsweisen Nachdrucks, der fotomechanischen Wiedergabe und der Verwertung durch Datenbanken oder ähnliche Einrichtungen vorbehalten.

Copyright©: Verena Arps-Roelle and Sebastian Arps, 2025
Cover Design: act & protect®

Verlag: BoD · Books on Demand GmbH, Überseering 33, 22297 Hamburg, bod@bod.de
Druck: Libri Plureos GmbH, Friedensallee 273, 22763 Hamburg

ISBN: 978-3-7597-8483-4
(4. Auflage)

WIDMUNG

Für alle Überlebenden von Gewalt, die trotz der Dunkelheit das Licht in sich bewahren. Euer Mut und eure Stärke sind eine Inspiration für uns.

DIE AUTORIN

Verena Arps-Roelle ist die Gründerin der Initiative „act & protect® - GEGEN SEXUALISIERTE GEWALT". Als Aktivistin und Expertin setzt sie sich für die ganzheitliche Thematisierung von sexualisierter Gewalt ein. Ihr besonderes Augenmerk liegt dabei auf (Unterhaltungs-)Sexismus, Stereotype und Schuldumkehr. Verena nutzt ihre persönliche Erfahrung als Betroffene und Überlebende sexueller Gewalt, um präventive und intervenierende Maßnahmen zu vermitteln, die umsetzbar sind und nachhaltig wirken. Denn sie kennt die Auswirkungen von verbaler, nonverbaler und körperlicher sexualisierter Gewalt. Darum widmet sie sich ehrenamtlich der Unterstützung anderer Aktivist*innen, Institutionen und Kampagnen für gesellschaftlichen und politischen Wandel. Als Consultant und Trainerin der von ihr initiierten „act & protect® Academy" bringt sie gemeinsam mit Sebastian Arps ihre umfassende Expertise in die Begleitung von Unternehmen, Vereinen, Nichtregierungsorganisationen, Bildungseinrichtungen und individuellen Anliegen ein. Ihr Ziel ist es, Menschen zu stärken, sodass sie selbstbewusst und selbstwirksam für sich selbst und andere eintreten können. Zudem zertifiziert sie Organisationen mit dem „act & protect®-Siegel". Als Speakerin begeistert Verena auf der Bühne - präzise, packend und konstruktiv.

Erfahren Sie mehr über Verena und ihre Arbeit auf:

www.actandprotect.de
www.elementartraining.de/actandprotect

DER CO-AUTOR

Sebastian Arps ist Experte für (Neuro-) Kommunikation, Soziologe und Wirtschaftspsychologe. Als Inhaber von Elementartraining begleitet er Unternehmen und Persönlichkeiten in individuellen Prozessen. Seine Arbeit zeichnet sich durch eine kreative und konstruktive Herangehensweise aus, die nachhaltige Veränderungen auf geschäftlicher und persönlicher Ebene schafft. Mit seinem tiefen Verständnis für Strukturen und Bedürfnisse hinterfragt er kritisch bestehende Prozesse, um Unternehmen und Menschen dabei zu helfen, festgefahrene Muster zu erkennen und zu durchbrechen. Sebastians Arbeit basiert auf den vier Elementen der Persönlichkeit: Perzeption, Emotion, Kognition und Verhalten. Diese Elemente, vergleichbar mit den vier Grundelementen des Lebens auf der Erde, wirken nur im Zusammenspiel miteinander. Sie beantworten grundlegende Fragen: Was nehme ich wahr? Was fühle ich? Was erkenne ich? Wie verhalte ich mich? Viele der Methoden, die in diesem Buch vorgestellt werden, hat Sebastian für die act & protect® Academy (weiter-)entwickelt und in der Praxis erprobt. Im Jahr 2024 hat Sebastian gemeinsam mit Verena Arps-Roelle das Bündnis „Gemeinsam für Demokratie" initiiert, mit dem er sich für demokratische Werte einsetzt - auch im Unternehmenskontext.

Lesen Sie mehr über Sebastian und seine Arbeit auf:

www.elementartraining.de
www.gemeinsamfuerdemokratie.com

AKTUELLE ANLIEGEN

Unsere gemeinnützige Arbeit beinhaltet auch das Verfassen und Veröffentlichen von Petitionen auf change.org und an den Deutschen Bundestag. Anbei erhalten Sie einen Überblick über unsere aktuellen Petitionen, Stand Januar 2025.

GESETZLICHE VERANKERUNG VON CATCALLING ALS STRAFBESTAND

In Deutschland wird „sexuelle Belästigung" aktuell nur dann als solche anerkannt, wenn es zu Körperkontakt gekommen ist (Stand: November 2020). In vielen europäischen Ländern, wie Frankreich, Belgien, den Niederlanden, Spanien und Portugal, ist Catcalling, also das sexuell anzügliche Rufen, Reden, Pfeifen oder Gestikulieren gegenüber einer Person in der Öffentlichkeit, jedoch bereits strafbar. Unsere Forderung, Catcalling als eigenständigen strafrechtlich relevanten Tatbestand in die deutsche Gesetzgebung aufzunehmen, ist Teil der Leitpetition PET 4-20-07-49121-003699, die derzeit vom Deutschen Bundestag geprüft wird.

#MEHRSCHUTZINWERBUNG

Diese Petition setzt sich gegen sexualisierte Darstellungen in Werbung und Medien ein - sowohl online als auch offline, insbesondere in Bezug auf Werbung, die Kinder und Jugendliche betrifft. Ziel ist es, diskriminierende stereotype Vorurteile und Selbstbilder durch Aufklärung, Kompetenzentwicklung und interdisziplinäre Weiterbildung zu verhindern. Der Fokus liegt auf der Bekämpfung sexualisierter Werbung und deren Missbrauch im Darknet durch Deepfakes (echt wirkende, mit Künstlicher Intelligenz manipulierte Bild-, Audio- oder auch Videoaufnahmen) und Non-Nudes (sexuell anzügliche Bilder von nicht nackten Menschen). Die Petition trägt die ID 139418 und wird aktuell durch die Petitionsausschüsse der Landtage abschließend geprüft.

KIND- UND BETROFFENENGERECHTE JUSTIZ

Für die Unterstützung von Betroffenen ist eine dem Alter und den Bedürfnissen angepasste Verfahrensgestaltung unerlässlich. Dazu gehören Videovernehmungen, qualifizierte Vertrauenspersonen und der interdisziplinäre Austausch aller beteiligten Akteur*innen, ergänzt durch verbindliche Qualitätsstandards. Das aus Skandinavien stammende Barnahus-Modell dient als Vorbild. Diese Petition, ID 139212, wird aktuell durch die Petitionsausschüsse der Landtage abschließend geprüft.

STOPPT UNTERHALTUNGSSEXISMUS UND SEXUALISIERTE GEWALT IM REALITY-TV

Der Schutz von Teilnehmenden und Zuschauenden vor sexistischen und übergriffigen Inhalten, insbesondere in Reality-TV-Formaten, erfordert sichere Rahmenbedingungen. Ziel der Petition ist es, grenzüberschreitendes Verhalten zu sanktionieren, den medialen Umgang mit sensiblen Themen zu verbessern und alle Mitwirkenden zu schützen. Diese Petition liegt dem Deutschen Bundestag sowie dem zuständigen Landtag Nordrhein-Westfalen unter der ID 167903 vor und wurde der Rundfunkkommission der Ministerpräsident*innen der Länder sowie den Landesmedienanstalten zur Prüfung übermittelt.

PROLOG

Sexualisierte Gewalt ist ein allgegenwärtiges Problem, das jedoch nicht alltäglich sein darf. Es tritt in sämtlichen soziokulturellen und strukturellen Kontexten auf: Familien, Vereinen, Sport, sozialen Netzwerken, Werbung, Medien, Schulen und Arbeitsumgebungen. Und genau hier betrifft es mehr Menschen, als zumeist angenommen. Dieses Buch widmet sich daher umfassend diesem Thema. Dabei folgen wir den drei Schritten auf dem Weg zu gewaltfreien Kulturen:

1. Sexualisierte Gewalt erkennen

Der erste Schritt umfasst das Wissen um Definition und die verschiedenen Formen sexualisierter Gewalt am Arbeitsplatz. Wir klären auf, welche Normen, Dynamiken und Motive es gibt, enthüllen durch Beispiele und Fakten die dunkle Realität und entlarven Mythen und Vorurteile. Wir erörtern, wann sexualisierte Gewalt beginnt und welche Auswirkungen sie hat - persönlich, gesellschaftlich und unternehmerisch.

2. Sexualisierte Gewalt benennen

Der zweite Schritt beleuchtet mögliche Folgen, präventive Maßnahmen und angemessene Interventionen. Wir zeigen auf, wie Unternehmen, Politik, Gesellschaft und jede*r Einzelne Selbstwirksamkeit spüren, Selbstermächtigung erlangen und Verantwortung übernehmen kann. Dazu gehört auch, sich der eigenen Betroffenheit, Privilegien und Grenzverletzungen bewusst zu werden.

3. Sexualisierte Gewalt beenden

Der letzte Schritt vereint konkrete Tipps und Methoden zum Setzen von Grenzen in sensiblen Situationen. Und zwar klar, konstruktiv und - wenn notwendig oder gewünscht - beziehungserhaltend. Wir bieten Strategien für alle Beteiligten an, von Betroffenen, Zeug*innen und Allies bis zu Täter*innen. Denn wir alle gewinnen, wenn wir sexualisierte Gewalt am Arbeitsplatz erkennen, benennen und beenden.

Dabei halten wir uns an den Grundsatz, dass Gewaltfreiheit nicht mit Schubladendenken, Generalverdächtigungen oder Misstrauen verbunden sein darf. Vielmehr streben wir eine transparente, wertschätzende, inklusive und produktive Arbeitskultur an - eine Kultur, die klare und konstruktive Wege im Umgang mit sexualisierter Gewalt bietet.

Seien Sie ein Kaktus.

In diesem Buch werden Sie auf unser Kaktussymbol stoßen. Der Kaktus dient als Erinnerung, eigene Stärken zu erkennen und zu nutzen: Fahren Sie Ihre Stacheln aus, setzen Sie Grenzen und verteidigen Sie sich und andere selbstbewusst. Das Kaktussymbol signalisiert Methoden und Ansätze, die helfen, in schwierigen Situationen entschlossen und respektvoll zu handeln. Es soll Sie ermutigen, Ihre individuellen Stacheln auszufahren, zu piksen und sich zu behaupten. Und mehr Kaktus zu sein.

CONTENTHINWEIS

Dieses Buch bietet einen umfassenden Einblick in das sensible Thema "Sexualisierte Gewalt am Arbeitsplatz". Es dient nicht als juristische Beratung oder therapeutische Unterstützung. Es dient als tief gehende Auseinandersetzung mit den verschiedenen Facetten sexualisierter Gewalttaten, ihren Auswirkungen sowie präventiven und intervenierenden Maßnahmen im Arbeitskontext.

Sie als Leser*innen erhalten ein Verständnis für die unterschiedlichen Formen sexualisierter Gewalt und wie Sie diese zuordnen können. Sie werden mit Wissen, Ermutigung und konkreten Handlungsoptionen ausgestattet. Die Inhalte decken ein breites Spektrum ab, von allgemeinen Informationen über rechtliche und ethische Aspekte bis hin zu detaillierten Zahlen und Fakten. Gleichzeitig bieten wir vielfältige Impulse zur Unterstützung und zum wirksamen Empowerment. Unser Ziel ist es, Sie mental, fachlich und kognitiv zu stärken, damit Sie Ihre Grenzen künftig sicher, bewusst und unmissverständlich setzen, verteidigen und bewahren können.

Dieses Buch enthält Informationen über sexualisierte Gewalt, die für Beteiligte möglicherweise retraumatisierend oder triggernd sein können. Sollten Sie persönlich betroffen sein und Unterstützung benötigen, wenden Sie sich bitte an eine fachliche Beratungsstelle in Ihrer Nähe oder an eine der am Ende des Buches unter „Wichtige Kontakte" aufgeführten Hilfestellen.

Die verwendeten Begriffe, wie Täter*in, Tatausführende*r, Betroffene*r, Opfer, Beschuldigte*r und Tatperson, werden in diesem Buch nicht im juristischen Kontext verwendet, sondern im Rahmen von sexualisierter Gewalt.

In Gesetzestexten und Leitlinien wird häufig der Begriff „sexuelle Belästigung" verwendet, weil er präzise und rechtlich klar die verschiedenen Formen von Gewalt beschreibt, die durch sexuelle Handlungen oder Übergriffe charakterisiert sind. Dieser Begriff ist in der juristischen Praxis etabliert und ermöglicht eine spezifische Klassifizierung und Verfolgung von Straftaten, wie Vergewaltigung, sexuelle Nötigung oder sexuelle Gewalt. Die rechtlichen Definitionen von „sexueller Belästigung" fokussieren sich auf die physischen und direkten sexuellen Übergriffe, um die Täter*innen zur Verantwortung zu ziehen und den Betroffenen Rechtsschutz zu bieten.

In diesem Buch verwenden wir jedoch den Begriff „sexualisierte Gewalt" aus dem feministischen Sprachgebrauch, um den Betroffenen gerechter zu werden und ein umfassenderes Bild von Gewalt zu vermitteln. Der Begriff „sexualisierte Gewalt" umfasst die physische Dimension von sexuellen Übergriffen und schließt ebenso emotionale und psychische Gewalt ein. Diese Form der Gewalt tritt häufig in subtileren, weniger offensichtlichen Erscheinungen auf, wie durch anzügliche Kommentare, diskriminierende Verhaltensweisen oder psychische Manipulationen - die jedoch ebenfalls erhebliche Auswirkungen auf das Wohlbefinden der Beteiligten haben. Indem wir den Begriff „sexualisierte Gewalt" verwenden, möchten wir die vielschichtigen Erfahrungen und die tiefgreifenden Auswirkungen anerkennen, die solche Gewalterfahrungen haben. Diese erweiterte Perspektive ermöglicht es, auch die emotionalen und psychologischen Dimensionen von Gewalt sichtbar zu machen und anzusprechen, die in vielen rechtlichen Definitionen nicht ausreichend berücksichtigt werden. Unser Ziel ist es, durch eine präzisere und umfassendere Terminologie ein vollständigeres Bild von sexualisierter Gewalt am Arbeitsplatz zu zeichnen. Wenn wir uns auf den Begriff „sexuelle

Belästigung" im Kontext von Gesetzen beziehen, setzen wir diesen in Anführungszeichen.

In diesem Buch konzentrieren wir uns auf die Perspektiven von Menschen in psychisch stabilen Kontexten. Menschen mit psychischen Erkrankungen oder in herausfordernden psychischen Situationen haben spezifische Bedürfnisse als Betroffene und Tatpersonen, insbesondere wenn es um sexualisierte Gewalttaten und -erlebnisse geht. Diese Situationen erfordern besondere Überlegungen und Unterstützungen, die in diesem Werk nicht behandelt werden. Für umfassende Informationen und spezialisierte Unterstützung in solchen Fällen empfehlen wir, sich an entsprechende Fachliteratur oder Fachstellen zu wenden. Durch diese Fokussierung möchten wir sicherstellen, dass alle Menschen angemessen und respektvoll unterstützt werden, und dass wir den unterschiedlichen Anforderungen gerecht werden, um Stigmatisierung zu vermeiden und die Vielfalt menschlicher Erfahrungen und Lebensrealitäten zu berücksichtigen.

Wir beziehen uns inhaltlich primär auf bestehende allgemeine Gegebenheiten in Deutschland. Um die Diskussion zu bereichern und eine breitere Perspektive zu bieten, ziehen wir jedoch auch Vergleiche mit anderen Ländern weltweit heran.

Frauen* und Männer*

Im Sinne von Inklusivität und Sensibilität verwenden wir den Begriff „Frauen" für alle Personen, die sich dem weiblichen Geschlecht oder non-binären Identitäten (also Menschen, die sich weder als Mann noch als Frau fühlen, deren Geschlechtsidentität männliche und/oder weibliche Anteile hat, irgendwo dazwischen liegt oder auch ganz außerhalb dieser Kategorien ist) zuordnen, und „Männer" für alle Personen, die sich dem männlichen Geschlecht oder non-binären Identitäten zuordnen. Wir verzichten in diesem Buch

auf das Gendersternchen bei den Begriffen „Mann/Männer"
und „Frau/Frauen", um einen Raum zu schaffen, der die Vielfalt
der Menschen in unserer Gesellschaft und ihre individuellen
Erfahrungen respektvoll und umfassend abbildet, während wir
gleichzeitig den Lesefluss möglichst leicht halten.

Dieses Buch erhebt keinen Anspruch auf Vollständigkeit. Das
Thema der sexualisierten Gewalt ist ein sich ständig weiter
entwickelndes Feld. Moralische Vorstellungen ändern sich,
neue Forschungen werden durchgeführt, aktuelle Studien
veröffentlicht und Gesetze fortlaufend angepasst. Auch
deshalb ist das Buch so konzipiert, dass jedes Kapitel
eigenständig gelesen werden kann. Diese Struktur ermöglicht
es Ihnen, sich individuell und flexibel mit den verschiedenen
Themenbereichen auseinanderzusetzen und diese nach
eigenem Bedarf zu vertiefen. Durch diese modulare
Herangehensweise wird eine maßgeschneiderte
Leseerfahrung gefördert, die es Ihnen erlaubt, sich auf die für
Sie relevanten Inhalte zu konzentrieren.

Als Selbstverlag bei Books on Demand (BoD) zu
veröffentlichen, ist für uns eine bewusste Entscheidung. Unser
Ziel ist es nicht, hohe Margen zu erzielen, sondern möglichst
viele Menschen zu erreichen und unsere Methoden zu fairen
Preisen anzubieten. Wir möchten sicherstellen, dass unsere
Bücher für ein breites Publikum zugänglich sind und mögliche
Leser*innen nicht durch überhöhte Kosten abgeschreckt
werden. Dabei ist es uns wichtig, die inhaltliche Kontrolle zu
behalten, um sicherzustellen, dass unsere Botschaft
unverfälscht bleibt.

Wir wünschen Ihnen dabei spannende Aha-Momente, eine
interessante Wissensvertiefung und inspirierende Ermutigung!

Verena Arps-Roelle & Sebastian Arps

INHALT

EINLEITUNG

23 DURCH DIE ZEIT - SEXUALISIERTE GEWALT AM ARBEITSPLATZ
24   Sexualisierte Gewalt gegen Frauen: Durch die Jahrhunderte
29   Sexualisierte Gewalt gegen Männer: Schon früher Tabuthema
31   Sexualisierte Gewalt gegen LGBTQIA+ Personen: Kaum zu ertragen
34   Sexualisierte Gewalt: Ein Alltagsphänomen

SEXUALISIERTE GEWALT ERKENNEN

39 KAPITEL 1: HINTER DEM VORHANG SEXUALISIERTE GEWALT AM ARBEITSPLATZ HEUTE
41   Die dunkle Realität: Definitionen und Formen
46   Der konkrete Fall: Drei Beispiele
50   Wann ist es genug: Wann beginnt sexualisierte Gewalt?
52   Facetten sexualisierter Gewalt: Am Arbeitsplatz
54   Gender Gaps: Ungerechtigkeit zwischen den Geschlechtern
66   Richtig oder Falsch: Die Krux mit den Wahrnehmungen

71 KAPITEL 2: FAKTENCHECK EIN BLICK AUF STATISTIKEN UND FORSCHUNGEN
73   Eine nüchterne Betrachtung: Aktuelle Studien
83   Zahlen, die sprechen: Kosten, die Aufrütteln
84   Enttabuisierung: Die beste Prävention
86   Unterstützung: Geben und Nehmen
89   Allgemeines Gleichbehandlungsgesetz: Pflichten und Rechte
93   Letzter Ausweg Kündigung: Chef*innen als Täter*innen

97   KAPITEL 3: FEHLREAKTIONEN
**   HERAUSFORDERUNGEN UND LÖSUNGEN**
98   Die Wahrheit: Mythen und Vorurteile entlarven
104   Unsolidarische Haltung: Victim-Blaming und mehr
112   Die Rosa-Hellblau-Falle: Nicht nur für Kinder
120   Kognitive Dissonanz: Wenn wir anders Denken als Handeln
127   Stabile Werte: Denken und Handeln in Einklang

133   KAPITEL 4: DIE SCHMERZENDE REALITÄT
**   FOLGEN FÜR ALLE**
134   Sichtbare und unsichtbare Narben: Physisch, psychisch und sozial
137   Im Schatten der Angst: Die Sorge vor Stigmatisierung
140   Ich bin Täter*in: Und nun?
143   Sexualisierte Gewalt macht krank: Nicht nur die Betroffenen

147   KAPITEL 5: AUF DEM PRÜFSTAND
**   DIE UNTERNEHMEN**
148   Eine teure Last: Kosten für Unternehmen
154   Kultureller Wandel: Einfluss auf die Leistungsfreude
155   Verantwortung tragen: Aus Sicht der Unternehmen
157   Gemeinsam Handeln: Aus Sicht der Mitarbeiter*innen

159   KAPITEL 6: AUF DEM PRÜFSTAND
**   DIE POLITIK**
160   Im Fokus: Rechtliche Grundlagen
164   (Kein) Mut zur Lücke: Umsetzung und Durchsetzung von Gesetzen
167   Wo stehen wir: Deutschland im Vergleich

175   KAPITEL 7: AUF DEM PRÜFSTAND
**   DIE GESELLSCHAFT**
176   Die dunklen Konsequenzen: Spürbare Auswirkungen
177   Gefangen in Vorurteilen: (Un)Concious Bias
180   Den Autopiloten ausschalten: Von Unbewusst zu Bewusst
784   Ein Wandel ist notwendig: Bedeutung von Transformation

SEXUALISIERTE GEWALT BENENNEN

191 **KAPITEL 8: TÄTER*INNEN**
TYPISCHE TATMUSTER
192 Tatsachen ins Auge sehen: Das Thema Falschbeschuldigung
197 Sachlichkeit statt Kriminalisierung: Objektiv statt subjektiv
201 Den Teufelskreis durchbrechen: Täter*innen identifizieren
203 Die DARVO-Taktik: Strategien von Täter*innen

207 **KAPITEL 9: DIE AKTIVEN UNTERNEHMEN**
DIE MACHT DER KULTUR
209 Von Vorbeugung bis Hilfe: Safe Work
211 Klare Richtlinien: Verbindliche Verhaltenskodizes
213 Sichere Räume: Architektonischer Schutz

217 **KAPITEL 10: DIE AKTIVE POLITIK**
DIE MACHT DER GESETZE
218 Politischer Handlungsbedarf: Mehr als Gesetze
226 Fakten als Waffe: Die Macht von Daten und Forschung

229 **KAPITEL 11: DIE AKTIVE GESELLSCHAFT**
DIE MACHT DER VIELEN
230 #MeToo: Du auch?
231 Neue Standards: Der gesellschaftliche Code of Conduct
233 Verbindend oder spaltend: Die Rolle der Medien
235 Zusammen Engagiert: Zielorientierte Kooperationen
237 Von Opfern zu Überlebenden: Was Worte bewirken
239 Echte Gleichberechtigung: Der kollektive Weg
240 #NotAllMen: Nicht alle Männer und doch zu viele

SEXUALISIERTE GEWALT BEENDEN

247 **KAPITEL 12: KOMPETENZEN**
FÜR SICHERE HILFEN
248 Von Null auf Held: Souveräne Ansprechpersonen
250 Die Methode AKTION©: Für empathische Reaktionen
255 Gespräche mit Beschuldigten: Klärung und Verantwortung

258   Ermächtigung statt Ohnmacht: #GemeinsamMehrBewegen
259   Null Toleranz, volle Wirkung: Führung als Vorbild
262   Safety First: Schutzkonzepte für Sicherheit

265   **KAPITEL 13: KONKRET UND PRAXISERPROBT**
          TIPPS UND METHODEN
266   Grenzen setzen: Was Sie tun können
270   Die W³© Methode: Effektives Feedback
274   Das Johari-Fenster: Von Unbewusst zu Bewusst
278   Ally sein: Jede*r zählt

283   **KAPITEL 14: KOMMUNIKATION**
          KLAR UND KONSTRUKTIV
284   Verbale Kommunikation: Ihre Worte
289   Nonverbale Kommunikation: Ihre Haltung
294   Paraverbale Kommunikation: Ihre Stimme
296   Schriftliche Kommunikation: Ihre Sätze
298   Dokumentation: Ihre Gedanken als Gedächtnisstütze

303   **KAPITEL 15: RESSOURCEN**
          WEGE ZUR HEILUNG
304   Therapeutische Ansätze: Trauma und Bewältigung
307   Selbsthilfe: Empowerment und Stärkung
308   Selfcare: Selbstfürsorge nach Erlebnissen
310   Rechtliche Optionen: Anlaufstellen

313   **KAPITEL 16: DIE VISION**
          EINE GEWALTFREIE ARBEITSWELT
314   Was verlieren wir, wenn wir sexualisierte Gewalt am
          Arbeitsplatz nicht beenden?
315   Was gewinnen wir, wenn wir sexualisierte Gewalt am
          Arbeitsplatz beenden?

317   **FAZIT UND ERMUTIGUNG**
320   **WICHTIGE KONTAKTE**
324   **QUELLEN**

EINLEITUNG

DURCH DIE ZEIT
SEXUALISIERTE GEWALT AM ARBEITSPLATZ

Die Geschichte der sexualisierten Gewalt am Arbeitsplatz in Deutschland und überall auf der Welt ist lang, vielschichtig und belastend. Über Jahrhunderte hinweg waren Menschen an ihren Arbeitsplätzen sexualisierter Gewalt in unterschiedlichsten Ausprägungen ausgesetzt. Dies betraf sowohl Männer als auch Frauen, sowie weiblich und männlich gelesene und nicht-binäre Personen.

Auf den folgenden Seiten beleuchten wir die letzten Jahrhunderte, um einen Eindruck von der Vielzahl und Schwere der Erfahrungen zu vermitteln. Sie bieten einen ersten Einblick in die Vielschichtigkeit des Themas, welches sich bei genauer Betrachtung in noch mehr Facetten und allen Epochen zeigt.

SEXUALISIERTE GEWALT GEGEN FRAUEN: DURCH DIE JAHRHUNDERTE

Frauen waren und sind an ihren Arbeitsplätzen sexualisierter Gewalt ausgesetzt - ein Problem, das sich durch die Geschichte zieht. In vielen Kulturen und Epochen waren Frauen nicht nur dem Menschenhandel und der wirtschaftlichen Ausbeutung, sondern auch sexuellen Übergriffen ausgeliefert. Diese Gewalt diente der Kontrolle, Erniedrigung und Machtausübung.

Der Zugang zu Bildung und beruflichen Möglichkeiten war für Mädchen und Frauen über viele Epochen hinweg stark eingeschränkt. Sie wurden oft auf bestimmte Tätigkeiten beschränkt, die von geschlechtsspezifischen Normen und Hierarchien geprägt waren. Diese Benachteiligungen erhöhten ihre Anfälligkeit für sexualisierte Gewalt, die wiederum zu gesundheitlichen Problemen, Ausgrenzung, Arbeitsplatzverlust, Armut und sogar Suizid führte. In früheren Jahrhunderten, insbesondere in kleineren Stadt- und Dorfgemeinschaften, waren viele Frauen stark von dieser Gemeinschaft abhängig. Häufig herrschte eine Kultur des Schweigens oder die Auffassung, dass solche Übergriffe das unvermeidliche Los der Frauen seien.

Durch Armut, den Verlust des männlichen Familienoberhaupts oder fehlende Berufsmöglichkeiten sahen sich viele Frauen gezwungen, sich zu prostituieren. Oft wurden sie von Zuhälter*innen kontrolliert, die Gewalt anwandten, um sie zur Prostitution zu zwingen oder daran zu hindern, auszusteigen. Auch Kunden übten häufig Gewalt aus. Die gesellschaftliche Stigmatisierung verstärkte ihre Isolation und erschwerte es ihnen, Hilfe zu finden - eine Situation, die bis heute in bestimmten Aspekten andauert.

Bis ins 18. Jahrhundert wurden Frauen häufig unter dem

Vorwand der Hexerei verfolgt, gefoltert und getötet - zu Beginn insbesondere solche, die als Hebammen oder Heilerinnen arbeiteten und sich normierten Erwartungen entzogen.

Auch während der Industriellen Revolution im 19. Jahrhundert verbesserte sich die Lage der Frauen kaum. Trotz ihrer zunehmenden Präsenz in Fabriken und männerdominierten Berufen waren sie weiterhin nicht vor sexualisierter Gewalt geschützt. Stattdessen ging die zunehmende Teilnahme von Frauen am Arbeitsmarkt mit einer Abspaltung dieser in schlecht bezahlte Jobs einher. Frauen galten als „billige Arbeitskräfte", was wiederum sexualisierte Gewalt in jeder Form begünstigte.

Zu Beginn des 20. Jahrhunderts sah das Bürgerliche Gesetzbuch (BGB) in Deutschland vor, dass Frauen, insbesondere verheiratete Frauen, vielen rechtlichen Einschränkungen unterlagen. Sie benötigten die Zustimmung ihres Ehemannes, um eine bezahlte Arbeit aufzunehmen. Diese Regelung basierte auf der Vorstellung von Geschlechterrollen, die den Mann als Hauptverdiener und die Frau als Hausfrau und Mutter sahen. Die traditionelle männliche Kontrolle innerhalb der Familie wurde durch arbeitende Frauen bedroht, was häufig in Gewalt, Machtansprüchen und dominanten Verhaltensweisen endete.

Frauen standen vor dem sozialen Druck, zu Hause zu bleiben, während gleichzeitig der wirtschaftliche Druck, ihren Lebensunterhalt zu sichern, groß war. Besonders für Alleinstehende, Geschiedene und Witwen war dies eine schwierige Situation, in der sie vielfältige Risiken in Kauf nehmen mussten. Gerichtsdokumente hierzu zeigen, dass viele weibliche Angestellte von ihren männlichen Arbeitgebern missbraucht wurden.

In der frühen industriellen Zeit machte die Gesellschaft zudem keinen Unterschied zwischen arbeitenden Frauen, Prostituierten und kriminellen Gruppen. Dies lag an verschiedenen Faktoren: Frauen aus armen Familien mussten arbeiten, doch es war ungewöhnlich, dass Frauen außerhalb des Hauses arbeiteten. Sowohl Prostituierte als auch bezahlte Arbeiterinnen entzogen sich der damaligen patriarchalen Kontrolle, die durch sexualisierte Gewalt zurückgewonnen werden sollte. Dabei spielte es keine Rolle, ob Frauen ihre Arbeitskraft oder sexuelle Dienste verkauften.

In dieser Zeit lassen sich die Reaktionen von Frauen auf sexualisierte Gewalt am Arbeitsplatz in individuelle und kollektive Reaktionen unterteilen. Manche Frauen betrachteten sexuelle Gewalt und Belästigung als individuelles Problem oder als persönliches Pech. Andere sahen es als soziales Problem und reagierten kollektiv, indem sie sich in Gewerkschaften und anderen Organisationen zusammenschlossen, um rechtlichen Schutz zu erreichen.

Während des Ersten und Zweiten Weltkriegs arbeiteten Frauen, um die Lücken zu füllen, die durch den Einsatz der Männer an der Front entstanden waren. Sie übernahmen Jobs in Fabriken, in der Landwirtschaft und in vielen anderen Bereichen, die in den Jahrhunderten davor überwiegend von Männern besetzt waren. Neben ihrer Arbeit halfen sie beim Wiederaufbau der Gesellschaft und der Wirtschaft nach dem Krieg.

Mit dem Ende des Zweiten Weltkriegs, und der Rückkehr der Männer von den Fronten und aus Kriegsgefangenschaften, änderte sich jedoch die gesellschaftliche Einstellung gegenüber Frauen erneut. Der Fokus verschob sich zurück auf traditionelle Geschlechterrollen. Es wurde erwartet, dass Frauen wieder die Rolle der Hausfrau und Mutter übernehmen und sich auf Haushalt, Kindererziehung und Unterstützung des Partners konzentrieren. Viele gesellschaftliche und politische Kräfte drängten darauf, dass Männer ihre Arbeitsplätze zurücknahmen und die „Normalität" erlebten, die sie während des Krieges verloren hatten. Diese Rückkehr zu traditionellen Rollenbildern, die bestehenden gesellschaftlichen Normen und rechtlichen Rahmenbedingungen, hielten viele Frauen davon ab, ihren beruflichen Weg fortzusetzen oder neue berufliche Möglichkeiten zu verfolgen.

Bis 1957 regelte Paragraf § 1356 des BGB, dass Frauen grundsätzlich dem Mann im Haushalt und in der Kindererziehung untergeordnet waren und nur mit seiner Zustimmung arbeiten durften. Die entscheidende Veränderung kam erst mit der Reform des Ehe- und Familienrechts: Ab 1957 benötigten Frauen keine ausdrückliche Erlaubnis ihres Ehemannes mehr, um arbeiten zu dürfen. Trotzdem blieb die Vorstellung, dass Frauen hauptsächlich für den Haushalt und die Unterstützung ihrer Ehemänner zuständig waren, stark verankert.

Erst in den 1960er Jahren begannen sich diese Einstellungen allmählich zu ändern. Frauen erhielten zunehmend Zugang zu einer breiteren Palette von Berufsfeldern und beruflichen Chancen.

In den 1960er und 1970er Jahren kämpften Frauen weltweit für gleiche Rechte und gegen sexualisierte Gewalt, auch am Arbeitsplatz. Die feministische Bewegung trug dazu bei, das Bewusstsein für die Notwendigkeit von Reformen zu schärfen. Viele Länder führten Gesetze ein, um verschiedene Formen sexualisierter Gewalt zu bekämpfen und Schutzmaßnahmen für Betroffene zu etablieren.

In den 1970er Jahren wurde das Prinzip der Gleichberechtigung von Mann und Frau gesetzlich stärker verankert, insbesondere durch Änderungen im Grundgesetz.

Artikel 3 garantierte nun die Gleichberechtigung von Männern und Frauen, die ab dann keine Zustimmung des Ehepartners mehr brauchten, um arbeiten gehen zu können.

Die #MeToo-Bewegung, die 2006 von der Aktivistin Tarana Burke initiiert und 2017 durch Schauspielerin Alyssa Milano global bekannt wurde, brachte das Thema erneut ins Rampenlicht. Unter dem Hashtag #MeToo teilten unzählige Frauen ihre Erfahrungen mit sexualisierter Gewalt und „sexueller Belästigung", was das Ausmaß dieses Problems offenbarte und zu Forderungen nach umfassenden Veränderungen führte.

Doch trotz dieser Fortschritte erleben Frauen bis heute sexualisierte Gewalt am Arbeitsplatz.

SEXUALISIERTE GEWALT GEGEN MÄNNER: SCHON FRÜHER TABUTHEMA

Obwohl sexualisierte Gewalt gegen Männer am Arbeitsplatz weniger gut dokumentiert ist, existierte sie dennoch. Historische Beispiele zeigen, dass Männer in verschiedenen Kontexten zu Betroffenen wurden.

Männer wurden im Kontext von Menschenhandel Betroffene sexueller Gewalttaten, die als Mittel zur Befriedigung, Unterdrückung und Kontrolle dienten.

In früheren Jahrhunderten standen Männer als Leibeigene in einem starken Abhängigkeitsverhältnis zu einem Grundherrn oder einer Grundherrin. Und auch als Dienstboten oder Hausangestellte bestand eine Abhängigkeit von ihren Arbeitgebenden, die durch das Machtungleichgewicht sexuelle Ausbeutung begünstigte.

Auch in klösterlichen oder anderen religiösen Institutionen waren männliche Novizen oder Mönche sexuellen Übergriffen durch höhergestellte Mitglieder der Gemeinschaft ausgesetzt. Diese Misshandlungen wurden häufig durch die Autorität der Täter innerhalb der Institution gefördert und noch häufiger vertuscht, um den Ruf der Institution und der eigenen Keuschheit zu wahren.

In der Seefahrt, insbesondere während langer Fahrten, waren Männer Übergriffen aussetzt. Die abgeschottete Umgebung und strengen Hierarchien erschwerten es, Übergriffen zu entkommen oder sich gegen diese zu wehren.

Besonders in männlich dominierten Arbeitsumgebungen traten Machtmissbrauch und Belästigung auf. In solchen Kontexten wurde sexualisierte Gewalt als Mittel der Einschüchterung oder Demonstration von Dominanz genutzt.

Geschlechterstereotype und soziale Normen führten dazu, dass Männer oft zögerten (und bis heute oft zögern), über ihre Erfahrungen zu sprechen oder Hilfe zu suchen - aus Angst, als schwach, unmännlich oder stigmatisiert wahrgenommen zu werden.

Im militärischen Kontext, insbesondere in Kriegszeiten, erfuhren und erfahren Soldaten oder Kriegsgefangene sexuelle Gewalt als Folter, zur Erniedrigung oder zur Machtdemonstration und um psychologische Schäden zuzufügen. Historische Aufzeichnungen, wie Berichte über Kriegsgefangene, enthalten oft Hinweise auf solche Misshandlungen.

Bis ins Jahr 2000 wurden schwule und bisexuelle Bundeswehrsoldaten ungerecht behandelt und dienstrechtlich benachteiligt, da sie als Sicherheitsrisiko galten. Studien, wie „Tabu und Toleranz" des Zentrums für Militärgeschichte und Sozialwissenschaften der Bundeswehr von 2019[1], zeigen, dass Männer in verschiedenen militärischen Kontexten von sexualisierter Gewalt betroffen sind.

Was sich bis heute durch die Geschichte zieht, ist die Vorstellung, dass Männer stets stark, unerschütterlich und ehrenhaft sein müssen. Diese Stereotype sind eine subtile, jedoch tiefgreifende Form von sexualisierter Gewalt, die auch heute noch anhält.

SEXUALISIERTE GEWALT GEGEN LGBTQIA+ PERSONEN: KAUM ZU ERTRAGEN

Die LGBTQIA+ Community hat eine lange Geschichte der sexualisierten Gewalt am Arbeitsplatz. In vielen Gesellschaften wurden gleichgeschlechtliche Beziehungen und andere Formen von queerer Identität stark stigmatisiert und kriminalisiert. In Europa wurden homosexuelle Beziehungen oft mit harten Strafen wie Gefängnis, Zwangsarbeit oder sogar Todesstrafe geahndet. Personen der LGBTQIA+ Community lebten in ständiger Angst vor Verfolgung, verbargen ihre Identitäten und lebten im Geheimen - was ihre beruflichen Möglichkeiten massiv einschränkte. Offen queer zu leben bedeutete oft sozialen Ausschluss und den Verlust von Arbeitsplätzen.

Ende des 19. Jahrhunderts bis Mitte des 20. Jahrhunderts begannen einige westliche Länder, sich vorsichtig in Richtung Entkriminalisierung zu bewegen, während andere weiterhin strenge Gesetze durchsetzten. Diese führten nicht nur zu strafrechtlichen Konsequenzen, sondern hatten auch verheerende Auswirkungen auf die berufliche Existenz der Betroffenen. Viele verloren ihre Stellen oder sahen sich gezwungen, ihre sexuelle Orientierung geheim zu halten, um berufliche Nachteile zu vermeiden.

In Deutschland beispielsweise wurde Paragraf § 175[2], der sexuelle Handlungen zwischen Männern kriminalisierte, unter dem Kaiserreich und der Weimarer Republik angewendet und im nationalsozialistischen Deutschland verschärft. Menschen aus der LGBTQIA+ Community wurden verfolgt, stigmatisiert durch das Tragen des „rosa Wimpels", in Konzentrationslager verschleppt und ermordet.

Erst nach dem Zweiten Weltkrieg kam es in vielen westlichen Ländern zu einer langsamen Liberalisierung. Trotz der

Vorgeschichte in der Zeit des Nationalsozialismus erlaubte das Bundesverfassungsgericht 1957 die weitere Anwendung des Paragrafen § 175 in der Bundesrepublik. In der Deutschen Demokratische Republik (DDR) fand die Vorschrift zwischen 1957 und 1968 nur in abgemilderter Form Anwendung und wurde anschließend aus dem Strafgesetzbuch gestrichen. In der Bundesrepublik Deutschland (BRD) wurde das Gesetz erst 1969 geändert: homosexuelle Handlungen zwischen erwachsenen Männern über 21 Jahren wurden straflos gestellt. Erst 1994 beschloss der Bundestag die endgültige Streichung des Paragrafen § 175. Im Jahr 2002 hob der Deutsche Bundestag die während der Zeit des Nationalsozialismus ergangenen Urteile auf. Erst am 22. Juli 2017 wurden jedoch auch alle Urteile nach 1945 aufgehoben. Seit März 2019 gibt es eine zusätzliche Richtlinie, die es allen Verfolgten der LGBTQIA+ Community ermöglicht, eine einmalige Entschädigung für die negativen Beeinträchtigungen, wie beispielsweise einen Jobverlust, zu beantragen.

Seitdem wurden national und international umfassende Antidiskriminierungsgesetze erlassen, die LGBTQIA+ Personen im Arbeitsleben schützen sollen. Diese beinhalten oft Bestimmungen, die Diskriminierung aufgrund sexueller Orientierung und Geschlechtsidentität verbieten und gleichen Zugang zu Arbeitsmöglichkeiten gewährleisten sollen. Darüber hinaus gibt es verstärkte Bemühungen um Gleichstellung und Inklusion. Weltweit variiert die Situation allerdings stark: in einigen Ländern gibt es weitreichende Schutzrechte und gesellschaftliche Akzeptanz, während in anderen Staaten LGBTQIA+ Personen weiterhin strafrechtlich verfolgt werden oder gesellschaftlicher Diskriminierung ausgesetzt sind. Diese unterschiedlichen rechtlichen Rahmenbedingungen beeinflussen die beruflichen Möglichkeiten und das Arbeitsleben von LGBTQIA+ Personen erheblich.

Menschen aus dieser Community erfahren aufgrund ihrer sexuellen Orientierung, Geschlechtsidentität oder ihres geschlechtlichen Ausdrucks weiterhin, auch in Deutschland, häufig Belästigung, Missbrauch und Diskriminierung. Diese Erfahrungen treten besonders in Berufsfeldern auf, die von traditionellen Geschlechterrollen und heteronormativen Vorstellungen geprägt sind. Ein markantes Beispiel ist „Lavender Scare"[3] in den USA während der 1950er Jahre: homosexuelle Beamt*innen wurden verfolgt und entlassen, da ihre sexuelle Orientierung fälschlicherweise mit einer möglichen Verbindung zum Kommunismus in der Sowjetunion assoziiert wurde, wodurch sie als Sicherheitsrisiko galten. Diese gezielte Diskriminierung führte zu systematischer Verfolgung und öffentlicher Demütigung.

In der Kunst- und Unterhaltungsindustrie erlebten LGBTQIA+ Personen ebenfalls im Laufe der Zeit immer wieder erhebliche Diskriminierung und Missbrauch - sie wurden ausgebeutet, verfolgt und geächtet.

In vielen militärischen und polizeilichen Einrichtungen war die Diskriminierung von LGBTQIA+ Personen weit verbreitet. Diese Organisationen, die oft stark hierarchisch und traditionsgebunden sind, schlossen Personen aus der LGBTQIA+ Community aus oder schikanierten sie.

Es ist von besonderer Bedeutung, die spezifischen Herausforderungen anzuerkennen, denen sich die LGBTQIA+ Community in Bezug auf sexualisierte Gewalt am Arbeitsplatz stellen musste und weiterhin muss, und darauf angepasste Maßnahmen zur Prävention und Unterstützung zu ergreifen.

SEXUALISIERTE GEWALT: EIN ALLTAGSPHÄNOMEN

Trotz Fortschritten im Bewusstsein und verstärktem rechtlichen Schutz vor sexualisierter Gewalt am Arbeitsplatz sind weiterhin viele Menschen betroffen.

Skandale und Berichte haben das Ausmaß offengelegt, was zu einer breiteren Debatte und verstärkten Sensibilisierung geführt hat. Mittlerweile ist anerkannt, dass sexualisierte Gewalt in Arbeitsbeziehungen nicht nur von Vorgesetzten oder Kolleg*innen, sondern auch von Kund*innen, Klient*innen, Geschäftspartner*innen oder anderen Personen ausgeübt werden kann.

Sexualisierte Gewalt am Arbeitsplatz ist demnach ein gesamtgesellschaftliches Problem, das unabhängig von Geschlecht oder geschlechtlicher Identität umfassend angegangen werden muss. Jede*r hat das Recht, in einer Arbeitsumgebung frei von Gewalt zu arbeiten.

Es liegt in der Verantwortung von Arbeitgeber*innen, Gewerkschaften, Regierungen und der gesamten Gesellschaft, geeignete Maßnahmen zu ergreifen, um dieses Recht zu gewährleisten. Sexualisierte Gewalt am Arbeitsplatz ist ein alltägliches Phänomen, das nicht länger alltäglich sein darf.

Zeit also, das endlich zu ändern!

SEXUALISIERTE GEWALT ERKENNEN

KAPITEL 1

HINTER DEM VORHANG
SEXUALISIERTE GEWALT AM ARBEITSPLATZ HEUTE

Wenn Sie denken, dass Übergriffe nur in dunklen Gassen oder verrufenen Ecken stattfinden, liegen Sie leider falsch.

Die Realität ist vielmehr, dass sexualisierte Gewalt in allen soziokulturellen und strukturellen Milieus sowie Altersgruppen vorkommt. Sie kann in Familien, Vereinen, Sporteinrichtungen, sozialen Netzwerken, Werbung, Medien, Schulen und eben auch in Unternehmen und Organisationen auftreten. Ja, auch am Arbeitsplatz gibt es anzügliche Kommentare, sexuellen Missbrauch und strukturelle Diskriminierung.

Sexualisierte Gewalt ist eine Form der Machtausübung, die sich durch nicht-einvernehmliche sexuelle Handlungen, anzügliche Bemerkungen, Blicke, Beleidigungen oder Demütigungen, übergriffige Berührungen bis hin zu

Vergewaltigungen manifestiert. Es geht dabei nicht um konsensuelle (einvernehmliche) sexuelle Handlungen, sondern um Grenzüberschreitungen und Missbrauch, die eine gewalttätige Komponente beinhalten. Ebenso geht es um Diskriminierung in Form von struktureller Benachteiligung, normativen Rollenbildern und überholten Geschlechterklischees. Das Allgemeine Gleichbehandlungsgesetz (AGG)[4] spricht von „sexueller Belästigung", wenn:

> „[...] ein unerwünschtes, sexuell bestimmtes Verhalten, wozu auch unerwünschte sexuelle Handlungen und Aufforderungen zu diesen, sexuell bestimmte körperliche Berührungen, Bemerkungen sexuellen Inhalts sowie unerwünschtes Zeigen und sichtbares Anbringen von pornografischen Darstellungen gehören, bezweckt oder be- wirkt, dass die Würde der betreffenden Person verletzt wird, insbesondere wenn ein von Einschüchterungen, Anfeindungen, Erniedrigungen, Entwürdigungen oder Beleidigungen gekennzeichnetes Umfeld geschaffen wird."

Solche Verhaltensweisen verletzen die Würde der betroffenen Person, indem sie sie beleidigen, erniedrigen oder beschämen. Es spielt keine Rolle, ob diese Beleidigung absichtlich erfolgt ist; entscheidend ist, wie die betroffene Person sich dadurch fühlt. Begünstigt wird sexualisierte Gewalt durch Abhängigkeiten, Machtstrukturen, Loyalitätsgefühle und Ungleichheiten. In einer Welt, in der Machtmissbrauch und Ungleichheit alltäglich sind, ist es also umso wichtiger, dass wir uns mit dem Thema der sexualisierten Gewalt auseinandersetzen. Nur so können wir lernen, wie wir uns und andere schützen, Taten stoppen, verhindern und im Idealfall ausmerzen können.

DIE DUNKLE REALITÄT: DEFINITIONEN UND FORMEN

Sexualisierte Gewalt am Arbeitsplatz ist kein Kavaliersdelikt, sondern ein ernstzunehmendes Problem. Der Begriff bezeichnet jegliche Form von unerwünschtem sexuellen Verhalten, das eine Person am Arbeitsplatz belästigt, bedroht oder erniedrigt. Die Folgen können schwerwiegend sein und reichen von psychischen Belastungen und Stress bis hin zu langfristigen Auswirkungen auf die körperliche und emotionale Gesundheit. Nur durch eine genaue Definition und ein Bewusstsein für diese Problematik können wir effektiv gegen sexualisierte Gewalt in all ihren Ausprägungen vorgehen.

Sexuelle Belästigung

umfasst jedes sexualisierte und unerwünschte Verhalten. Dazu zählen nicht nur verbale und physische Belästigungen, wie sexualisierte Sprüche, sexuelle Anspielungen oder Drohungen, sexuelle Erpressung oder unerwünschte Berührungen, sondern ebenso non-verbale Formen in Form von anzüglichen Blicken oder dem Zeigen pornografischer Bilder sowie unangemessene Annäherungen.

Laut einer Studie der Antidiskriminierungsstelle des Bundes zum Umgang mit sexueller Belästigung am Arbeitsplatz aus dem Jahr 2022[5] erlebten 62% der Befragten Belästigungen in Form von sexualisierten Kommentaren, 44% berichteten von unerwünschten Blicken, Gesten oder Nachpfeifen, und 26% von unerwünschten Berührungen. 9% der Befragten, was etwa jeder elften erwerbstätigen Person entspricht, waren von „sexueller Belästigung" am Arbeitsplatz betroffen. Frauen haben mit einem Anteil von 13% deutlich häufiger als Männer (5%) „sexuelle Belästigung" erlebt. In der Luftfahrtbranche sind die Ergebnisse noch eindringlicher. In einer Umfrage der Unabhängigen Flugbegleiter Organisation (UFO) in den Jahren 2018 und 2019 gaben rund 52% der weiblichen Befragten an, bereits Betroffene von „sexueller Belästigung" am Arbeitsplatz geworden zu sein, ebenso wie 44% der befragten Männer und 75% der befragten nicht-binären Personen. In 45% der Fälle waren die Täter*innen Vorgesetzte.[6]

Sexuelle Nötigung

beinhaltet erzwungenen sexuellen Kontakt oder sexuelle Handlungen gegen den Willen einer Person, einschließlich Vergewaltigung oder versuchter Vergewaltigung.

Laut einer Umfrage des Bureau of Justice Statistics für Betroffene aus dem Jahr 2020[7] haben 7,8% der befragten Frauen und 1,4% der befragten Männer am Arbeitsplatz schon sexuelle Nötigung erlebt. Beispiele hierfür sind Vorgesetzte, die Mitarbeitende bedrohen und zu sexuellen Handlungen zwingen, oder Kolleg*innen, die gegen den Willen von Betroffenen Küsse oder Berührungen erzwingen.

Sexuelle Diskriminierung

meint die verbale oder nonverbale Herabwürdigung einer Person oder einer Personengruppe aufgrund ihrer geschlechtlichen Zugehörigkeit und umfasst die unterschiedliche Behandlung aufgrund des Geschlechts oder der Geschlechtsidentität, insbesondere bei Einstellung, Beförderung, Gehalt, Arbeitsbedingungen oder anderen beruflichen Aspekten.

Der Gender Equality Index der Europäischen Union aus dem Jahr 2022[8] zeigt, dass Frauen in der EU im Durchschnitt immer noch 13% weniger verdienen als Männer. In Deutschland liegt der Gender Pay Gap (Abstand zwischen Entgelt von Männern und von Frauen) bei 18%, womit Deutschland im EU-Vergleich auf dem viertletzten Platz liegt. Dies zeigt eindringlich die geschlechtsspezifische Diskriminierung in Bezug auf das Gehalt als Form von struktureller sexualisierter Gewalt am Arbeitsplatz. Häufig werden Frauen systematisch schlechter bezahlt, bei Beförderungen übergangen oder als ungeeignet für traditionell männlich dominierte Berufe abgewertet.

Stalking

ist das wiederholte, unerwünschte Verfolgen, Belästigen oder Bedrohen einer Person, einschließlich Online-Stalking oder Cyber-Stalking. Mehr als jede zehnte Person ist im Laufe ihres Lebens von Stalking betroffen.

Im Jahr 2019 gab es in Deutschland laut Angaben des Bundeskriminalamts[9] 16.432 polizeilich erfasste Taten mit weiblichen Betroffenen und 3.772 mit männlichen Betroffenen. Die Taten umfassten unerwünschtes Verfolgen, Bedrohen, Belästigen, analog oder online - auch am Arbeitsplatz. Die stalkende Person stammte in 9,1% der Fälle aus dem Arbeitsumfeld und in 4,5% der Fälle aus professionellen Kontakten[10].

Geschlechterstereotype und Sexismus

Sexismus bezeichnet diskriminierende Haltungen oder Praktiken, bei denen Menschen aufgrund ihres Geschlechts benachteiligt oder bevorzugt werden. Während Sexismus grundsätzlich jede*n betreffen kann, richtet er sich insbesondere gegen Frauen.

Sexistische Annahmen über Frauen und Männer äußern sich in Geschlechterstereotypen, also Vorurteilen oder Überzeugungen, die davon ausgehen, dass ein Geschlecht bestimmte Eigenschaften oder Fähigkeiten besitzt, die es ihm im Vergleich zum anderen Geschlecht überlegen oder unterlegen machen. Diese Stereotype betreffen nicht nur berufliche Rollen, sondern auch Verhalten, Interessen und emotionale Ausdrucksformen. Beispielsweise können stereotype Annahmen vorschreiben, dass Frauen besser für Pflegeberufe geeignet sind, oder dass Männer weniger emotionale Unterstützung benötigen.

Dieses hierarchische Denken kann sowohl bewusst und feindselig als auch unbewusst auftreten, indem es sich in automatisierten Vorurteilen niederschlägt. Solche Annahmen beeinflussen, wie Menschen aufgrund ihres Geschlechts beurteilt und behandelt werden und führen häufig zu Diskriminierung. Sie benachteiligen Personen beim Zugang zu Chancen und Ressourcen und verstärken Ungleichheiten in den unterschiedlichsten Lebensbereichen.

Vulnerabilität

Menschen mit Behinderungen, physischen, psychischen und kognitiven Besonderheiten sowie ausgeprägter sozialer und emotionaler Bedürftigkeit, sind einem erhöhten Risiko ausgesetzt, Betroffene von sexualisierter Gewalt zu werden. Auch Personen, die intersektional diskriminiert werden, erfahren häufiger sexualisierte Gewalt als andere Menschen. Intersektionale Diskriminierung bezieht sich auf das Zusammenwirken von verschiedenen Formen der Diskriminierung, wie beispielsweise Rassismus, Sexismus, Ableismus, Altersdiskriminierung oder LGBTQIA+-Feindlichkeit.

Menschen, die aufgrund mehrerer Merkmale diskriminiert werden, haben oft ein erhöhtes Risiko für sexualisierte Gewalttaten, da sie mit mehreren Dimensionen und Arten von Vorurteilen und Diskriminierung konfrontiert sind, die ihre Verletzlichkeit erhöhen. Sie sind aufgrund einer möglichen abhängigen oder schutzbedürftigen Position in der Gesellschaft möglicherweise weniger in der Lage, sich gegen sexualisierte Gewalt zu wehren oder darüber zu sprechen. Sie können auch von Täter*innen gezielt ausgewählt werden, da sie gegebenenfalls weniger Widerstand leisten können.

Darüber hinaus können Menschen mit ausgeprägter sozialer und emotionaler Bedürftigkeit, wie Menschen mit geringem Selbstwertgefühl oder starkem Abhängigkeitsverhalten, leichter in hierarchische Verhältnisse geraten, die sexualisierte Gewalt begünstigen. Täter*innen nutzen diese Bedürftigkeit aus, um Macht und Kontrolle auszuüben.

DER KONKRETE FALL:
DREI BEISPIELE

#1

Anna arbeitet in einem Büro als Grafikdesignerin. Sie ist eine leidenschaftliche und talentierte Mitarbeiterin, die sich gut mit ihren Kolleg*innen versteht. In letzter Zeit hat sie jedoch bemerkt, dass ein bestimmter Kollege, Peter, immer wieder anzügliche Witze und Kommentare über sie macht. Jeden Tag, wenn Anna den Raum betritt, sagt Peter Sätze wie: "Schau mal, hier kommt unser hübsches kleines Grafikgenie. Hoffentlich lenkst du uns nicht zu sehr ab!" Oder er macht Kommentare über ihr Aussehen und sagt: "Wow, du siehst heute besonders scharf aus. Ich kann verstehen, warum die Kunden am liebsten mit dir arbeiten!" Anna fühlt sich unwohl und belästigt durch diese Kommentare. Sie versucht, Peter aus dem Weg zu gehen und das Thema zu ignorieren. Doch es fällt ihr immer schwerer, damit umzugehen. Peters Verhalten beeinflusst ihre Konzentration und Produktivität negativ, da sie ständig Angst hat, was Peter als Nächstes sagen oder tun wird.

#2

Christian arbeitet als Junior Manager in einem renommierten Konzern. Während eines informellen Meetings fasst ihm seine Chefin Lisa an den Po. Christian ist schockiert und fühlt sich benutzt durch diese Berührung. Er entschließt sich, mit Lisa zu sprechen, um sie freundlich und gleichzeitig bestimmt darum zu bitten, solche Berührungen zu unterlassen. Doch anstatt sein Anliegen ernst zu nehmen, weist Lisa ihn ab und stempelt ihn als einen Mann ab, der sich "nicht so anstellen" solle. Lisa macht sich über Christians Gefühle und seine Reaktion lustig, wodurch er sich noch gedemütigter und zudem entmutigt fühlt. Entschlossen, die Situation zu lösen und das unangebrachte Verhalten nicht zu tolerieren, beschließt Christian, den Vorfall seinem direkten Vorgesetzten zu melden. Er schildert, was vorgefallen ist, und macht deutlich, dass er sich belästigt und unwohl fühlt. Sein Vorgesetzter spielt den Vorfall herunter und rät Christian sogar, sich über das vermeintliche Kompliment zu freuen und Lisas augenscheinliches Interesse für seine Karriere zu nutzen. Die Konsequenzen dieser Situation sind für Christian verheerend. Er fühlt sich sexuell belästigt, erniedrigt und im Stich gelassen.

#3

Jaden arbeitet seit einigen Jahren als Verkäuferin in einem großen Einzelhandelsunternehmen. Sie ist eine engagierte und kompetente Mitarbeiterin, die eine tolle Beziehung zu ihren Kund*innen aufbaut. Jaden ist auch eine Transgender-Frau und befindet sich in der Transition. Jaden bemerkt, dass ihre Vorgesetzte ihr, seitdem sie dies in ihrem Team erzählt hat, außergewöhnlich oft Aufgaben in nicht kundenorientierten Bereichen, wie der Lagerhaltung, überträgt. Sie stellt fest, dass sie die einzige Person im Team ist, bei der sie diese Aufgabenverteilung vornimmt. Nach einiger Zeit wird Jaden klar, dass dahinter Absicht steckt. Sie fühlt sich ausgeschlossen, entmachtet und ihrer Chancen beraubt, sich beruflich weiterzuentwickeln. Und sie weiß nicht, wie sie dieses Thema ansprechen soll.

Was empfinden Sie beim Lesen dieser Beispiele?
Ist das sexualisierte Gewalt?

Ja!

Anna aus dem ersten Beispiel ist Betroffene von sexualisierter Gewalt in Form von Kommentaren, Andeutungen und Stereotypen.

Christian im zweiten Beispiel erlebt ungewollte körperliche Berührung und sexualisierte Objektifizierung, gefolgt von Verharmlosung.

Im dritten Beispiel erfährt Jaden strukturelle Diskriminierung als Form der sexualisierten Gewalt.

Sie alle vereint, dass sie das unangemessene Verhalten oder das Nicht-Erwünscht-Sein eines Verhaltens nicht explizit äußern müssen, egal, ob die Tat am Arbeitsplatz erfolgt oder damit in Zusammenhang steht. Das Wissen um objektiv unerwünschtes Verhalten seitens der Tatperson wird vorausgesetzt. Schließlich sollte jede*r von uns wissen, was negatives und was positives Verhalten ist.
Leider sieht die Realität anders aus.

Die Ursachen für sexualisierte Gewalt am Arbeitsplatz sind tief in unserer Gesellschaft verwurzelt und spiegeln gewachsene Machtverhältnisse, Kontrollversuche und Abhängigkeiten wider.

Wie?

Das erfahren Sie in den nächsten Kapiteln. Doch so viel sei schon jetzt geschrieben: Jede*r Einzelne hat eine Mitverantwortung. Jede*r kann dazu beitragen, eine Arbeitsumgebung zu schaffen, in alle Menschen respektiert und geschützt werden. Denn:

Sexualisierte Gewalt ist kein Flirt.

Sexualisierte Gewalt ist keine Hilfe.

Sexualisierte Gewalt ist kein Witz.

Sexualisierte Gewalt ist kein Kompliment.

Sexualisierte Gewalt ist Gewalt.

WANN IST ES GENUG:
WANN BEGINNT SEXUALISIERTE GEWALT?

Sexualisierte Gewalt beginnt oft deutlich früher, als viele Menschen vermuten. Es handelt sich um eine perfide Form der Übergriffigkeit, die verschiedene Aspekte umfasst und Würde, Freiheit, Willen und Grenzen von Menschen verletzt.

Diese Gewalt äußert sich nicht nur in strafbaren Handlungen, sondern auch in straffreien Verhaltensweisen, die sowohl im direkten Miteinander als auch virtuell und digital in vielfältigen Formen auftreten.

Flirt oder Übergriff?

Oft wird Gewalt ausschließlich mit physischer Gewalt gleichgesetzt. Tatsächlich beginnt sexualisierte Gewalt jedoch schon viel früher - auch wenn viele Formen im Alltag nicht strafbar sind. Besonders Belästigungen werden häufig verharmlost und als weniger gefährdend eingestuft, als sie tatsächlich sind. Beispiele hierfür sind vermeintlich „missratene" Flirtversuche.

Und ja, ein Flirt ist keine Gewalt und auch am Arbeitsplatz nicht verboten, es sei denn, Unternehmen regeln dies in ihren Verhaltenskodizes. Ein Flirt basiert jedoch auf beiderseitigem Einvernehmen, während übergriffiges Verhalten ohne das Einverständnis der anderen Person erfolgt.

Doch es hört hier noch nicht auf.

Sexuelle Kommentare, sexistische Witze und anzügliche Bemerkungen finden ihren Platz in Meetings, in der Büroküche oder auf Feiern. Diese Formen der Belästigung sind oft subtil und werden leicht übersehen oder verharmlost, tragen jedoch erheblich zur Schaffung eines feindlichen Arbeitsumfelds bei. Unangebrachte Bemerkungen lockern eine Atmosphäre nicht auf, vielmehr stören sie die professionelle Umgebung und untergraben Respekt und Gleichberechtigung. Auch wenn solche Kommentare oft unter dem Deckmantel von „Spaß" oder „Kollegialität" geäußert werden, überschreiten sie die Grenzen der persönlichen Integrität und führen dazu, dass sich andere unwohl oder ungeschützt fühlen.

Sexualisierte Gewalt kann auch inhaltlicher Natur sein. Ungewollte anzügliche, pornografische, objektifizierende oder sexualisierende Darstellungen und Texte - sowohl analog als auch digital - sind ein ernstzunehmendes Problem, auch am Arbeitsplatz.

FACETTEN SEXUALISIERTER GEWALT: AM ARBEITSPLATZ

Sexualisierte Gewalt am Arbeitsplatz äußert sich auf vielfältige Weise und umfasst eine Reihe von problematischen Verhaltensweisen, die unerwünscht, unangemessen, aufdringlich, einschüchternd und einseitig sind. Diese Verhaltensweisen sind sexuell, anzüglich, zweideutig, stereotyp, geschlechts- und sexualbezogen:

Verbal

- Kommentare, Bemerkungen oder Witze
- Aussagen über Kleidung, Aussehen oder Privatleben
- Fragen zur Intimsphäre oder Beziehung
- Outing einer Person
- Gerüchte oder Verleumdungen über sexuelle Aktivitäten oder Beziehungen
- Aufforderungen zu sexuellen Handlungen
- Einladungen zu privaten Verabredungen
- Drohungen mit sexuellen Handlungen

Nonverbal

- Blicke, Starren oder Hinterherpfeifen („Catcalling")
- Gesten, Bewegungen oder Zeichen
- E-Mails, Chats, Briefe, SMS, Fotos oder Videos
- Online-Belästigung oder Cyber-Mobbing
- Aufnehmen oder Teilen von Bildern oder Videos in intimen Situationen
- Aufhängen oder Verbreiten pornografischen Materials oder sexueller Bilder und Texte

Physisch

- Entblößen
- Scheinbar zufällige Berührungen (z.B. Tätscheln, Kneifen, Umarmen, Küssen)
- Körperliche Annäherung, welche die intime Distanzzone (ca. eine Armlänge) nicht wahrt
- Erzwungene sexuelle Handlungen oder Übergriffe
- Manipulation, um sexuelle Handlungen zu erzwingen
- Unter Druck setzen, um eine sexuelle Handlung auszuführen, zu erdulden oder zu erwidern
- Vergewaltigung

Strukturell

Sexualisierte Gewalt umfasst auch strukturelle Dimensionen, wie die Benachteiligung aufgrund von Geschlecht und stereotypen Vorstellungen über Geschlechterrollen. Die geschlechtsspezifische Ungleichheiten (Gender Gaps) zeigen sich im Gender Pay Gap (Lohnunterschiede zwischen Männern und Frauen), im Gender Employment Gap (Unterschiede in der Erwerbsbeteiligung zwischen den Geschlechtern) und im Gender Data Gap (Mangel an geschlechtsspezifischen Daten). Diese Lücken in der Gleichstellung von Frauen und Männern verschärfen strukturelle Ungleichheiten.

Ist das nicht etwas übertrieben?

Nein!

Sexualisierte Gewalt am Arbeitsplatz ist kein übertriebenes Thema. Im Gegenteil!

GENDER GAPS:
UNGERECHTIGKEIT ZWISCHEN DEN GESCHLECHTERN

Strukturelle und geschlechtsspezifische Ungleichheiten fördern Machtungleichheiten. Und Machtungleichheiten sind ein entscheidender Faktor für sexualisierte Gewalt. Zum Beispiel können ungleiche Lohnstrukturen dazu führen, dass Beschäftigte, häufig Frauen, mit gleichen Kompetenzen und Positionen niedrigere Gehälter und weniger Aufstiegschancen haben. Dadurch sind sie nicht nur eher von Armut betroffen, sondern auch einem höheren Risiko von Machtmissbrauch und Abhängigkeit ausgesetzt. Wer weniger verdient, wird als weniger wichtig, weniger mächtig und weniger wert angesehen und infolgedessen abgewertet, ausgenutzt und benutzt.

Im Jahr 2023 betrug der unbereinigte Gender Pay Gap[11] (Unterschied zwischen den Bruttostundenverdiensten) in Deutschland 18%. Frauen verdienten durchschnittlich 4,46 Euro weniger pro Stunde als Männer. Etwa 60% dieser Lücke beruhen auf Faktoren wie Branchenzugehörigkeit und Teilzeitarbeit mit oft geringeren Stundenlöhnen. Männer arbeiteten im Durchschnitt 148 Stunden pro Monat, Frauen arbeiteten 121 Stunden, was einer Reduzierung der Arbeitszeit um 18% entspricht (Gender Hours Gap - Unterschied in den bezahlten Arbeitsstunden pro Monat).

Im Jahr 2024 betrug der unbereinigte Gender Pay Gap in der Europäischen Union durchschnittlich 13 %. In Deutschland lag dieser Wert bei 16 %. Lettland wies mit 19 % den höchsten Unterschied auf, während Luxemburg einen negativen Gender Pay Gap von -0,9 % verzeichnete, was bedeutet, dass Frauen dort im Durchschnitt mehr verdienten als Männer.[12] Weltweit betrachtet, so schätzt das Weltwirtschaftsforum, dass es etwa 134 Jahre dauern würde, um die Geschlechterlücke vollständig zu schließen. Diese Schätzung berücksichtigt Faktoren wie die

Unterrepräsentation von Frauen in Führungspositionen und bestimmten Branchen sowie die ungleiche Verteilung von unbezahlter Pflegearbeit.[13] Trotz einiger Fortschritte bleibt der Gender Pay Gap sowohl in Europa als auch weltweit ein bedeutendes Thema. Initiativen wie die Förderung von Lohngleichheit, transparente Gehaltsstrukturen und die Unterstützung von Frauen in Führungspositionen sind entscheidend, um weitere Verbesserungen zu erzielen.

Und raten Sie doch mal, in welchen zwei Berufen Frauen weltweit durchschnittlich deutlich mehr verdienen als Männer?

Richtig! Als Models und Pornodarstellerinnen

Auch bei der Erwerbsbeteiligung zeigen sich Unterschiede: 2022 waren 73% der Frauen und 80,5% der Männer erwerbstätig, was einen Gender Employment Gap (Unterschied in den Erwerbstätigenquoten) von 9% ergibt. Der sich daraus ergebende Gender Gap Arbeitsmarkt (Kennzahl aus durchschnittlicher Bruttostundenverdienst, Anzahl der bezahlten Arbeitsstunden im Monat und Erwerbstätigenquote) spiegelt die Ungleichheit auf dem Arbeitsmarkt wider.

Solche ungleichen Beschäftigungsverhältnisse bringen Menschen schnell in finanzielle Abhängigkeiten, die es erschweren Belästigung oder Diskriminierung zu melden oder dagegen vorzugehen. Die Angst vor Vergeltung oder Jobverlust ist zu groß und existenziell bedrohlich. Besonders häufig betrifft dies Frauen, die sich in der so genannten „Teilzeitfalle" befinden. Diese Situation beschreibt die oft problematische Lage von Frauen, die aufgrund von Care Work (Kinderbetreuung, Altenpflege, familiäre Unterstützung, häusliche Pflege und Hilfe unter Freund*innen) und der daraus oft resultierenden Notwendigkeit, ihre Arbeitszeit zu reduzieren, in Teilzeit arbeiten. Solche Arbeitsverhältnisse sind allerdings oft mit geringeren Chancen auf Aufstieg, weniger Sicherheit und geringerem Einfluss auf die Arbeitsbedingungen verbunden. In solchen Kontexten sind Frauen besonders anfällig für Belästigung oder Diskriminierung und haben aufgrund der finanziellen und familienorganisatorischen Abhängigkeit weniger Möglichkeiten, sich zu wehren oder Unterstützung zu erhalten.

Während viele Unternehmen solche als „familienfreundlich" bezeichneten Teilzeit-Maßnahmen fördern, sind diese, wenn überhaupt, oft nur auf die Bedürfnisse von Frauen zugeschnitten. Männer, die ebenfalls Flexibilität brauchen oder unternehmerische Unterstützung wünschen, erleben zumeist unzureichende Angebote oder Stigmatisierung, wenn sie solche Maßnahmen in Anspruch nehmen möchten oder tatsächlich nehmen.

Ein weiterer Aspekt im Kontext von Machtungleichheit ist die „gläserne Decke". Diese Metapher beschreibt die unsichtbaren Barrieren, die es Frauen und LGBTQIA+Personen erschweren oder sie sogar daran hindern, in höhere Führungsebenen aufzusteigen, obwohl sie qualifiziert sind. Wenn sie in höhere Positionen gelangen, bleiben sie oft unterrepräsentiert, insbesondere in den oberen Führungsebenen. Diese strukturellen Hindernisse führen dazu, dass sie weniger Einfluss auf Entscheidungsprozesse haben und somit auch weniger Möglichkeiten, gegen Diskriminierung und Belästigung vorzugehen. Die meisten Führungspositionen werden auch heute noch von Männern eingenommen. 2022 lag der relative Frauenanteil in den Führungsetagen der Europäischen Union (EU) bei 38%. 2023 war nur etwa jede dritte Führungsperson in Deutschland (28,7%)[14] weiblich.

Die maritime Industrie ist zum Beispiel immer noch eine Männerdomäne - erst 1945 hob die Seeberufsgenossenschaft das Arbeitsverbot für Frauen in seemännischen Berufen auf. 10 Jahre später erwarb Annaliese Frieda Sparbier als erste Frau das deutsche Kapitänspatent. Bis eine Frau tatsächlich auf der Kommandobrücke stand, vergingen allerdings nochmal über 30 Jahre. Und auch heute noch sind Frauen auf See eine Seltenheit. Die Weltschifffahrtsorganisation IMO geht von 2,1% Frauen an Bord aus. In Deutschland sind 6,3% der Crew weiblich[15]. Ungefähr 1.400 Kapitän*innen fahren in Deutschland zur See, davon sind 0,7% - 1% Frauen. Durch die Überrepräsentation männlicher Perspektiven verstärken sich die Probleme. Und zwar nicht nur bei solchen extremen Beispielen.

Um dem entgegenzuwirken, haben Quotenregelungen das Ziel, eine gerechtere Verteilung der Geschlechter in Führungspositionen zu fördern. Quoten sollen dabei helfen, mehr Frauen in Entscheidungspositionen zu bringen, die Machtverhältnisse auszugleichen und gleichzeitig von den Kompetenzen der entsprechenden „Quotenfrauen" zu profitieren.
Dabei ist jedoch wichtig, dass solche Maßnahmen nicht nur symbolischer Natur sind, also dem „Genderwashing" unterliegen, sondern auch mit konkreten Veränderungen in der Unternehmenskultur und den Strukturen einhergehen. Nur wenn alle Menschen die gleichen Möglichkeiten haben, sich in allen Ebenen des Unternehmens zu behaupten und sich Gehör zu verschaffen, kann ein Umfeld geschaffen werden, in dem sexualisierte Gewalt wirksam bekämpft wird.

Ansonsten bleibt es bei der geringen Präsenz von Frauen in Führung. Der Global Gender Gap Report 2020 des Weltwirtschaftsforums[16] zeigt, dass der Anteil von Frauen in Führungspositionen auch weltweit gesehen lediglich 36% beträgt. In bestimmten Branchen, wie der Technologie- oder Finanzbranche, ist dieser Anteil noch geringer. Dies liegt unter anderem daran, dass Frauen und Männer oft unterschiedliche

Berufe wählen, was auf geschlechtsspezifische Trennungen auf dem Arbeitsmarkt zurückzuführen ist. Frauen sind häufig in schlechter bezahlten Berufen mit geringeren Aufstiegschancen vertreten. Männer hingegen haben in Berufen, die traditionell als „frauentypisch" gelten, oft Schwierigkeiten, Zugang zu finden und sich gegen die damit nicht konform gehenden gesellschaftlichen Erwartungen langfristig durchzusetzen. In den typischerweise männlich angesehen MINT-Berufen (Mathematik, Informatik, Naturwissenschaften, Technik) sind laut dem Institut der deutschen Wirtschaft[17] von März 2020 zwar mehr als eine Million Frauen tätig, allerdings entspricht das nur 15,3% aller Mitarbeitenden in diesem Bereich. Die Zahl der weiblichen MINT-Studierenden stagniert zudem seit Jahren.

Diese Unterrepräsentation von Frauen zeigt sich auch in politischen Entscheidungspositionen. Laut der Gender Statistics Database des European Institute for Gender Equality (EIGE)[18] waren im September 2020 die Präsident*innen- und Ministerpräsident*innenämter in der Europäischen Union zu 86% und die Minister*innenämter zu 69% mit Männern besetzt. Im Europäischen Parlament, im Rat der Europäischen Union (EU) und in der Europäischen Kommission stellen Männer 66% der höheren Führungskräfte. Auch die meisten Organe und Einrichtungen der EU werden von Männern geleitet. Vor 20 Jahren war das Ungleichgewicht noch stärker ausgeprägt: 100% der Staats- und Regierungschefs der EU-Mitgliedstaaten waren Männer und 90% der Organe und Einrichtungen der EU wurden von Männern geführt. Ebenso waren 86% der höheren Führungskräfte in den EU-Organen und -Einrichtungen Männer.

Na, immerhin ein Fortschritt bis heute. Wenn wir so weitermachen, sind wir in ungefähr 70 Jahren gleich besetzt.

Doch diese Ungleichheiten sind nicht nur eine Frage der

Fairness oder ein Nice-To-Have, sie sind von lebenswichtiger Bedeutung.

So hat beispielsweise die jahrelange Nutzung nach männlichen Körpermaßen gestalteter Crash-Test-Dummys dazu geführt, dass Frauen in Autounfällen deutlich mehr Verletzungen erleben oder sogar sterben. Neuere Fahrzeuggenerationen, die auch mit Dummys getestet werden, die der weiblichen Anatomie entsprechen und mit Doppelairbags ausgestattet sind, verringern das geschätzte Todesfallrisiko für Frauen im Vergleich zu Männern, laut einem Report der NHTSA (National Highway Traffic Safety Administration) aus dem Jahr 2022[19]. Der geschätzte Unterschied im Sterberisiko für weibliche gegenüber männlichen Insass*innen in der ersten Reihe beträgt nur noch 6,3% für Fahrzeuge des Modelljahrs 2010-2020, im Vergleich zu 18,3% für Fahrzeuge des Modelljahrs 1960-2009. Diese Differenz verringert sich weiter auf 2,9% für die Fahrzeuge der neuesten Modelljahre (2015-2020). Und mittlerweile gibt es endlich auch anatomisch vielfältige Crash-Test-Dummys für Frauen, Männer und Kinder.

Puh. Wurde ja auch Zeit.

Doch in noch einem Bereich fehlte und fehlt der weibliche Blick: Bei der Entwicklung von Medikamenten kommt es zu lebensbedrohlichen Ergebnissen[20]. In den meisten Forschungen werden mehr männliche Probanden eingesetzt als weibliche. Medikamente werden eher an Männern getestet als an Frauen. In vielen medizinischen Bereichen gibt es weniger Daten zu Frauen als zu Männern - dort liegt ein Gender-Data-Gap vor.

Warum ist das so?

Weil bei Frauen zusätzliche Marker einbezogen werden müssen, wie Schwangerschaften, der Unterschied vor und nach den Wechseljahren oder der Einfluss des Zyklus.

Dann also lieber ohne Frauen?!
Das bedeutet, dass die erhaltenen Ergebnisse durch hauptsächlich mit Männern durchgeführten Studien, dann auf Frauen übertragen werden - ohne Rücksicht auf deren anatomische und hormonelle Merkmale. Das führt zu unterschiedlichen Ergebnissen, die je nach Geschlecht irrelevant oder sogar (lebens)gefährlich sein können. Durch unterschiedliche Symptome, falsche Dosierungen oder unterschiedliche Wirkweisen von Medikamenten geraten Frauen in eine schlechtere medizinische Versorgung.
Es besteht also ein enger Zusammenhang zwischen sexualisierter Gewalt und struktureller Diskriminierung, wie dem Gender Pay Gap, ungleichen Karrierechancen und Gender Data Gaps in Medizin, Forschung und Sicherheit. Es ist daher im wahrsten Sinne des Wortes lebenswichtig, diese Ungerechtigkeiten zu beseitigen.

Wir lesen: sexualisierte Gewalt ist nicht immer offensichtlich oder wird von Dritten bemerkt. Dennoch wirkt sie destruktiv - persönlich, gesellschaftlich und unternehmerisch. Oft tritt sie leise auf, fast unbemerkt im Alltag. Häufig wird sie verharmlost und als Normalität dargestellt, verpackt in Witze, Komplimente oder Berührungen. Sexualisierte Gewalt am Arbeitsplatz ist also ein Thema, dem wir im Berufsalltag häufig begegnen, das wir jedoch oft nicht bewusst wahrnehmen oder erkennen. Dies liegt zum Teil daran, dass die Wahrnehmung von verschiedenen Interpretationen abhängig ist - die der Tatpersonen, der Zeug*innen und der Betroffenen.
Denn jede*r hat seine eigenen Erfahrungen und Erlebnisse, die uns so wunderbar einzigartig machen. Und dazu führen, dass es unterschiedliche Wahrnehmungen und Deutungen gibt.

Vielleicht erinnern Sie sich gerade an eine Situation, in der Sie sich unwohl gefühlt oder eine Grenzverletzung beobachtet haben, die Ihnen als Zeug*in bereits unangenehm war?

In solchen Momenten ist es wichtig, diese Erfahrung nicht zu bagatellisieren. Es ist entscheidend, anzuerkennen, dass es sich um sexualisierte Gewalt handelt. Um sexualisierte Gewalt richtig zu verstehen, müssen wir uns bewusst sein, dass Wahrnehmungen von der Interpretation von Worten, Gesten, Taten und Bildern abhängen. Entscheidend ist jedoch zunächst, wie die Betroffenen die Situation erleben und empfinden - ihre Perspektive muss sensibel ernst genommen werden.

Denn sexualisierte Gewalt kann schwerwiegende Auswirkungen auf die Betroffenen haben, darunter psychische und physische Gesundheitsprobleme, berufliche Nachteile, Arbeitsplatzverlust, finanzielle Belastungen und eine beeinträchtigte Lebensqualität. Diese Auswirkungen betreffen nicht nur die Einzelpersonen, sondern auch Unternehmen. Diese können mit Problemen wie Verschwendung von Ressourcen, Blockierung von Potenzialen und einem möglichen Stillstand oder Rückschritt konfrontiert werden.

Sind Sie noch nicht überzeugt, dass sexualisierte Gewalt am Arbeitsplatz ein Thema ist, über das wir sprechen müssen?

Kennen Sie unangemessene Fragen, beispielsweise in Bewerbungsgesprächen, in Small-Talks oder auf Firmenfeiern? Fragen, bei denen Sie nach Ihrem persönlichen Hintergrund, Ihrer Sexualität oder Ihren Beziehungserfahrungen gefragt wurden? Obwohl diese Fragen rechtlich nicht erlaubt sind

„Und wo sind Ihre Kinder, wenn Sie arbeiten?"

„Lächeln Sie doch mal, dann gefallen Sie mir gleich besser."

„Erzähl mir doch mal etwas über Deine Beziehung - wie läuft es denn so mit Deiner Frau?"

Solche Fragen sind unangemessen, verletzend und verstoßen gegen geltende Diskriminierungsgesetze[21].
Sie beeinträchtigen in Bewerbungssituationen die Chance auf ein faires Interview.
Sie bringen Talente dazu, angebotene Positionen abzulehnen.
Sie bedingen, dass Betroffene firmeninterne Veranstaltungen meiden und dadurch sozial ins Abseits geraten.
Sie führen zu Spannungen und Konflikten am Arbeitsplatz.
Sie schaffen ein toxisches Arbeitsumfeld, in dem sich Menschen nicht sicher oder respektiert fühlen.

Und häufig können solche Fragen nicht nur zu diesen Problemen führen, sondern tun es auch!

Unangemessene Fragen, anzügliche Kommentare, unerwünschte Annäherungen und sexistische Witze sind auch bei Führungsverantwortlichen keine Seltenheit.

„Ich mag es, wenn Du vor mir kniest."

„Na, hochgeschlafen?"

„Blond und dumm."

Chefs und Chefinnen setzen Angestellte unter Druck, indem sie berufliche Vorteile für sexuelles Entgegenkommen versprechen oder bei Verweigerung drohen, der Karriere zu schaden. Vielleicht ergreifen sie Vergeltungsmaßnahmen oder senden anzügliche Nachrichten mit Aufforderungen zu sexuellen Handlungen, wenn unangemessene Einladungen abgelehnt wurden. Dann kann es vorkommen, dass Betroffene vermeintlich freiwillig einer sexuellen Handlung oder weiteren privaten Gesprächen und Treffen zustimmen, aus Angst oder um negative Konsequenzen zu vermeiden und die eigene Existenz zu sichern. Diese Zustimmung erfolgt jedoch unter erheblichem Druck und massiver Manipulation, sodass die Entscheidung der Betroffenen letztlich nicht freiwillig ist. Tatausführende nutzen ihre Machtposition aus, um die Betroffenen in eine Zwangslage zu versetzen, was diese Form des Zustimmungszwang zu einer weiteren Facette sexualisierter Gewalt macht.

Doch Manipulation gehört sich nicht!

Und auch unter Kolleg*innen ist sexualisierte Gewalt leider kein Einzelfall. Herabwürdigende und respektlose Aussagen sind keine Seltenheit. Sie tragen zur Normalisierung einer toxischen Arbeitskultur bei. Das Problem ist also nicht nur auf Machtverhältnisse in der Hierarchie beschränkt, sondern existiert ebenso auch auf gleicher Ebene, um die eigene Macht zu erhalten und die Macht anderer zu schwächen. Vielleicht kennen Sie ähnliche Situationen, wie diese:

*Ein Team von Kolleg*innen sitzt in der Mittagspause zusammen in der Kantine.*
Kollege A: „Wisst ihr, warum Frauen immer zu zweit auf die Toilette gehen?"
Kollege B: „Nein, warum?"
Kollege A: „Weil sie nicht alleine mit einer Entscheidung

klarkommen!"
Kollege B und Kollege C lachen, während Kollegin D, die einzige Frau in der Runde, sich unwohl fühlt und ihre Empörung unterdrückt.

Solche Situationen sind keine Seltenheit und verdeutlichen, wie schnell alltägliche Gespräche zu unangenehmen oder sogar verletzenden Erfahrungen werden. Die Bemerkung von Kollege A ist ein typisches Beispiel für ein geschlechtsbezogenes Stereotyp, das Frauen als unsicher und entscheidungsschwach darstellt. Solche Aussagen tragen nicht nur zur Aufrechterhaltung von Vorurteilen bei, sondern schaffen auch ein ungleiches und unbehagliches Arbeitsumfeld.

Solche Kommentare dürfen daher nicht unbeachtet und unkommentiert bleiben.

Vielleicht lacht Kollegin D in einer anderen Situation mit, weil sie den Kommentar oder den Kollegen witzig findet. In diesem Fall ist sie in ihrer persönlichen Wahrnehmung nicht betroffen. Was passiert jedoch, wenn andere Kolleg*innen es hören oder zugetragen bekommen? Auch sie können sich durch solche Aussagen verletzt oder abgewertet fühlen, selbst wenn die anwesende Kollegin dies nicht zeigt oder empfindet.
Der Kontext und die Wahrnehmung solcher Kommentare können variieren, doch das Potenzial, Schaden anzurichten, bleibt bestehen. Denn auch die Verbreitung solcher Frauenbilder, wie Kollege A das tut, betrifft alle Frauen, auch wenn sie nicht anwesend sind. Unternehmen haben häufig Verhaltenskodizes und Richtlinien zur Förderung von Gleichberechtigung und Respekt am Arbeitsplatz. Solche Kommentare verstoßen möglicherweise gegen diese Richtlinien und gefährden das Arbeitsklima, das Wohlbefinden der Belegschaft, die Reputation und die Einhaltung geltenden

Rechts. Es gilt daher nicht nur die von Außen interpretierte Wahrnehmung der Personen, die in der Situation anwesend waren. Denn gezeigte und gefühlte Wahrnehmung können variieren. Und auch die Wahrnehmung anderer Menschen ist in einem großen Team, wie in einem Unternehmen, entscheidend. Besonders hier entsteht ein großes Spannungsfeld, geladen mit Missverständnissen, Konflikten, Risiken und auch Chancen. Um dieses Spannungsfeld in Einklang zu bringen, schauen wir hinter die Kulissen der unterschiedlichen Wahrnehmungen.

RICHTIG ODER FALSCH:
DIE KRUX MIT DEN WAHRNEHMUNGEN

Für das Verständnis von subjektiver (persönlicher) und objektiver (unvoreingenommener und wertfreier) Wahrnehmung von Vorfällen gibt es keine richtige oder falsche Interpretation.

Es gibt unangemessene Verhaltensweisen, sexuelle Übergriffe und andere sexualisierte Gewalttaten. Diese entsprechen immer einem falschen Verhalten. Bei der Reaktion auf solche Taten gibt es eine Vielfalt an Unterschieden. Diese sind nicht zu bewerten. Ihnen sollte möglichst neutral begegnet werden. Denn jede Person erlebt und interpretiert Situationen unterschiedlich. Was für eine Person als harmloser Scherz erscheint, kann für eine andere Person tief verletzend oder erniedrigend sein. Dafür gibt es, besonders in Unternehmen, festgelegte Richtlinien, die den Umgang mit genau solchen Situationen regeln und sie von Vornherein vermeiden sollen. Indem sie festlegen, was für ein Umgang miteinander gewünscht ist, was nicht erlaubt ist und wie die Kultur in einem Unternehmen gelebt sowie gestärkt werden soll.

In vielen Fällen sind Machtverhältnisse und Hierarchien entscheidend für die Wahrnehmung von Vorfällen. Eine Person in einer Machtposition ist sich möglicherweise weniger bewusst, wie ihre Kommentare oder Handlungen auf andere wirken, während die Betroffenen sich möglicherweise nicht trauen, ihre Empörung oder ihr Unwohlsein auszudrücken.

Auch kulturelle und soziale Normen beeinflussen, was als akzeptabel oder inakzeptabel angesehen wird. Dies führt zu unterschiedlichen Erwartungen und Wahrnehmungen bezüglich angemessenen Verhaltens. Geschlechtsspezifische Unterschiede spielen ebenfalls eine große Rolle. Männer und Frauen haben manchmal unterschiedliche Erfahrungen und

Perspektiven in Bezug auf sexualisierte Gewalt. Was Männer als harmlos empfinden, kann für Frauen bedrohlich oder beleidigend sein, und umgekehrt.

Die emotionale Reaktion auf Vorfälle von sexualisierter Gewalt variiert stark. Einige Menschen können solche Vorfälle schnell verarbeiten, während andere tiefgreifende psychische Auswirkungen erleiden, wie Angst, Depression oder posttraumatische Belastungsstörung. Diese Variabilität in der emotionalen Reaktion trägt zur Komplexität bei.

Die rechtlichen und organisatorischen Rahmenbedingungen spielen ebenfalls eine Rolle. Unterschiedliche Länder und Unternehmen haben unterschiedliche Gesetze und Richtlinien, die definieren, was als sexualisierte Gewalt gilt und wie damit umzugehen ist.

Die Schwierigkeiten durch unterschiedliche Wahrnehmungen werden von individuellen, sozialen, kulturellen und organisatorischen Faktoren beeinflusst. Diese Vielfalt der Perspektiven und Reaktionen führt oft dazu, dass Menschen entweder Bewertungen vornehmen, um Ordnung zu schaffen, oder das Problem ignorieren, weil sie eine Auseinandersetzung damit überfordert. Daher braucht es klare und einheitliche Lösungen, die einen sensiblen und differenzierten Ansatz im Umgang mit solchen Vorfällen einfordern.

Denn: Sexualisierte Gewalt betrifft Menschen überall - in Büros, in der Pflege, im Verkauf, in Dienstleistungen, in Behörden, in ehrenamtlichen Institutionen, in der maritimen Branche, in der Industrie, im Handwerk, im Baugewerbe, in Schulen, in der Luftfahrt, in Universitäten, in der Landwirtschaft und eben überall dort, wo Menschen sich begegnen und miteinander arbeiten. Dort können wir ungewollt berührt, benachteiligt, unter Druck gesetzt, sexualisiert, anzüglich kommentiert, objektifiziert und abgewertet werden.

Nicht schön, oder?

Viele Beispiele für dieses Buch haben wir als Autor*innen aus unseren eigenen Erfahrungen gesammelt und waren erschüttert über die Vielzahl der Fälle, die uns bereits begegnet sind. Es ist alarmierend, wie häufig solche Situationen auftreten und wie dringend Maßnahmen erforderlich sind, um ihnen entgegenzuwirken.

Sowohl Arbeitgebende als auch Arbeitnehmende müssen sensibilisiert werden und aktiv an der Prävention solcher Vorfälle arbeiten. Es ist höchste Zeit, diese Herausforderungen entschlossen anzugehen und wirksame Lösungen zu entwickeln.

Und falls Sie immer noch nicht überzeugt sind, dann überzeugen wir Sie mit den harten Fakten - ganz unemotional, abgeklärt und wissenschaftlich geprüft.

KAPITEL 2

FAKTENCHECK
EIN BLICK AUF STATISTIKEN UND FORSCHUNGEN

Um das Ausmaß sexualisierter Gewalt am Arbeitsplatz besser zu verstehen, wurden in den letzten Jahren zahlreiche Studien und Umfragen durchgeführt. Diese Untersuchungen zeigen, dass sexualisierte Gewalt am Arbeitsplatz weit verbreitet ist.

Allerdings können nur die sogenannten Hellziffern - also die bekannten gemeldeten oder angezeigten Taten - erfasst werden.

Die Dunkelziffer, also nicht dokumentierte und unbekannte Taten, bleibt auch mit diesen Erhebungen weiterhin im Verborgenen.

Laut der Studie „Umgang mit sexueller Belästigung am Arbeitsplatz" der Antidiskriminierungsstelle des Bundes von 2019[22] haben lediglich 23% der Betroffenen offiziell Beschwerde eingelegt, und nur 1% hat rechtliche Schritte eingeleitet. Die Gründe hierfür sind vielfältig und werden in den folgenden Kapiteln detailliert behandelt. Diese Lücke sollten wir unbedingt im Hinterkopf behalten, wenn wir uns den vorliegenden Zahlen widmen.

Außerdem konzentrieren sich viele der bisherigen Studien vorwiegend auf Frauen als Betroffene. Forschungen zu Gewalt bei Männern und insbesondere bei nicht-binären Personen sind noch begrenzt.

Es ist dringend notwendig, diese Forschungslücken zu schließen, um auch diesen Gruppen gerecht zu werden und umfassende Präventions- und Interventionsstrategien zu entwickeln. Der Fokus auf alle betroffenen Gruppen wird bereits in laufenden Studien zunehmend berücksichtigt, was zu einer besseren und gerechteren Erfassung der Realität beiträgt.

EINE NÜCHTERNE BETRACHTUNG: AKTUELLE STUDIEN

Die Betrachtung von Fakten und Daten ist entscheidend, um die Realität der sexualisierten Gewalt am Arbeitsplatz zu erfassen.

Vielleicht haben Sie bereits sexualisierte Gewalt erlebt?

Dann sind Sie nicht allein.
Alle acht Minuten erfährt in Deutschland eine Person sexualisierte Gewalt[23].

Doch sexualisierte Gewalt am Arbeitsplatz ist nicht nur in Deutschland, sondern in ganz Europa ein ernstes und weit verbreitetes Problem. Laut einer EU-weiten Umfrage[24] haben rund 33 % der Frauen in der EU im Erwachsenenalter körperliche, sexuelle oder psychische Gewalt erlebt. Dabei wurde festgestellt, dass eine von drei Frauen am Arbeitsplatz sexuell belästigt worden ist. Jüngere Frauen berichten von einer höheren Prävalenz: Zwei von fünf Frauen waren bereits Opfer sexueller Belästigung am Arbeitsplatz.

Weltweit zeigen Daten der Internationalen Arbeitsorganisation (ILO)[25], dass 22,8 % der Arbeitnehmer im Laufe ihres Arbeitslebens mindestens eine Form von Gewalt oder Belästigung am Arbeitsplatz erlebt haben. Frauen sind besonders häufig von sexueller Gewalt und Belästigung betroffen, nämlich 6,3 % oder 205 Millionen Frauen.

Wer ist Betroffene*r?

Die Antidiskriminierungsstelle des Bundes hat im Oktober 2019 die Studie „Umgang mit sexueller Belästigung am Arbeitsplatz" [26] vorgestellt. In der Studie wurde herausgefunden, dass jede elfte berufstätige Person (9% der

Befragten) in den letzten drei Jahren „sexuelle Belästigung"
am Arbeitsplatz erlebt hat. Frauen waren dabei öfter betroffen
(13%) als Männer (5%).

Eine Untersuchung[27], die über 700 Gerichtsurteile analysierte,
zeigte, dass nahezu alle Fälle Frauen als Betroffene betrafen.
Auch Beratungsanfragen bei der Antidiskriminierungsstelle
des Bundes stammten zu 90% von Frauen. In einer Umfrage
der Antidiskriminierungsstelle[28] berichteten 22% von
unangemessenen sexuellen Fragen und 19% von
unerwünschten körperlichen Annäherungen. 7% der befragten
Männer gaben an, am Arbeitsplatz sexuell belästigt worden zu
sein. Sie berichteten dabei von verbalen Formen der
Belästigung, wie unangemessenen Fragen (19%) und
unerwünschten körperlichen Annäherungen (12%). Laut der
Studie „Sexuelle Belästigung am Arbeitsplatz" vom
Sozialwissenschaftlichen Umfragezentrum Duisburg im
Auftrag der Antidiskriminierungsstelle des Bundes[29], erleben
Frauen deutlich mehr körperliche Belästigungen als Männer.
Männer bekommen häufiger anstößige E-Mails oder hören
zweideutige Kommentare.

Eine Studie von 2018, die im Rahmen der „Bürgerbefragung
Öffentlicher Dienst"[30] durchgeführt wurde, ergab, dass 30%
der Beschäftigten „sexuelle Belästigung" oder sexistisches
Verhalten am Arbeitsplatz erlebt haben. 15% waren direkt
betroffen, wobei Frauen mit 26% häufiger betroffen waren als
Männer mit 6%. Unter 30-Jährige waren mit 22% häufiger
betroffen als ältere Beschäftigte (12-16%). Tarifbeschäftigte im
öffentlichen Dienst waren häufiger betroffen als Beamte und
Beamtinnen oder Angestellte in der Privatwirtschaft (20% vs.
15%).
Eine weitere Studie[31] zeigt, dass Trans*Personen
überdurchschnittlich häufig Diskriminierung und Belästigung
erleben. 33% haben angegeben, dass sie in Deutschland
körperlich oder sexuell angegriffen oder bedroht wurden.

Homo- und bisexuelle Menschen sind ebenfalls stark betroffen. 22% der lesbischen Frauen, 21% der schwulen Männer, 17% der bisexuellen Frauen und 14% der bisexuellen Männer gaben an, in den letzten zwölf Monaten am Arbeitsplatz wegen ihrer sexuellen Identität diskriminiert worden zu sein.

Und es gibt noch viele weitere Studien von Versicherungen, Gewerkschaften, Agenturen, Universitäten und weiteren Organisationen. Fassen wir alle Studien zusammen, ergibt sich für Deutschland, dass etwa jede vierte bis fünfte Frau und jeder zwölfte bis vierzehnte Mann im Laufe des Arbeitslebens sexualisierte Gewalt am Arbeitsplatz erlebt haben.

Wer ist Täter*in?

Die Studie der Antidiskriminierungsstelle „Umgang mit sexueller Belästigung am Arbeitsplatz"[32] von 2019 zeigt, dass 53% der Belästigungen durch Menschen erfolgten, die nicht in den Unternehmen arbeiteten, zum Beispiel von Kunden und Kundinnen, Klienten und Klientinnen oder Patienten und Patientinnen. In 43% der Fälle wurden die Belästigungen von Kolleginnen und Kollegen und in 19% der Fälle von Vorgesetzten oder Personen in höheren Positionen getätigt.

Das Risiko, sexualisierte Gewalt zu erleben, gibt es in allen Arbeitsbereichen. Besonders kommt es zu Taten im Gesundheits- und Sozialwesen (29%), in der Industrie (11%), im Handel (12%), im Verkehr (6%), in der Wasser- und Energieversorgung und im Bildungsbereich (jeweils 10%). Am stärksten betroffen sind dabei Menschen, die direkt mit Kundinnen und Kunden zu tun haben, besonders in Dienstleistungen (13%). Auch in akademischen Berufen und bei Führungsverantwortlichen ist das Problem groß (jeweils 10%).

Das bedeutet jedoch nicht, dass in hier nicht explizit

aufgeführten Branchen keine sexualisierte Gewalt vorkommt. Keine Branche und kein Bereich ist frei von solchen Vorfällen! Vielmehr muss in allen Sektoren wachsam und aktiv gegen sexualisierte Gewalt vorgegangen werden.

Welche Taten wurden begangen?

Zudem wurden in der Studie „Umgang mit sexueller Belästigung am Arbeitsplatz"[33] unterschiedliche Gewaltformen erfasst. Die betroffenen Personen erlebten demnach diese sexualisierten, belästigenden und unerwünschten Handlungen:

62%

Kommentare

44 %

Witze oder Blicke/Gesten/Nachpfeifen

28 %

Intime oder sexualisierte Fragen

26%

Berührung, Bedrängen, körperliche Annäherung

23%

Bilder, Texte, Filme, Nachrichten

22%

Einladungen zu Verabredungen

11%

Aufforderungen zu sexuellen Handlungen

5 %

Entblößen

4 %

Erpressung, Nötigung oder Zwang zu sexuellen Handlungen

Eine Statistik des Bundesministeriums für Familie, Senioren, Frauen und Jugend[34] zeigt, dass 63% der befragten Frauen und 49% der befragten Männer in ihrem Leben bereits sexualisierte Gewalt, auch am Arbeitsplatz, erlebt oder beobachtet haben. Von diesen Personen sind 83% mehrfach betroffen. Ein erheblicher Anteil der Betroffenen musste in den letzten drei Jahren mehrere solcher Vorfälle erleben: 29% der Frauen und 38% der Männer berichteten von zwei bis drei solcher Situationen. Besonders gravierend ist die Lage für 6% der betroffenen Frauen, die jeweils über 30 übergriffige Erfahrungen gemacht haben.

Doch das ist noch nicht alles.

Lediglich 17% der Arbeitnehmerinnen in Deutschland, die Gewalt in Form von Berührungen erfahren haben, und nur 13% derjenigen, die zu sexuellen Handlungen gezwungen wurden, haben dies gemeldet, wie die Umfrage „European Observatory on Sexism and Sexual harassment at work"[35] der Jean Jaurès Foundation und der European Foundation for Progressive Studies (FEPS) aufzeigt.

Die Umfrage ergab weiterhin, dass europaweit jüngere Frauen in besonders hohem Maße von sexualisierter Gewalt betroffen sind, unabhängig von der Form der Gewalt. 42% der Frauen unter 30 Jahren haben mindestens eine Form von sexualisierter Gewalt am Arbeitsplatz erfahren, verglichen mit 28% der Frauen in den Dreißigern, 24% der Frauen in den Vierzigern und 16% der Frauen in den Fünfzigern. Diese erhöhte Betroffenheit junger Frauen ist zweifellos auf eine größere „Verwundbarkeit aufgrund mangelnder Erfahrung und Selbstvertrauen in der frühen Erwachsenenzeit" zurückzuführen sowie auf die Tatsache, dass sie häufig in exponierteren Positionen arbeiten, insbesondere in Berufen mit direktem Publikumsverkehr oder solchen, bei denen sie uniformierte Kleidung tragen, die ihre Körperform zeigt, wie

Einzelhandel, Hotellerie oder Gastronomie. Aus Sicht der männlichen Täter entsprechen sie damit den als sexuell attraktiv und sexuell verfügbar angesehenen Klischees. Darüber hinaus zeigt die Umfrage auch eine höhere Betroffenheit bei Frauen, die den dominanten Stereotypen der Körperform entsprechen, wie sie am Body-Mass-Index (BMI = Körpergewicht im Verhältnis zur Körpergröße) gemessen werden: Frauen mit einem unterdurchschnittlichen BMI (29%) sind doppelt so häufig betroffen wie jene mit überdurchschnittlichem BMI (17%). Eine weitere, völlig absurde, Diskriminierung.

Es gibt zudem starke territoriale Ungleichheiten in Bezug auf sexualisierte Gewalt gegen Arbeitnehmende. Der Anteil der Betroffenen am Arbeitsplatz ist in Stadtzentren doppelt so hoch wie in ländlichen Gemeinden (18%) oder abgelegenen Städten (19%). Dieser Unterschied zwischen städtischen und ländlichen Gebieten ist vermutlich auf die Anonymität in großen Städten zurückzuführen, die unangemessenes Verhalten begünstigt, insbesondere in dienstleistenden Arbeitskontexten mit Publikumsverkehr. Zudem spielt die demographische Struktur der Stadtbevölkerung eine Rolle, da in städtischen Gebieten besonders betroffene Gruppen überrepräsentiert sind.

Diese Zahlen sind alarmierend und nicht auf bestimmte Branchen beschränkt.

Besorgniserregend sind auch branchenspezifische Studien. Eine Untersuchung der Berufsgenossenschaft für Gesundheitsdienst und Wohlfahrtspflege (BGW)[36] aus dem Jahr 2021 ergab, dass in der Pflege- und Gesundheitsbranche in Deutschland insgesamt 63% der stationären Mitarbeitenden angaben, in den letzten zwölf Monaten mindestens einmal nonverbale sexualisierte Gewalt - in Form von Entblößen oder

Zeigen von pornografischen Bildern - erfahren zu haben. Verbale sexualisierte Gewalt erlebten 69% der Mitarbeitenden, und 53% gaben an, in den letzten zwölf Monaten mindestens einmal körperliche oder andere sexualisierte Gewaltformen erlebt zu haben.

Solche Statistiken stellen nur die Spitze des Eisbergs dar. Viele Fälle werden nicht gemeldet, geschweige denn angezeigt. Die tatsächliche Verbreitung ist also sehr wahrscheinlich weitaus höher. Dazu kommt, dass diese Probleme in Deutschland oft unterberichtet werden. Doch auch so sprechen die Zahlen eine deutliche Sprache: Sexualisierte Gewalt am Arbeitsplatz ist ein weit verbreitetes Problem, das nicht länger ignoriert werden darf. Und sexualisierte Gewalt am Arbeitsplatz ist nicht nur ein weit verbreitetes, sondern auch ein ernstzunehmendes und vielschichtiges Problem, das weit über die unmittelbaren und sichtbaren Handlungen hinausgeht.

Um dieses komplexe Thema umfassend zu verstehen und effektive Präventionsstrategien zu entwickeln, erforschen Experten und Expertinnen die tieferliegenden Ursachen, die zur Entstehung beitragen, wie:

1. Machtstrukturen und Hierarchien
Ein zentraler Faktor bei der Entstehung sexualisierter Gewalt am Arbeitsplatz sind die bestehenden Machtstrukturen und Hierarchien. In vielen Organisationen bestehen klare Machtverhältnisse, die Missbrauchsmöglichkeiten begünstigen. Personen in höheren Positionen verfügen über mehr Einfluss und Kontrolle, was sie in eine privilegierte Lage versetzt. Diese Macht kann missbraucht werden, um andere auszunutzen und Übergriffe zu begehen.

2. Arbeitskultur und -umfeld

Die Arbeitskultur spielt eine entscheidende Rolle bei der Entstehung und Toleranz sexualisierter Gewalt. Eine Kultur, die sexistische oder diskriminierende Witze, Kommentare oder Verhaltensweisen toleriert oder sogar fördert, schafft ein Umfeld, in dem solche Handlungen als akzeptabel und normal angesehen werden. In Organisationen, in denen klare Richtlinien fehlen und die konsequente Durchsetzung von Verhaltenskodizes vernachlässigt wird, verstärken und institutionalisieren sich unerwünschte Verhaltensmuster.

3. Geschlechterstereotype und soziale Normen

Gesellschaftlich verankerte Geschlechterstereotype und soziale Normen tragen ebenfalls zur Entstehung sexualisierter Gewalt bei. Traditionelle Vorstellungen von Männlichkeit und Weiblichkeit beeinflussen die Wahrnehmung und Behandlung unterschiedlicher Geschlechter am Arbeitsplatz. Wenn Männer als dominant und Frauen als untergeordnet wahrgenommen werden, begünstigt dies das Entstehen und die Akzeptanz von sexualisierter Gewalt. Vorurteile gegenüber den Geschlechtern verfestigen sich in Werten und Verhaltensweisen, und führen zu einem Umfeld, in dem sexistische Handlungen nicht ernst genommen und so toleriert werden.

4. Fehlende Sensibilisierung und Aufklärung

Ein weiterer entscheidender Faktor ist mangelnde Sensibilisierung und Aufklärung. Oft fehlt es an Informationsangeboten, die über Rechte aufklären und Werkzeuge an die Hand geben. Ohne ausreichende Aufklärung sind die Angestellten nicht in der Lage, Übergriffe zu erkennen, adäquat auf sie zu reagieren oder diese zu melden.

5. Unzureichende Rahmenbedingungen

Unzureichende rechtliche und organisatorische Rahmenbedingungen tragen zudem zur Entstehung von sexualisierter Gewalt bei. In noch zu vielen Organisationen fehlen klare Richtlinien und Verfahren zur Meldung und Bearbeitung von Übergriffen, die auch tatsächlich durchgesetzt werden. Auch wenn gesetzliche Regelungen vorhanden sind, werden diese in der Praxis oft unzureichend umgesetzt. Eine fehlende umfassende Unterstützung für Beteiligte, sowie unklare oder ineffektive Maßnahmen zur Verhinderung und Sanktionierung von sexualisierter Gewalt, tragen zur Aufrechterhaltung des Problems bei.

6. Individuelles Verhalten und Persönlichkeiten

Schließlich spielen individuelle Verhaltensweisen und Persönlichkeitsmerkmale eine Rolle. Personen, die übergriffiges Verhalten zeigen, haben möglicherweise persönliche Einstellungen oder psychologische Probleme, die solche Handlungen begünstigen. Auch Faktoren wie mangelnde Empathie, Unreife oder ein erhöhtes Bedürfnis nach Kontrolle können zu sexualisierter Gewalt führen. Die Untersuchung und Bewusstmachung solcher individuellen Faktoren hilft, präventive Maßnahmen gezielt zu entwickeln und übergreifende Problemlösungen zu finden.

Die Entstehung von sexualisierter Gewalt am Arbeitsplatz ist also ein komplexes Zusammenspiel verschiedener Faktoren. Die Betrachtung der tieferliegenden Ursachen ist daher unerlässlich, um effektive Präventionsstrategien zu entwickeln und eine sicherere und respektvollere Arbeitsumgebung zu schaffen.

ZAHLEN, DIE SPRECHEN: KOSTEN, DIE AUFRÜTTELN

Und wem das nicht ausreicht, um sich gegen sexualisierte Gewalt zu stellen, dem seien die Kosten nahegelegt:

Laut einer Studie des Europäischen Instituts für Gleichstellungsfragen (EIGE)[37] betragen die Kosten geschlechtsspezifischer Gewalt in der EU jährlich 366 Milliarden Euro. Für Deutschland belaufen sich die gesellschaftlichen Folgekosten von häuslicher und sexualisierter Gewalt gegen Frauen auf etwa 54 Milliarden Euro pro Jahr, was einem Betrag von 148 Millionen Euro pro Tag entspricht. Hier sind die Kosten für männliche Betroffene und nicht-binäre Personen noch gar nicht eingerechnet.

Das Netzwerk WAVE hat 2016 hinzugefügt, dass eine Investition von nur 10% dieser Kosten (also 45 Euro pro Bürger*in pro Jahr) für die Prävention von Gewalt einen wesentlichen Beitrag zur Verringerung der finanziellen Auswirkungen auf die nationalen Budgets leisten würde[38]. Dennoch passiert viel zu wenig.

Schätzungen zufolge würde das Bruttoinlandsprodukt weltweit um etwa 15%[39] steigen, wenn Frauen gleichberechtigt und ohne strukturelle sexualisierte Gewalt am wirtschaftlichen Leben teilnehmen könnten.

Unsere eigenen Erfahrungen und Aufstellungen zeigen, dass unternehmerische Kosten von durchschnittlich 130.000 Euro pro betroffener Person durch sexualisierte Gewalt in größeren Betrieben und Konzernen entstehen.

Was also können – nein, müssen wir tun?

ENTTABUISIERUNG: DIE BESTE PRÄVENTION

Es war ein sonniger Montagmorgen, als Jari, ein talentierter junger Anwalt, sich auf den Weg zur Arbeit machte. Energiegeladen betrat er das Büro. Doch schon beim Eintreten spürte er eine unangenehme Spannung in der Luft. Ein Kollege, mit dem er bereits seit einiger Zeit zusammenarbeitete, hatte wiederholt anzügliche Bemerkungen gemacht und ihn in unangemessener Weise berührt. Jari fühlte sich unwohl und belästigt, doch der Gedanke, darüber zu sprechen, erfüllte ihn mit Angst. „Ein Mann, und dazu noch ein Anwalt, wird von einem renommierten Staatsanwalt sexuell belästigt? Wer würde ihm das glauben? Vielleicht hat er es falsch interpretiert oder gar provoziert? Und an wen könnte er sich wenden, um Unterstützung zu erhalten?", fragte er sich. Jari hatte Angst, dass eine Meldung seine Karriere gefährden oder sogar beenden könnte. So begann ein jahrelanger Teufelskreis aus Gewalt, Scham, Schuld und weiterer Gewalt.

Beispiele wie das von Jari zeigen, dass sexualisierte Gewalt am Arbeitsplatz ein weit verbreitetes und ebenso tabuisiertes Problem ist.

Die Auswirkungen auf die Betroffenen sind schwerwiegend und wiegen noch schwerer, wenn sie einem Tabu unterliegen. Die Folgen können von psychischen Belastungen wie Angst, Depressionen und posttraumatischer Belastungsstörung über berufliche Konsequenzen, wie den Verlust des Arbeitsplatzes oder der Karrierechancen, bis hin zu Suizid reichen.

Der erste Schritt ist deshalb die Enttabuisierung von sexualisierten Gewalterfahrungen am Arbeitsplatz.

Es ist wichtig, dass Betroffene ermutigt werden, ihre Erlebnisse offen zu teilen - sei es mit Kollegen und Kolleginnen, Vorgesetzten, internen oder externen Vertrauenspersonen. Klare Richtlinien und Verfahren müssen vorhanden sein, um solche Vorfälle zu melden und effektive Maßnahmen zu ergreifen, die sowohl den Schutz der Betroffenen als auch die Verantwortungszuweisung an die Täter*innen sicherstellen.

Leider zeigen Erfahrungen, dass Betroffene oft aus Angst vor negativen Konsequenzen schweigen. Deshalb ist es notwendig, eine offene, unterstützende und vertrauensvolle Kultur am Arbeitsplatz zu fördern, in der alle ohne Angst vor Repressalien über ihre Erfahrungen sprechen und Hilfe finden können.

Eine zentrale Rolle spielt Prävention. Dazu gehört eine gezielte Analyse der Ursachen für sexualisierte Gewalt am Arbeitsplatz, die fachliche Verarbeitung der Ergebnisse und das Ergreifen entsprechender Maßnahmen zur Vermeidung von weiteren Vorfällen.

Ein umfassendes Bewusstsein für sexualisierte Gewalt in all ihren Formen, die Etablierung klarer Definitionen für unangemessenes Verhalten sowie konkrete Handlungsanweisungen, wie jede*r aktiv gegen solche Vorfälle vorgehen kann, sind dabei elementar.

Ebenso wichtig ist die Unterstützung aller.

UNTERSTÜTZUNG:
GEBEN UND NEHMEN

Sexualisierte Gewalt betrifft Menschen unabhängig von Geschlecht, Position oder Hierarchieebene. Täter*innen können in verschiedenen Rollen auftreten, sei es als Vorgesetzte, Angestellte oder externe Geschäftspartner*innen. Diese Vielfalt und Unvorhersehbarkeit erschweren es, Missbrauch und Übergriffe zu erkennen und anzusprechen - und damit sicherzustellen, dass jede Person die Unterstützung erhält, zu der das Unternehmen sowohl rechtlich als auch menschlich verpflichtet ist.

Lange Zeit wurde Männern die alleinige Rolle der Täter zugeschrieben, besonders bei Verletzungen, die speziell auf das Geschlecht oder die geschlechtliche Identität einer Person abzielen. Zwar sind Tatpersonen häufiger männliche Kollegen oder Vorgesetzte, doch es ist wichtig, alle Seiten zu betrachten. Eine einseitige Sichtweise erschwert es, Männer und nicht-binäre Personen als potenzielle Betroffene von Gewalt und Missbrauch wahrzunehmen und Frauen sowie nicht-binäre Personen als Täterinnen. Doch mittlerweile hat sich ein öffentliches Bewusstsein entwickelt, dass sexualisierte Gewalt alle Geschlechter betreffen und von allen verübt werden kann.

Alle sind betroffen. Alle können Tatpersonen sein. Gegenüber Allen.

Vor diesem Hintergrund empfiehlt es sich, immer auf offensichtliche sexualisierte Gewalttaten, subtilere Grenzverletzungen und irritierendes Verhalten zu reagieren - egal von wem diese ausgehen. Um die negativen Folgen von bereits geschehener sexualisierter Gewalt am Arbeitsplatz möglichst gering zu halten und die Betroffenen zu schützen, ist es essenziell, dass Arbeitgebende einfach zugängliche und angemessene Unterstützung bieten. Dazu gehören:

1. Sofortige Unterstützung und Sicherheit

Betroffene müssen sofort Unterstützung erhalten und geschützt werden. Dies umfasst sichere Räume, Unterbringung, medizinische Versorgung und psychologische Ersthilfe.

2. Vertrauliche Beratung und Unterstützung

Betroffene müssen Zugang zu vertraulicher und kompetenter Beratung und Unterstützung durch geschulte Fachleute, wie Psycholog*innen, Sozialarbeiter*innen oder Rechtsanwält*innen, erhalten.

3. Sensibilisierung für Zeug*innen

Zeug*innen spielen eine wichtige Rolle bei Prävention und Intervention. Sie müssen sensibilisiert und ermutigt werden, um Vorfälle zu melden und ebenso angemessene Unterstützung zu erhalten.

4. Sensibles und unterstützendes Arbeitsumfeld

Nur in einem sensiblen und unterstützenden Arbeitsumfeld können Betroffene ohne Angst vor Stigmatisierung oder Vergeltung offen über ihre Erfahrungen sprechen. So ein Umfeld wird geschaffen durch klare Richtlinien und funktionierende Verfahren zur Meldung, Weiterbildungen für alle Angestellten sowie ganzheitliche Schutzkonzepte und betroffenengerechte Maßnahmen.

5. Rechtliche Unterstützung

Zugang zu rechtlicher Unterstützung hilft Betroffenen dabei, ihre Rechte zu verstehen und mögliche juristische Schritte einzuleiten. Dazu zählt die Unterstützung bei der Einreichung von Beschwerden, der Zugang zu rechtlichen Ansprechpersonen und die Begleitung bei internen und externen Verfahren.

6. Nachhaltige Unterstützung

Da die Auswirkungen von sexualisierter Gewalt am Arbeitsplatz langfristig und nachhaltig spürbar sind, ist es elementar, dass Betroffene auch langfristige und nachhaltige Unterstützung erhalten. Über professionelle Therapien, Unterstützung bei Wiedereingliederungen oder beruflicher Neuorientierung.

Die individuelle Unterstützung ist so einzigartig wie die Gewalttat selbst und sollte stets auf die individuellen Bedürfnisse und persönlichen Wünsche der beteiligten Personen abgestimmt werden.

Und das ist nicht nur ein Nice to Have, sondern ein Must Have und im Allgemeinen Gleichbehandlungsgesetz (AGG) geregelt.

ALLGEMEINES GLEICHBEHANDLUNGSGESETZ: PFLICHTEN UND RECHTE[40]

Das Allgemeine Gleichbehandlungsgesetz (AGG) in Deutschland verbietet „sexuelle Belästigung" insbesondere in beruflichen Kontexten.

Paragraf § 2 Absatz 1 Nr. 1-4 AGG

„Sexuelle Belästigung" umfasst Handlungen, die die Würde der betroffenen Personen verletzen oder ein feindliches, erniedrigendes oder demütigendes Umfeld schaffen.

Paragraf § 12 AGG

Der Arbeitgebende ist verpflichtet, geeignete Maßnahmen zu treffen, um „sexuelle Belästigung" zu verhindern und die Betroffenen zu schützen. Dazu gehört unter anderem die Implementierung und konsequente Durchsetzung von Verhaltenskodizes und klaren Richtlinien sowie die Sensibilisierung der Mitarbeitenden und Führungsverantwortlichen. Im Zusammenhang mit Diskriminierung haben Unternehmen ihren Beschäftigten gegenüber eine konkrete Schutzpflicht. Das bedeutet, dass sie über den gesetzlichen Schutz informieren und vorbeugende Maßnahmen treffen müssen, die das Arbeitsumfeld sicherer gestalten (Präventions- und Informationspflicht). Jede Beschwerde ist ernst zu nehmen - egal ob diese von Vorgesetzten, Kolleg*innen, Kund*innen und anderen Vertragspartner*innen ausgeht oder diese beschuldigt. Es ist im Einzelfall zu prüfen, ob bestimmte Schutzvorkehrungen getroffen werden müssen, die dafür sorgen, dass die Benachteiligung in Zukunft nicht wieder passieren kann (Handlungspflicht).

Paragraf § 13 AGG

Arbeitgebende und Unternehmen müssen eine Stelle einrichten, bei der Beschäftigte Beschwerden einreichen können, wenn sie am Arbeitsplatz diskriminiert oder belästigt wurden.

Paragraf § 14 AGG

Beschäftigte, die von „sexueller Belästigung" betroffen sind, haben Anspruch auf Schutz und Unterstützung. Das Gesetz verpflichtet Arbeitgebende, entsprechende Beschwerdewege einzurichten und sicherzustellen, dass Betroffene ohne Angst vor negativen Folgen ihre Rechte geltend machen können.

Paragraf § 15 AGG

Personen, die am Arbeitsplatz „sexuelle Belästigung" erfahren haben, können in einigen Fällen gegenüber ihren Arbeitgebenden Anspruch auf Schadensersatz oder Entschädigung geltend machen. Dies umfasst beispielsweise die Übernahme von Arzt- oder Therapiekosten, die aufgrund der „sexuellen Belästigung" entstanden sind (Schadensersatz). Auch eine Entschädigung in Form von Schmerzensgeld kann möglich sein. Arbeitgebende haften für „sexuelle Belästigung", wenn diese von Personen ausgeht, die in einer Arbeitgebendenfunktion tätig sind oder Weisungsrecht haben, wie etwa Vorgesetzte, Personalleitungen, Geschäftsführungen oder Vorstände. Bei „sexueller Belästigung" durch Kolleg*innen haften

Arbeitgebende, wenn sie keine Schutzmaßnahmen getroffen haben und es zu wiederholten Vorfällen kommt.

Auszubildende

Auszubildende müssen genauso wie alle anderen Beschäftigten geschützt werden. Verletzen Arbeitgebende ihre Schutzpflicht, kann je nach Betrieb die Gewerbeaufsicht oder die Berufskammer eingeschaltet werden. In einem solchen Fall kann dem Betrieb die Eignung zur Ausbildung aberkannt werden (vgl. Paragraf § 33 des Berufsausbildungsgesetzes BBiG). Dies gilt insbesondere dann, wenn die Personen, die für die Ausbildung verantwortlich sind, gleichzeitig Arbeitgebende sind.

Freie Mitarbeitende

Für freie Mitarbeitende, die sich in einem arbeitnehmendenähnlichen Verhältnis befinden (sogenannte feste freie Mitarbeitende), gilt der Schutz des AGG genauso wie für alle anderen Beschäftigten. Das AGG bietet jedoch keinen umfassenden Schutz vor „sexueller Belästigung" für freie Mitarbeitende, Honorarkräfte oder Beschäftigte auf Werkvertragsbasis während ihres Auftragsverhältnisses.
Der Schutz erstreckt sich nur auf freiberufliche Beschäftigte, wenn zum Beispiel ein*e Auftraggebende*r sexuelle Handlungen als Bedingung für die Erteilung eines Auftrags stellt. Doch freiberuflich Tätige sind nicht schutzlos.
Die zivil- und strafrechtlichen Bestimmungen, die Beleidigung und (sexuelle) Nötigung betreffen, bieten einen rechtlichen Rahmen. Für freie Mitarbeitende, die

sich in einem arbeitnehmendenähnlichen Verhältnis befinden (sogenannte feste freie Mitarbeitende), gilt der Schutz des AGG genauso wie für alle anderen Beschäftigten.

LETZTER AUSWEG KÜNDIGUNG: CHEF*INNEN ALS TÄTER*INNEN

Geht sexualisierte Gewalt von einer Person der Geschäftsführung, des Vorstands oder den Inhabenden eines Unternehmens aus, wird die Situation häufig sehr kompliziert. Selbst wenn die Vorwürfe eindeutig sind, kann der Rechtsschutz ins Leere laufen, da die Arbeitgebenden mögliche Rückmeldungen ignorieren oder die Taten herunterspielen. Weil sich Führungsverantwortliche nicht selbst anzeigen, sanktionieren oder disziplinieren, fühlen sich betroffene Personen oft machtlos. In den meisten Fällen trauen sich betroffene Personen gar nicht erst, eine Meldung zu machen oder Anzeige zu stellen. Weil sie sich isoliert, überfordert und den Machtstrukturen innerhalb des Unternehmens ausgeliefert fühlen. Die Sorge vor negativen Konsequenzen bei Kollegen und Kolleginnen führt dazu, dass Betroffene seltener Gehör finden oder Mitstreitende gewinnen. Wer stellt sich schon gegen die Geschäftsführung, insbesondere wenn diese die Vorwürfe leugnet, bagatellisiert oder mit Gerichtsverfahren droht?

In solchen Fällen ist es umso wichtiger, dass externe Instanzen eingeschaltet werden, wie Gewerbeaufsichtsämter, Berufsverbände sowie die Antidiskriminierungsstelle des Bundes. Sie können unterstützen und ein weiteres Vorgehen für die individuelle Situation der betroffenen Person skizzieren. Diese hat dadurch die Möglichkeit, Begleitung und Objektivität durch unabhängige Stellen zu erhalten. Sie weiß, dass ihr Anliegen ernst genommen wird und, wenn möglich und gewünscht, weitere Schritte gemeinsam gegangen werden können. Doch auch mit einer solchen Hilfe kündigen die meisten Betroffenen irgendwann, weil eine weitere Zusammenarbeit für sie schlichtweg nicht mehr aushaltbar ist. Dies tun sie oftmals auch, wenn sie sich dadurch in eine finanziell und sozial bedrohliche Lage bringen. Durch die selbst eingereichte Kündigung verlieren die Betroffenen oft den Anspruch auf Arbeitslosengeld oder andere Unterstützungsleistungen, die im Falle einer fristlosen Kündigung oder eines einvernehmlichen Aufhebungsvertrags möglicherweise verfügbar wären. Die Kündigung kann also ein Akt des Selbstschutzes sein, resultiert jedoch ebenso oft aus Verzweiflung und endet häufig in emotionaler und existenzieller Not.

Ebenso kann es sein, dass die Geschäftsführung die betroffene Person unter einem Vorwand kündigt, um einer direkten Konfrontation mit den Vorwürfen aus dem Weg zu gehen und rechtlichen oder rufschädigenden Folgen zu entkommen. In solchen Fällen wird die Kündigung als strategisches Mittel eingesetzt, um die Auseinandersetzung zu vermeiden und die eigene Verantwortung zu verschleiern. Für die betroffenen Personen kann diese Art der Kündigung zusätzliche rechtliche und emotionale Belastungen mit sich bringen. Den Zusammenhang zwischen der sexualisierten Gewalt und der Kündigung nachzuweisen, ist schwierig und setzt die finanziellen und emotionalen Mittel der betroffene Person voraus, um ein solches Verfahren anzustreben und durchzuhalten.

Nach einer eigenen Kündigung oder einer Kündigung durch den Arbeitgebenden bleiben Mitarbeitende im Unternehmen zurück, die Kenntnis über die Tat und die daraus folgenden Umstände haben. Diese Mitarbeitenden werden sich davor hüten, in eine ähnliche Lage zu kommen. Sie werden entweder Taten über sich ergehen lassen, versuchen, Täter*innen aus dem Weg zu gehen, oder selbst kündigen. So oder so wird sich das Betriebsklima verschlechtern, der Flurfunk zunehmen und die Unsicherheit steigen. Unternehmen verlieren also nicht nur Beschäftigte, sondern auch Vertrauen - sowohl intern als auch extern.

Und was tut die tatdurchführende Person?

Tatausführende, die ohne ernsthafte Konsequenzen aus einer solchen Situation hervorgehen, haben keinen Grund, ihr Verhalten zu ändern. Sie können und werden unkonfrontiert, ungestraft und ungehindert weiterhin Fehlverhalten zeigen.

Dies betrifft auch Täter*innen, die nach Bekanntwerden eines oder mehrerer Vorfälle „weggelobt" werden, wenn sie also versetzt werden und dabei gegebenenfalls sogar noch eine Beförderung erhalten. Diese problematische Praxis wird genutzt, wenn Vorgesetzte oder Organisationen Vorfälle vertuschen und/oder eine Aufarbeitung (aus welchen Gründen auch immer) vermeiden wollen. Das Motiv ist, durch die Versetzung der betreffenden Person das Problem zu lösen, indem sie aus dem Kontakt und Sichtfeld genommen wird. Das Fehlverhalten wird nicht konfrontiert oder sanktioniert. Die Person kommt stattdessen in eine Position mit noch mehr Macht. Das wiederum erhöht das Risiko, dass sie ihr Fehlverhalten fortsetzt oder sogar ausweitet. Die ahnungslosen neuen Kollegen und Kolleginnen sind den Taten ausgeliefert und das Problem wiederholt sich.

Unternehmen tun sich mit dieser Vorgehensweise keinen Gefallen. Durch Ignorieren und Verharmlosen des Fehlverhaltens wird das Vertrauen der Belegschaft in die Führung und die Gerechtigkeit im Unternehmen stark beschädigt. Gleichzeitig signalisiert der Vorgang des „Weglobens" den anderen Beschäftigten, dass Fehlverhalten im Unternehmen keine ernsthaften Konsequenzen nach sich zieht oder sogar belohnt wird. Das kann die Anzahl und Schwere solcher Vorfälle im Unternehmen massiv erhöhen und zu einer toxischen Atmosphäre führen. Wird durch eine Beförderung sexualisierte Gewalt toleriert oder nicht ausreichend sanktioniert, kann dies eine Verletzung der

Fürsorgepflicht der Arbeitgebenden nach dem AGG in Deutschland darstellen. Ein klares und konsequentes Vorgehen gegen Fehlverhalten zu etablieren und sicherzustellen, dass alle gleich behandelt werden und in einem sicheren Arbeitsumfeld arbeiten können, ist daher auch im Interesse von Unternehmen.

Und nicht nur die Praxis des „Weglobens" verhindert eine angemessene Intervention und Sanktion. Auch wenn die oberste Geschäfts- oder Führungsebene aus mehreren Personen besteht und diese Personen über einen Vorfall informiert sind, bedeutet das noch lange nicht, dass sie diese anerkennen und einschreiten.

Warum?
Vielleicht, weil sie einigen der im nächsten Kapitel aufgeführten Fehlreaktionen unterliegen.

KAPITEL 3

FEHLREAKTIONEN
HERAUSFORDERUNGEN UND LÖSUNGEN

Sexualisierte Gewalt am Arbeitsplatz tritt in allen Arbeitsumgebungen auf. Wir begegnen ihr tagtäglich - an Land, im Wasser und in der Luft.

Eigentlich sollten wir uns also mit dem Thema auskennen und wissen, was wahr ist und was nicht.

Stattdessen existieren zahlreiche Mythen und Missverständnisse, die das Problem weiter vergrößern.

DIE WAHRHEIT:
MYTHEN UND VORURTEILE ENTLARVEN

Nur wenn wir falsche Annahmen erkennen und widerlegen, entwickeln wir ein besseres Verständnis für die Schwere des Problems. Und können einen angemessenen Umgang leben, Unterstützung bieten und dem Grundsatz folgen:

Nur Ja heißt Ja!

Sehen wir uns also einige der gängigsten Mythen an, die um das Thema sexualisierte Gewalt wabern. Um Vorurteile aufzulösen und Argumente zu schaffen.

Mythos I: Sexualisierte Gewalt am Arbeitsplatz ist selten.

Falsch!

Tatsächlich ist sexualisierte Gewalt am Arbeitsplatz weit verbreitet und tritt in verschiedenen Arbeitsumgebungen auf: Büros, Fabriken, Restaurants, Einzelhandelsgeschäften, Bildungseinrichtungen, Schifffahrt, Service, Luftfahrt, Industrie, Handwerk, Selbstständigkeit, Gesundheitswesen, IT-Branche, Bauwesen, Landwirtschaft, Unterhaltungsindustrie, Sicherheitsdienst, Logistik, soziale Einrichtungen, Kunst- und Kulturbranche, Öffentlicher Dienst, Transport- und Verkehrsdienstleistung und allen anderen Branchen. Sexualisierte Gewalt betrifft Menschen aller Geschlechter und sexueller Orientierung - wo immer Menschen zusammenarbeiten.

Mythos II: Betroffene sexualisierter Gewalt haben sich provozierend verhalten oder die Gewalt gewollt.

Dies ist ein gefährlicher Irrglaube!

Es ist niemals die Schuld der Betroffenen, wenn sie sexualisierter Gewalt am Arbeitsplatz ausgesetzt sind. Die Verantwortung liegt immer bei den Täter*innen. Es spielt keine Rolle, wie die oder der Betroffene gekleidet war, wie sie oder er sich verhalten hat oder welche Beziehung zu*r Täter*in besteht. Jede*r hat das Recht, am Arbeitsplatz frei von sexualisierter Gewalt zu sein.

Mythos III: Betroffene melden den Vorfall sofort.

Das ist oft nicht der Fall.

Die Hürden sind häufig zu hoch. Betroffene haben große Schwierigkeiten, den Vorfall zu melden - aus Angst vor negativen Konsequenzen wie Vergeltung, Arbeitsplatzverlust, sozialer Isolation oder Rufschädigung. Diese Sorgen verhindern eine zügige Reaktion und schützen so die Täter*innen. Zudem nehmen Arbeitgebende oft nicht die Tat oder die Täter*innen als Störfaktoren wahr, sondern die sich meldenden Betroffenen. Und handeln entsprechend. Auch psychologische oder emotionale Gründe halten Betroffene davon ab, über das Erlebte zu sprechen. Dabei gilt: jede*r hat das Recht, den Zeitpunkt und die Art und Weise zu wählen, wie über sexualisierte Gewalt gesprochen und ob oder wie und wo der Vorfall gemeldet wird.

Mythos IV: Sexualisierte Gewalt am Arbeitsplatz betrifft nur körperlichen Missbrauch.

Definitiv nicht!

Sexualisierte Gewalt am Arbeitsplatz kann verschiedene Formen annehmen, darunter physische, verbale, nonverbale oder psychologische Gewalt. Dazu gehören „sexuelle Belästigung", unerwünschte Berührungen, anzügliche Bemerkungen oder Witze, unangemessene Blicke, Diskriminierung aufgrund von Geschlecht oder sexueller Orientierung und vieles mehr. Der Begriff „sexualisierte Gewalt" schließt gezielt jede Form der Grenzverletzung und Übergriffigkeit ein, um genau diesem Mythos entgegen zu wirken.

Mythos V: Betroffene sexualisierter Gewalt können Vorfälle meistens schnell bewältigen.

Nein!

Es ist ein weit verbreiteter Irrtum, dass Betroffene von sexualisierter Gewalt das Erlebte allein und zügig verarbeiten, wenn ein Vorfall aufgeklärt ist. Es gilt nicht „aus den Augen, aus dem Sinn". Im Gegenteil: die Auswirkungen können massiv und existenziell sein - physisch, emotional und psychologisch, sowohl kurz-, mittel- als auch langfristig. Dazu kommt, dass es nicht die Verantwortung der Betroffenen ist, allein mit den Folgen der erlebten Gewalt fertig zu werden. Unterstützung und professionelle Hilfe, wie therapeutische oder rechtliche Beratung, sind notwendig - auch am Arbeitsplatz.

Mythos VI: Anzügliche Bemerkungen oder Witze sind nicht schlimm.

Ein weiteres Märchen!

Ein schwerwiegender Irrglaube mit schädlichen Konsequenzen. Sexualisierte Gewalt, auch in Form von anzüglichen Kommentaren, unangemessenen sexuellen Anspielungen oder obszönen Witzen, ist nicht harmlos und bleibt Gewalt. Sie beeinträchtigt das Wohlbefinden der Betroffenen erheblich und verletzt deren Würde. Und ist ebenfalls eine inakzeptable Belästigung.

Mythos VII: Männer können nicht von sexualisierter Gewalt betroffen sein.

Der besonders weit verbreitete Irrtum!

Männer sind ebenfalls betroffen von sexueller Belästigung, sexueller Nötigung oder Diskriminierung aufgrund ihres Geschlechts. Sexualisierte Gewalt kennt keine Geschlechtergrenzen und kann jede*n betreffen, unabhängig von Geschlecht oder Position im Unternehmen. Besonders hervorzuheben ist, dass auch Männer und männlich gelesene Personen der LGBTQIA+ Community stark von sexualisierter Gewalt getroffen sind.

Mythos VIII: Solange Betroffene sich nicht ausdrücklich wehren, handelt es sich nicht um sexualisierte Gewalt.

Im Gegenteil!

Unerwünschtes Verhalten, sei es in Form von körperlicher Berührung, sexuellen Anspielungen oder Drohungen, sollte, auch objektiv, immer als unerwünscht betrachtet werden - unabhängig davon, ob es ausdrücklich abgelehnt wird oder nicht. Es ist nicht die Verantwortung der Betroffenen, das Verhalten der Täter*innen zu legitimieren oder zu akzeptieren. Das Märchen, dass Betroffene sich klar und deutlich wehren müssen, um die Ernsthaftigkeit ihrer Erfahrungen menschlich anzuerkennen, führt nur zu Scham, Schuld und Vorwürfen. Sexualisierte Gewalt ist niemals akzeptabel, unabhängig von der Reaktion oder dem Verhalten der Betroffenen. Ein solches Verhalten sollte nicht zur Diskussion stehen.

Mythos IX: Irgendjemand wird schon einschreiten, wenn es zu sexualisierter Gewalt kommt.

Eine trügerische und bequeme Annahme!

Stattdessen sind Betroffene häufig mit Ignoranz, Verleugnung und Desinteresse konfrontiert. Eigene Ängste verhindern oft das Einschreiten von Beobachtenden. Zudem bieten sie selten die notwendige Unterstützung oder gehen das Problem ganzheitlich an. Oft mangelt es an Selbstverständnis und Schutzkonzepten, an Sicherheit gegenüber einem betroffenengerechten Verhalten und an Null-Toleranz-Kulturen.

Mythos X: Die betroffene Person will doch nur Aufmerksamkeit!

Ha! Hahaha!

Dieser Satz trivialisiert die Erfahrungen, die Betroffene durchleben. Diese Unterstellung ignoriert die Realität der erlebten Gewalt. Sie trägt zu Stigmatisierung bei und streut Misstrauen gegenüber denjenigen, die den Mut haben, über ihre Erlebnisse zu sprechen. Studien und Statistiken zeigen, dass Falschbeschuldigungen selten sind. Die überwältigende Mehrheit der Meldungen basiert auf tatsächlichen Erfahrungen. Und müssen als solche anerkannt werden, auch wenn dies unbequem und schmerzhaft ist.

UNSOLIDARISCHE HALTUNG:
VICTIM-BLAMING UND MEHR

Die Auswirkungen falscher Vorstellungen und Haltungen sind weitreichend und haben gravierende Folgen. Betroffene werden nach einem gewalttätigen Erlebnis häufig mit Victim-Blaming (Umkehr des Täter*innen-Opfer-Verhältnisses), Victim-Bashing (Opferbeschimpfung), sekundärer Viktimisierung (zusätzliches Zum-Opfer-Werden) und Verharmlosung konfrontiert. Diese Verhaltensweisen führen dazu, dass Betroffenen von Gewalt und Missbrauch die Schuld für das ihnen widerfahrene Unrecht zugeschoben wird, wodurch ihr Leiden verstärkt und ihre Erholung behindert wird.

Victim-Blaming

„Warum hast du nicht einfach Nein gesagt?"

„Mit so einem kurzen Kleid hast du es doch selbst provoziert!"

„Du bist selbst schuld! Mir passiert sowas nicht..."

Solche Sätze implizieren, dass die betroffene Person Schuld an der erlittenen Gewalt trägt - durch die Art, wie sie sich kleidet, verhält oder spricht. Das lenkt die Aufmerksamkeit von den Täter*innen ab und trägt zur Herabsetzung der Betroffenen bei. Diese nachträgliche Rechtfertigung des Geschehenen seitens der Tatpersonen, beobachtender oder gänzlich unbeteiligter Personen, verschleiert die eigentliche Verantwortung der Tatausführenden. Stattdessen zeigt es fehlende Zivilcourage und Verständnis für die Situation der Betroffenen. Die Täter*innen-Opfer-Umkehr dient dazu, eigene

Schuldgefühle oder die Verantwortung für das Unrecht von sich abzuwenden. Solche Aussagen fördern allerdings eine Kultur, die es Täter*innen erleichtert, weiterhin Gewalt auszuüben und diese auszuweiten.

Victim-Bashing

„Sie wollte doch nur Aufmerksamkeit!"

„Warum hat er so lange geschwiegen?"

„Sie lügt!"

Beim Victim-Bashing werden Betroffene diffamiert, beschimpft, beleidigt und herabgesetzt. Dies geschieht in sozialen Medien, durch öffentliche Äußerungen oder über den Flurfunk. Dabei wird die betroffene Person nicht nur für das erlittene Unrecht verantwortlich gemacht, sondern oft auch persönlich angegriffen, der Lüge beschuldigt und ihre Glaubwürdigkeit untergraben. Solche Angriffe verstärken die psychische Belastung der Betroffenen erheblich und grenzen sie aus. So entstehen Kulturen des Schweigens und der Angst.

Sekundäre Viktimisierung

„Kommen Sie morgen für die Meldung wieder, ich habe jetzt Feierabend!"

„In Wirklichkeit hat es dir doch gefallen..."

„Das glaube ich Dir nicht!"

Ein besonders perfides Phänomen ist die sekundäre Viktimisierung, auch „Sekundärtraumatisierung" oder „zusätzliches Zum-Opfer-Werden". Sie tritt auf, wenn Betroffene nach der eigentlichen Tat durch das Verhalten von Personen, Institutionen oder der Gesellschaft weiter verletzt werden. Während bei der primären Viktimisierung die direkten Schäden durch die Tat selbst gemeint sind, bezieht sich sekundäre Viktimisierung auf die Verschärfung des ursprünglichen Traumas durch Fehlreaktionen des sozialen Umfelds und der formellen Sozialkontrolle. Die Person ist dann doppelt betroffen: durch die erlebte Tat und die Reaktionen ihrer Umgebung. In diesem Zusammenhang stehen auch die Auswirkungen von stereotypen Urteilsmustern, Mythen und dem Glauben an eine gerechte Welt, die für die betroffene Person ins Wanken gerät. Denn notwendige Hilfeleistungen werden dann nicht rechtzeitig oder unzureichend zur Verfügung gestellt. Stattdessen verschärfen sensationslüsterne oder unsachgemäße Behauptungen, Gerüchte oder auch Medienberichte das Trauma der Betroffenen. Diese unzureichende oder unsensible Behandlung kann durch Einzelpersonen und durch Institutionen, wie Polizei, Justiz oder Gesundheitssysteme, erfolgen. Ein Beispiel ist eine betroffene Person, die in einer Gerichtsverhandlung aggressiv verhört und deren Glaubwürdigkeit in Frage gestellt wird - ein klarer Fall sekundärer Viktimisierung.

Verharmlosung

„Er ist doch so ein netter Kerl, er würde so etwas nie tun."

„ Es sah nicht so aus, als ob sie sich unwohl gefühlt hätte!"

„Dass du immer so übertreiben musst..."

Durch Verharmlosung wird die Schwere oder Bedeutung eines Vorfalls heruntergespielt - durch das Verwenden beschönigender Sprache, das Leugnen von Fakten oder das Reduzieren der Auswirkungen. Solche Bagatellisierungen treten individuell, in Medien, politischen Äußerungen oder im gesellschaftlichen Diskurs auf, zum Beispiel durch:

Die Verwendung von Euphemismen
Anstatt von „sexualisierter Gewalt" zu sprechen, mindert beispielsweise der Begriff „unangemessenes Verhalten" die Ernsthaftigkeit des Vorfalls.

Bagatellisierung
Wird eine Situation als „kleiner Streit" oder „unbedeutender Scherz" bezeichnet, wird das tatsächliche Ausmaß des Problems nicht ernst genommen und dargelegt.

Leugnen oder Ignorieren von Fakten
Immer dann, wenn etwas „nicht sein kann", „es in Wirklichkeit bestimmt ganz anders war" oder jemand behauptet „sowas gibt es bei uns nicht", werden die Augen vor der Existenz von Taten verschlossen, Fakten ignoriert, Realitäten verzerrt und offensichtliche Probleme weder wahrgenommen noch anerkannt. Dadurch werden mögliche Verarbeitungs- und Lösungswege blockiert und Menschen zum Schweigen gebracht.

Confirmation Bias

„War ja klar!"

„Typisch..."

„Das hätte ich doch gemerkt!"

Dies sind typische Reaktionen des Confirmation Bias (Bestätigungsfehler). Confirmation Bias bezeichnet eine kognitive Verzerrung, bei der Menschen Informationen selektiv auswählen und interpretieren, um ihre bestehenden Überzeugungen zu bestätigen. Informationen, die unserem Weltbild entsprechen, nehmen wir stärker wahr als solche, die diesem widersprechen oder unser Bild in Frage stellen. Confirmation Bias beeinflussen auch unsere Wahrnehmung von sexualisierter Gewalt. Menschen, die beispielsweise glauben, dass diese überwiegend in bestimmten Branchen vorkommt oder durch bestimmte Gruppen ausgeführt wird, neigen dazu, solche Berichte verstärkt zu bemerken und zu gewichten, während sie gegenteilige Informationen eher ignorieren oder abwerten. Dies führt dazu, dass der Ernst solcher Vorfälle unterschätzt wird, Übergriffe als Einzelfälle betrachtet oder nur in bestimmten „problematischen" Branchen verortet werden. Diese Verzerrung trägt zur Verharmlosung bei und blockiert wichtige Aufklärung und Sensibilisierung. Doch es gibt Wege, um Confirmation Bias entgegen zu wirken, zum Beispiel durch die:

Think the Opposite-Strategie

Die „Think the Opposite"-Strategie („Denk das Gegenteil"-Strategie) bezeichnet das bewusste Einnehmen der gegenteiligen Perspektive. Im Kontext der sexualisierten Gewalt am Arbeitsplatz bedeutet das, sich zu fragen: „Welche Beispiele gibt es, die Rollennormen in meiner Branche widerlegen?" oder „Gibt es Beispiele von Branchen, in denen trotz schwieriger Bedingungen respektvolles Verhalten gefördert wird?" oder „Welche Beispiele kenne ich, in denen Menschen unabhängig von ihrem Geschlecht gleich behandelt werden?" Mit dieser Methode wird eine ausgewogenere Sicht- und Denkweise gestärkt.

Wirken Menschen Fehlreaktionen jedoch nicht entgegen, sind die Auswirkungen schwerwiegend. Sie können zu einem tiefen Gefühl der Isolation, Scham und des Selbstzweifels bei den Betroffenen führen. Und dadurch die Bereitschaft, Hilfe zu suchen, drastisch verringern. Wenn diese Fehlreaktionen also so schädigend sind, warum gibt es sie überhaupt?

Weil sie dazu dienen, die eigene Weltanschauung, persönliche Sicherheit und normierte Werte zu erhalten. Sie schützen vor der unangenehmen Erkenntnis, dass eine Gewalttat auch den Fehlreagierenden oder anderen Menschen widerfahren kann. Anstatt sich mit der tatsächlichen Erkenntnis der Schutzlosigkeit auseinanderzusetzen und zu akzeptieren, dass Taten unabhängig von äußeren Umständen geschehen, versuchen Menschen, emotionale und psychologische Sicherheit durch den Aufbau von vermeintlicher Überlegenheit und trügerischer Kontrolle zu erlangen:

„Mir passiert das nicht, denn ich verhalte mich anders."

„Ich hätte die Situation im Griff gehabt!"

„Ich sehe nicht aus wie ein Opfer..."

Solche Gedanken und Aussagen geben den Fehlreagierenden das Gefühl, das Leben und seine Risiken im Griff zu haben, soziale Harmonie aufrechtzuerhalten oder wiederherzustellen. Sie möchten vermeiden, dass das Eingestehen der vollen Tragweite des Unrechts zu gesellschaftlichen Spannungen oder persönlichen Konsequenzen führt, zur persönlichen Anerkennung eigener Fehler oder sogar der Notwendigkeit zur Veränderung von Verhalten und Einstellungen. Gestützt werden solche Fehlreaktionen durch gesellschaftlich genormte Geschlechterrollen oder Verhaltensweisen, die als bequeme Erklärung herangezogen werden können, warum die Tat „verdient" war oder „hätte vermieden werden können":

„Eine ehrbare Frau verhält sich nicht so!"

„Wäre er souveräner, wäre das nicht passiert."

„Wer in dem Job arbeitet, muss damit rechnen."

Dieses sich selbst Belügen oder Überschätzen dient dazu, das eigene Ego zu schützen, sich selbst zu beruhigen, die eigene Verwundbarkeit zu leugnen und die Notwendigkeit, Mitgefühl zu zeigen, zu vermeiden. Solche Verhaltensweisen fördern keinen Austausch und keine Lösungen. Im Gegenteil! Sie tragen dazu bei, dass Täter*innen straffrei bleiben und Betroffene keine angemessene Unterstützung und Gerechtigkeit erhalten.

Und schlimmer noch: sich wehrende Betroffene werden oft als überempfindlich, zickig, hysterisch oder querulierend dargestellt - durch Tatausführende, Vorgesetzte, Mitbetroffene, Zeug*innen, Unbeteiligte und sogar Ansprechpersonen.

Wer ist hier hysterisch?

Diese Zuschreibungen helfen nicht. Sie würdigen die Erfahrungen und Emotionen der Betroffenen herab, untergraben ihre Glaubwürdigkeit und bieten die Grundlage für weitere Taten. Betroffene, die sich zum Beispiel entscheiden, einen Vorfall zu melden, und dann von Kolleg*innen oder Vorgesetzten nicht ernst genommen, sondern sogar verhöhnt werden, werden sich zukünftig nicht mehr an diese Personen oder überhaupt jemanden wenden. Taten werden dann nicht untersucht und Tatausführende können weiterhin unbehelligt agieren. Vielleicht sind beim nächsten Vorfall Personen betroffen, die zuvor falsch reagiert haben. Deren Sichtweise verändert sich dann plötzlich und drastisch.

Um solche aufgrund von Vorfällen generierte Perspektivwechsel zu vermeiden, sollten wir bereits im Vorfeld ansetzen. Dies erreichen wir, indem wir falsche Vorstellungen und Haltungen aufbrechen und ein Bewusstsein dafür schaffen, dass sexualisierte Gewalt am Arbeitsplatz niemals akzeptabel ist. Betroffene müssen respektvoll behandelt werden, ohne Schuldzuweisungen, und stattdessen mit Sensibilität für ihre Erfahrungen begleitet werden.

DIE ROSA-HELLBLAU-FALLE: NICHT NUR FÜR KINDER

Die „Rosa-Hellblau-Falle" beschreibt die Norm, Menschen aufgrund ihres Geschlechts in bestimmte Rollen und Verhaltensweisen zu drängen, die oft auf traditionellen Geschlechterrollen basieren. Dieses Phänomen findet sich in verschiedenen Aspekten wieder und beeinflusst, wie wir Menschen sehen, bewerten und behandeln. Der Begriff „Rosa-Hellblau-Falle" entstammt der Praxis, Neugeborene nach Geschlecht zu unterscheiden und zu behandeln: Mädchen werden oft mit rosa Kleidung und Accessoires versehen, während Jungen mit Hellblauem ausgestattet werden.

Diese farbliche Kodierung ist mehr als nur eine ästhetische Wahl: sie ist Teil eines breiteren Systems von Vorurteilen und Normen, das bestimmte Erwartungen an Verhalten, Interessen und Rollen knüpft. In der Praxis bedeutet das:

Für Mädchen

> Rosa in all seinen Schattierungen wird traditionell mit Eigenschaften wie Sanftheit, Fürsorglichkeit, Anmut, Charme und Emotionalität assoziiert. Diese Farbsymbolik spiegelt sich auch in gesellschaftlichen Erwartungen und Rollenmustern wider, die insbesondere Mädchen betreffen. In vielen Kulturen wird Rosa als typische Mädchenfarbe betrachtet, die entsprechend ihrer Zuschreibungen subtil suggeriert, dass Mädchen sich bevorzugt für soziale und pflegende Bereiche, Styling und Mode oder versorgende Arbeiten interessieren sollten. Dies steht im Zusammenhang mit einem größeren sozialen Konstrukt, das geschlechtsspezifische Rollen und Interessen normativ festlegt und diese Rollen oft unbewusst über kulturelle Symbole, wie Farben, verstärkt.

Aus psychologischer Sicht kann die Assoziation der Farbe Rosa mit beispielsweise Sanftheit und Fürsorglichkeit tiefgreifende Auswirkungen auf die Entwicklung von Geschlechtsidentität und Selbstwahrnehmung haben. Wenn Mädchen durch subtile gesellschaftliche Signale in bestimmte Rollenbilder gedrängt werden, kann dies ihre Interessen, Ambitionen und Selbstkonzepte beeinflussen. Die Konnotation von Rosa als weibliche Farbe kann Mädchen dazu verleiten, dieser Zuschreibung zu folgen und entsprechende Berufe und Aktivitäten zu wählen, die als typisch weiblich gelten und sie möglicherweise davon abhalten, sich in traditionell männlich assoziierten Bereichen, wie den MINT-Fächern (Mathematik, Informatik, Naturwissenschaften und Technik), zu engagieren. Dies kann langfristig zu einer Verstärkung von Geschlechterklischees und einer geschlechtsspezifischen Trennung in Ausbildungs- und Berufsleben führen. Gleichzeitig kann die Einengung der Farbwahl und die damit verbundene Stereotypisierung dazu führen, dass Mädchen ihre eigenen Fähigkeiten und Interessen unterdrücken, um den erwarteten sozialen Normen zu entsprechen.

Für Jungen

Hellblau und andere Blautöne werden oft mit Stärke, Konzentration, Unabhängigkeit, Vertrauen, Klarheit und Rationalität in Verbindung gebracht Diese Farbassoziationen haben tief verwurzelte kulturelle und psychologische Dimensionen. Psychologisch gesehen fördern Blautöne Gefühle von Ruhe und Vertrauen und werden oft als förderlich für Konzentration und analytisches Denken angesehen. Dies erklärt, warum diese Farben häufig in Kontexten verwendet werden, die mit Logik, Objektivität und Entscheidungsfindung in Verbindung stehen. In der sozialen und kulturellen

Erziehung werden Jungen traditionell ermutigt, sich für Technik, Sport, Logik und Führungsrollen zu begeistern. Diese Ermutigung ist oft Teil eines größeren Systems von Geschlechterrollen und -erwartungen, das Jungen dazu anregt, Eigenschaften wie Unabhängigkeit und Durchsetzungsvermögen zu entwickeln. Die Farben Blau und Hellblau werden dabei nicht nur als ästhetische Präferenzen, sondern auch als Symbole für bestimmte Persönlichkeitsmerkmale und berufliche Neigungen verwendet. Diese kulturellen Normen und Farbkodierungen können jedoch, ebenso wie bei Mädchen, die Entfaltung individueller Interessen und Talente hemmen oder einschränken.

Diese Normen sind tief in unserer Kultur verankert. Schauen Sie sich doch einmal Spielzeugläden, Werbung, Kinder-Accessoires, Kinder-Pflegeprodukte oder Bekleidungsgeschäfte an. Diese Farbzuteilungen werden auch heute noch vorgenommen - selbst bei Artikeln für Erwachsene. Trotz zunehmender Proteste von Konsument*innen, auf die Herstellende, Vertreibende und Marken reagieren müssen, bestehen weiterhin stereotype Farbzuweisungen und Erwartungen. Diese beeinflussen nicht nur die Entwicklung und das Verhalten von Kindern, sondern prägen auch das Verhalten von Erwachsenen bis ins hohe Alter. Dies verdeutlicht die Bedeutung einer bewussten Erziehung, die es allen Menschen ermöglicht, jenseits von Farbsymbolik und Geschlechterklischees ihre individuellen Talente und Neigungen zu entwickeln und auszuleben. Ein bewusster Umgang mit diesen traditionellen Vorstellungen unterstützt dabei, Rollen zu hinterfragen und eine vielfältigere Palette von Möglichkeiten für alle zu fördern. Denn solche Farbzuweisungen, wie Rosa für Mädchen und (Hell)Blau für Jungen, beginnt bereits im Säuglingsalter und setzt sich im gesamten Leben fort. Diese Stereotype manifestieren sich in verschiedenen Bereichen des Lebens und tragen zur Geschlechtersozialisation bei. Sie beeinflussen, welche Spielzeuge Kindern angeboten werden, welche Berufe sie als geeignet ansehen und wie sie ihr Selbstbild entwickeln. In Werbung und in Medien werden diese Farbzuweisungen oft verstärkt genutzt, was die Wahrnehmung von Geschlechterrollen weiter zementiert. Produkte für Frauen werden dann in Pastelltönen präsentiert, während Produkte für Männer in kräftigeren Farben erscheinen und (unbewusst) signalisieren, welche Artikel für welches Geschlecht sind.

Dann steht der Badezusatz „Surprise Dino" in grünblauer Farbgebung mit kraftvoll wirkenden Dinosaurierbildern neben dem Badezusatz „Galupy Mermaid" im pinklilaglitzer Design mit niedlich aussehenden Meerjungfraueneinhörnern.

Warum nicht pinke Dinos und blaue Einhörner? Oder beides in Orange? Da es weder Meerjungfrauen noch Einhörner gibt und das wirkliche Aussehen von Dinosauriern in Bezug auf Farbe und Schuppen oder Federn nicht abschließend geklärt ist, bieten sich hier deutlich mehr Kombinationen an. Wie oft werden Fußbälle mit Fußball spielenden Jungen beworben? Und daneben Bastelsets mit Mädchen? Vorhersagbar und langweilig. Immerhin steht bei den oben genannten Produkten oft nicht mehr die Klassifizierung nach „Mädchen" und „Junge", sondern nur noch „Kinder". Nach und nach findet hier seit einigen Jahren ein Wandel statt. Sehr langsam und vorsichtig, doch:

Immerhin ein Anfang.

Um diesen Wandel zu beschleunigen, sind nicht nur die Herstellenden gefragt, sondern auch der Sortimentseinkauf und wir als Konsumierende. Warum nicht unabhängig einkaufen? Männer sehen fantastisch aus in pinken Hemden. Frauen stehen blaue Schuhe. Mädchen können Fußball spielen und Jungen Ballett tanzen. Wir alle können alles.

Unternehmen sind daher gut beraten, sich von Stereotypen zu verabschieden und ein deutlich vielfältigeres und breiter aufgestelltes Programm anzubieten. Denn die Rosa-Hellblau-Falle hat, in Kombination mit vielen weiteren Rollenzuschreibungen und Normen, weitreichende Auswirkungen:

Eingeschränkte Möglichkeiten

Starre Geschlechterrollen schränken die beruflichen und persönlichen Möglichkeiten ein. Insbesondere wenn Vorbilder fehlen, die alternative Rollenmodelle verkörpern. Wenn Gruppen oder Geschlechter in bestimmten Berufen oder Lebensbereichen kaum oder gar nicht vertreten sind, wird es auch für andere Zugehörige schwerer, diese Wege einzuschlagen. Die Lücke in der Vorbilder-Darstellung verstärkt die Wahrnehmung, dass bestimmte Rollen oder Berufe geschlechtsspezifisch sind und führt dazu, dass Menschen sich auf eingeschränktere Möglichkeiten einlassen, von bestimmten Karrierewegen und Interessen Abstand nehmen oder Ablehnung sowie Herabwürdigung erleben.

Berufliche Diskriminierung

Erwachsene, die nicht den traditionellen Geschlechterrollen entsprechen, stoßen oft auf Vorurteile und Diskriminierungen. Frauen in Führungspositionen oder Männer in Pflegeberufen weichen von den Erwartungen ab und sehen sich oft zusätzlichen Herausforderungen gegenüber. Denn diese Abweichung wird nicht selten durch Vorurteile und normative Annahmen begleitet, die berufliche Anerkennung und persönliche Entwicklung behindern. Denken Sie doch mal an männliche Flugbegleiter. Wie häufig werden diese in die Schublade „schwule Saftschubse" gesteckt und bekommen das auch zu hören? Und das nur, weil ihr Beruf nicht dem traditionellen Bild von Männlichkeit entspricht und eher mit der „sexy Stewardess" assoziiert wird. Auch dieses Bild ist zutiefst sexistisch. Die Realität ist, dass Flugbegleiter*innen hochqualifizierte und engagierte Fachleute sind, unabhängig von Geschlecht oder gesellschaftlichen Vorurteilen, die sie überwinden müssen.

Selbstwahrnehmung und Identität
Vorurteile gegenüber den Geschlechtern beeinflussen auch, wie Menschen sich selbst sehen und ihre Identität entwickeln. Das kann zu Unsicherheiten und einem Mangel an Selbstvertrauen führen, wenn jemand nicht den vorgegebenen Rollenbildern entspricht. Das eigene Zutrauen in Fähigkeiten und Potenziale schwindet, wenn uns dies gesellschaftlich gar nicht erst zugetraut wird. Dies führt oft genug dazu, dass Menschen ihre Karriereziele und persönlichen Ambitionen aufgeben oder erst gar nicht verfolgen, weil sie weder den Erwartungen entsprechen, noch mit ihnen brechen wollen. So bleiben Potenziale nicht nur ungenutzt, sondern es entstehen zudem Grenzen für die persönliche und berufliche Entfaltung.

Soziale Erwartungen und Interaktionen
Die Erwartungen an männliches und weibliches Verhalten beeinflussen auch, wie Menschen in sozialen Interaktionen wahrgenommen und behandelt werden. Zum Beispiel können Männer, die emotionale Unterstützung suchen oder Fürsorglichkeit zeigen, als weniger männlich angesehen werden, während Frauen, die Führungsqualitäten zeigen, möglicherweise als unweiblich gelten. Da stereotyp weibliches Verhalten oft mit niedrigem Status und dem häuslichen Umfeld

assoziiert wird, kann es für Frauen wiederum vorteilhaft sein, am Arbeitsplatz stereotype männliche Verhaltensweisen zu zeigen. Auf diese Weise können sie verdeutlichen, dass sie „über das nötige Rüstzeug verfügen", um erfolgreich zu sein. Allerdings erfahren Frauen, denen ein Machtanspruch zugeschrieben wird, häufig erhebliche Sanktionen. Beispielsweise werden Frauen, die männlich dominant assoziierte Verhaltensweisen zeigen, seltener eingestellt, selbst wenn sie als kompetent gelten. Dies führt zu der paradoxen Situation, in der Frauen stereotyp weibliches Verhalten meiden, um als fachkundig wahrgenommen zu werden, gleichzeitig jedoch auf Widerstand stoßen, weil sie geschlechtsspezifische Normen verletzen. Diese Vorstellungen führen also dazu, dass Menschen in sozialen und beruflichen Kontexten anders behandelt werden, als es ihren tatsächlichen Fähigkeiten und Qualifikationen entspricht. Männer geben Berufe, die von Frauen dominiert werden, aufgrund der gesellschaftlichen Stigmatisierung häufig auf. Einige ziehen sogar Arbeitslosigkeit einem solchen Arbeitsplatz vor[41]. Einige Menschen passen sich den gesellschaftlichen Erwartungen und Normen an, um den jeweiligen Erwartungen gerecht zu werden, während andere bewusst gegen diese Normen verstoßen, um neue Wege zu gehen oder gesellschaftliche Grenzen zu überschreiten. Dieser Prozess der Anpassung an oder des Bruchs mit sozialen Erwartungen birgt sowohl Chancen als auch Herausforderungen und trägt zur fortlaufenden Aushandlung von Geschlechterrollen und -identitäten bei.

Es gibt viele weitere soziale oder entwicklungspsychologische Faktoren, die die Entstehung und Entwicklung von Geschlechterrollen beeinflussen. Entwicklungspsychologisch zeigen Studien, dass Kinder bereits im Vorschulalter Geschlechterrollen verstehen und diese oft unkritisch übernehmen. Solche frühen Erfahrungen, und die Beobachtung von geschlechtsspezifischem Verhalten in ihrem Umfeld, tragen zur Bildung und Festigung von Stereotypen bei. Deshalb sollten diese Faktoren in einer modernen Gesellschaft, die sich für Gleichberechtigung und Vielfalt einsetzt, erkannt und bewusst verändert werden.

KOGNITIVE DISSONANZ:
WENN WIR ANDERS DENKEN ALS HANDELN

Eine Möglichkeit, die Dynamik von sexualisierter Gewalt besser zu verstehen, ist die Auseinandersetzung mit kognitiver Dissonanz. Diese beschreibt den psychologischen Zustand, in dem eine Person mit widersprüchlichen Gedanken, Überzeugungen oder Werten konfrontiert wird. Dieser Konflikt wird oft dadurch gelöst, dass Gedanken oder Handlungen angepasst oder gerechtfertigt werden. Im Kontext sexualisierter Gewalt tritt kognitive Dissonanz in unterschiedlicher Weise auf, sowohl bei Täter*innen als auch bei Betroffenen und Beobachtenden.

Täter*innen, die anders denken als handeln

Für Tatpersonen entsteht kognitive Dissonanz, wenn ihre Handlungen nicht mit ihren eigenen moralischen Werten übereinstimmen. Zum Beispiel wird jemand, der oder die sich als gutmütig und respektvoll sieht, große innere Konflikte erleben, wenn bewusst wird, dass das eigene Verhalten sexistisch oder übergriffig war. Um diese innere Spannung zu reduzieren, rationalisieren Täter*innen ihre Taten, schieben die Verantwortung auf die betroffene Person oder glauben, dass diese die Tat verdient hat.

> *Eine sich selbst als feministisch einschätzende Vorgesetzte, die frauenfeindliche Kommentare macht, verringert diese Dissonanz, indem sie behauptet, ihre Kommentare seien harmlos oder „anscheinend ein bisschen zu direkt" oder die betroffene Person könne „mit Kritik nicht umgehen". So versucht sie, die Diskrepanz zwischen ihrem Selbstbild und ihrem Verhalten zu reduzieren.*

Diese Selbstrechtfertigung hilft dabei, sich weiterhin als angemessen agierende Person zu sehen, während sie ihre eigenen Fehler nicht umfassend oder gar nicht anerkennt.

Betroffene, die anders denken als handeln

Auch Betroffene sexualisierter Gewalt erleben kognitive Dissonanz. Sie stehen oft im inneren Konflikt zwischen dem Bild von sich selbst als wertvolle und respektierte Person und dem, was ihnen widerfahren ist. Diese Diskrepanz führt zu Selbstzweifeln und Schuldgefühlen.

> *Eine Person, die belästigt wurde, denkt möglicherweise: „Ich habe mich einfach nicht richtig verhalten…" oder „Es war nicht so schlimm, ich sollte daraus nicht so ein Drama machen…". Diese Gedanken dienen als Bewältigungsmechanismus, um die kognitive Dissonanz zu reduzieren.*

Indem die betroffene Person das Erlebte klein redet oder sich selbst die Schuld gibt, kann sie den inneren Konflikt und den emotionalen Stress, der mit der Erfahrung einhergeht, vermeintlich erträglicher machen. Dieser Prozess erschwert jedoch den Heilungsprozess und führt dazu, dass die betroffene Person sich noch mehr isoliert und unsicher fühlt.

Beobachtende, die anders denken als handeln

Auch Beobachtende und um die Tat wissende Angestellte erleben kognitive Dissonanz, wenn ihre Beobachtungen oder Erfahrungen im Widerspruch zu ihren Werten, Überzeugungen oder Erwartungen stehen. Wenn jemand an Grundwerte wie Gerechtigkeit und Fairness glaubt, kann es äußerst schwierig sein, sich mit der Tatsache auseinanderzusetzen, dass solche Werte in der eigenen Umgebung, vielleicht sogar von geschätzten Teammitgliedern, verletzt werden. Hört jemand zum Beispiel eine sexistische Bemerkung, kann es sein, dass diese Person versucht, das Gehörte zu bagatellisieren:

„Das war nur ein einmaliger Ausrutscher."

„Das war nicht so schlimm."

„Es haben ja nur wenige Leute gehört..."

Dies hilft dabei, die eigene Wahrnehmung in Einklang mit der Realität zu bringen und sich selbst vor dem Stress zu schützen, der mit der Erkenntnis einhergeht, dass in der eigenen Umgebung etwas nicht stimmt. Dissonanz tritt auch auf, wenn Beobachtende unsicher sind, wie sie reagieren sollen. Sie stehen möglicherweise vor der Entscheidung, ob sie das Verhalten konfrontieren, melden oder ignorieren. Die Angst vor möglichen Konsequenzen, wie der Störung des Arbeitsumfelds oder negativer Reaktionen von Kolleg*innen, führt zu inneren Konflikten. In dieser Unsicherheit werden inaktive oder ineffektive Entscheidungen getroffen, um der Widersprüchlichkeit zu entgehen - und führen oft zu nur noch mehr Dissonanz. Denn auch die Spannung zwischen dem Wunsch, richtig zu handeln, und der tatsächlichen Inaktivität oder Unentschlossenheit resultiert in emotionalem Stress. Um alle direkt oder indirekt Beteiligen zu unterstützen und persönliche sowie strukturelle Muster zu durchbrechen, ist es wichtig, ein Bewusstsein für diese psychologischen Mechanismen zu entwickeln. Für Täter*innen bedeutet dies, die eigenen Fehler anzuerkennen und nicht durch Selbstrechtfertigung zu schützen. Für Betroffene ist es entscheidend, Unterstützung zu finden, um ihre Wahrnehmung des Erlebten zu klären und sich selbst als wertvoll und respektiert zu fühlen. Für Unternehmen ist es wichtig, strukturelle Bedingungen zu verbessern, die sexualisierte Gewalt begünstigen.

Unternehmen, die sich anders darstellen als handeln

Dissonanz kann auch unternehmerisch sichtbar werden. Nämlich dann, wenn Unternehmen für andere Werte einstehen und sich anders präsentieren, als sie tatsächlich handeln.

> *Ein Unternehmen setzt sich öffentlich und prominent für Gleichstellung ein. Die Geschäftsführung betont regelmäßig die Werte von Equality, also der Chancengleichheit aller. Dennoch zeigen sich wiederholt Berichte über sexistische Kommentare, Belästigungen und der Bevorzugung von Mitarbeitern innerhalb des Unternehmens, die insbesondere von Führungsverantwortlichen oder einflussreichen Teammitgliedern ausgehen. Das Unternehmen erhält von Angestellten und externen Interessierten den Stempel „Genderwashing".*

Diese Dissonanz im Unternehmenskontext zeigt sich zum Beispiel in:

Öffentliches Engagement vs. tatsächliches Verhalten
Das Unternehmen steht vor einem Konflikt zwischen der öffentlichen Haltung und den tatsächlichen Verhältnissen am Arbeitsplatz. Während es sich nach außen als vorbildliche und respektvolle Organisation präsentiert, entsprechen die internen Arbeitsbedingungen und das

Verhalten innerhalb des Unternehmens nicht den propagierten Werten. Dies führt zu einem Widerspruch, der das Vertrauen in die Unternehmensführung untergräbt und das Image des Unternehmens beschädigt.

Reaktion auf Beschwerden

Statt Berichte über Belästigungen ernsthaft zu prüfen und umfassende Maßnahmen zur Behebung der Probleme zu ergreifen, versuchen Führungsverantwortliche, die Situation zu minimieren oder umzudeuten. Indem sie Berichte als Einzelfälle darstellen oder Vorwürfe relativieren. Das Unternehmen folgt dann dieser Auslegung, anstatt die zugrunde liegenden Probleme zu adressieren, was die Dissonanz zwischen öffentlichen Erklärungen und tatsächlichem Handeln verstärkt.

Interne Maßnahmen

Um Dissonanzen zu verringern, ergreift das Unternehmen oberflächliche Maßnahmen, wie das Veröffentlichen von Richtlinien gegen Belästigung oder die Durchführung von allgemeinen Schulungen. Diese Maßnahmen sind jedoch nicht ausreichend, um tiefgreifende strukturelle Veränderungen herbeizuführen. Es werden keine umfassenden Anpassungen der Unternehmenspolitik oder des Verhaltenskodex vorgenommen. Die Maßnahmen dienen lediglich dazu, den äußeren Eindruck eines Engagements aufrechtzuerhalten, ohne dass substanzielle Änderungen im Umgang mit Beschwerden oder im Verhalten erfolgen.

Umgang mit Feedback

Mitarbeitende und Außenstehende erleben, dass ihre Beschwerden entweder nicht ernst genommen oder nicht ausreichend adressiert werden. Es werden keine effektiven Schritte unternommen, um die problematischen Verhaltensweisen zu ändern oder die offiziellen Unternehmenswerte und -standards tatsächlich einzuhalten. Dies führt dazu, dass die betroffenen Personen das Gefühl haben, ihre Anliegen werden ignoriert oder nicht angemessen behandelt, was zu einer weiteren Diskrepanz zwischen den Unternehmenswerten und der gelebten Realität beiträgt.

Das Unternehmen versucht, das Bild als vorbildliche und respektvolle Organisation zu wahren, während die Realität der Arbeitsumgebung den öffentlich verkündeten Werten widerspricht. Dieser Widerspruch wird nur durch folgende Maßnahmen aufgelöst:

Transparente und ehrliche Kommunikation
Pressemitteilungen, interne Veröffentlichungen, Newsletter, Rundmails sowie Hinweise auf der Unternehmenswebseite und in sozialen Netzwerken informieren regelmäßig über die bestehenden Probleme und die Schritte, die zur Behebung unternommen werden. Die Kommunikationskanäle berichten offen und ehrlich über Fortschritte und Herausforderungen. Zudem werden die Belegschaft und Geschäftspartner*innen dazu eingeladen, ihre eigenen Erfahrungen, Impulse und Ideen einzubringen, um einen kontinuierlichen Dialog zu fördern und das Vertrauen in die Unternehmensführung und die Marke zu stärken.

Aktive Einbindung
Alle Angestellten und die Geschäftsführung sind aktiv in den Veränderungsprozess eingebunden. Das bedeutet, ihre Erfahrungen und Perspektiven in die Unternehmenspolitik zu integrieren, um sicherzustellen,

dass die getroffenen Maßnahmen tatsächlich den Bedürfnissen und Erwartungen aller Beteiligten entsprechen. Dies kann durch Feedback-Runden, Workshops und gemeinsame Entscheidungsprozesse geschehen. Die Einbindung aller ist zwar aufwändig, trägt jedoch zur nachhaltigen Entwicklung relevanter Maßnahmen bei, stärkt das Engagement und erhöht die Akzeptanz der Veränderungen.

Ergreifen umfassender Maßnahmen

Auf Basis der Einbindung aller Beteiligten sowie der Analyse von Umfragen und Feedbacks wird ein praxistauglicher und umsetzbarer Maßnahmenkatalog erstellt. Dieser Katalog ist klar definiert und wird konsequent umgesetzt. Dazu gehört die Implementierung konkreter Verbesserungen der Arbeitsumgebung, wie z.B. spezialisierte Schulungen, Änderungen in den Unternehmensrichtlinien, die Einführung neuer Verhaltensstandards und Zertifizierungen. Regelmäßige Überprüfungen und Anpassungen sorgen dafür, dass die Maßnahmen effektiv bleiben und an aktuelle Herausforderungen angepasst sind.

Durch diese umfassenden Schritte wird der Widerspruch zwischen dem öffentlichen Bild und der Realität angegangen und langfristig überwunden. Auf diese Weise werden die Werte des Unternehmens nicht nur nach außen kommuniziert, sondern auch intern verankert. Dies führt zu einer erhöhten Glaubwürdigkeit, verbesserten Reputation und gesteigerten Attraktivität des Unternehmens insgesamt. Eine ganzheitliche Strategie, die individuelles und strukturelles Handeln miteinander verbindet, bietet effektive Unterstützung und nachhaltige positive Veränderungen im Einklang miteinander.

STABILE WERTE:
DENKEN UND HANDELN IN EINKLANG

Eine Person hat die Überzeugung, dass Geschlechtergleichheit wichtig ist, und dass Geschlechterstereotype überwunden werden sollten. Trotzdem wählt sie bei Geschenken für Kinder nach der Rosa-Hellblau-Falle aus. Dann kommt es zur kognitiven Dissonanz, weil das Verhalten (Kauf von nach Geschlecht farbcodierten Produkten) nicht mit der Überzeugung (Gleichheit der Geschlechter und Ablehnung von Stereotypen) übereinstimmt. Dieser Widerspruch äußert sich möglicherweise auch körperlich in Form von Unbehagen oder einem Gefühl der Unstimmigkeit.

Ähnlich wie ein schiefer Ton, der eine harmonische Melodie stört, fühlt es sich an, wenn das innere Ungleichgewicht spür- oder sichtbar wird, das entsteht, wenn unsere Überzeugungen und Handlungen nicht im Einklang miteinander stehen. Wir Menschen streben jedoch nach Harmonie und brauchen Konfliktfreiheit, um uns wohl zu fühlen und miteinander störungsfrei zu agieren. Wir brauchen also eine Strategie, um mit kognitiven Dissonanzen umzugehen.
Veränderungsstrategien, in Bezug auf das Beispiel, sind:

Änderung des Verhaltens

Die Person kann sich aktiv mit dieser Widersprüchlichkeit auseinandersetzen und bewusst entscheiden, in Zukunft Farben auszuwählen, die sie selbst mag, die als geschlechtsneutral gelten oder bewusst mit Stereotypen brechen. Dadurch reflektiert sie ihre Überzeugungen besser und reduziert die innere Dissonanz.

Offenheit für Überzeugungen

Die Person kann bewusst offen dafür werden, dass es in bestimmten Situationen in Ordnung ist, individuelle Vorlieben zu berücksichtigen, auch wenn diese traditionellen Geschlechterrollen entsprechen.

Es geht nicht darum, aus Protest nur noch andere Farben zu kaufen oder diese Farben abzulehnen. Es geht vielmehr darum, flexible und reflektierte Entscheidungen zu treffen, die der jeweiligen Situation angepasst sind. Und das ohne dabei unbewusst Vorurteile und tradierte Normen zu fördern. Durch bewusste Entscheidungen werden Dissonanzen reduziert oder aufgelöst und so ein einheitlicheres und stimmigeres Selbstbild gestaltet. In dem Überzeugungen und Werte im Einklang sind.

Für die Bewältigung kognitiver Dissonanz bedarf es der aktiven Auseinandersetzung mit Vorurteilen und Verhaltensmustern. Das ist oft unangenehm, jedoch notwendig, um authentisch zu handeln. Es erfordert ein Bewusstsein für die eigenen Gedanken und Handlungen sowie den Mut, sich selbstkritisch und zugewandt zu hinterfragen und Veränderung zuzulassen. Dies ist ein wesentlicher Schritt, um alte Verhaltensweisen abzulegen und eine Haltung einzunehmen, die wahrhaftig gegen jede Form von sexualisierter Gewalt steht.

Kognitive Dissonanz in Bezug auf sexualisierte Gewalt kann nicht nur persönlich, sondern auch auf gesellschaftlicher Ebene und am Arbeitsplatz verändert werden durch:

Bildung und Aufklärung

Aufklärungskampagnen und Bildungsprogramme, die sich mit sexualisierter Gewalt auseinandersetzen und gesellschaftliche Normen und Stereotype hinterfragen, erhöhen die gefühlte Dissonanz zwischen Überzeugungen und dem, was wir erleben oder beobachten. Dies drängt uns dazu, unsere Verhaltensweisen zu überdenken und anzupassen.

Öffentliche Diskussionen und Medialisierung

Durch die Förderung offener Diskussionen am Arbeitsplatz, in den Medien und in der Öffentlichkeit wird das Tabu rund um sexualisierte Gewalt gebrochen. Erfahrungsberichte, Dokumentationen, Social-Media-Beiträge, wissenschaftliche Studien, Kampagnen, Ausstellungen, Filme, Podcasts, Recherchen, Diskussionen in Netzwerken und vieles mehr schärfen das Bewusstsein. Dies erhöht die kognitive Dissonanz zunächst, führt langfristig jedoch zu einer verstärkten Motivation, sich gegen sexualisierte Gewalt einzusetzen und die eigenen Verhaltensweisen stimmig zu den persönlichen Überzeugungen zu gestalten.

Förderung von Unterstützungssystemen

Sichtbare Unterstützungsnetzwerke fördern den gesellschaftlichen Druck und die Ernsthaftigkeit des Themas. So wird der Widerspruch zwischen dem Wissen um die Existenz von sexualisierter Gewalt und der tatsächlichen Reaktion darauf herausgestellt, was zu mehr gesellschaftlichem Engagement führt.

Veränderung von Normen und Werten

Gesellschaftliche Normen und Werte zu verändern, braucht einen langen Atem. Dafür ist bereits im frühesten Kindesalter eine altersgerechte und ganzheitliche Sensibilisierung wichtig und richtig. Auch in Schule,

Ausbildung und Studium muss das Thema der sexualisierten Gewalt einen Platz haben, ebenso wie in der Arbeitswelt. Die Veränderung von Normen und Werten in Bezug auf sexualisierte Gewalt ist ein kontinuierlicher und vielschichtiger Prozess. Bildung und Aufklärung sind der Schlüssel, um die tief verwurzelten gesellschaftlichen Überzeugungen zu hinterfragen und uns zur Reflexion unserer eigenen Verhaltensweisen zu bewegen.

KAPITEL 4

DIE SCHMERZENDE REALITÄT
FOLGEN FÜR ALLE

Sexualisierte Gewalt am Arbeitsplatz hat häufig schwerwiegende Auswirkungen auf die betroffenen Angestellten und alle Beteiligten.

Die Folgen reichen von psychischen und physischen Belastungen bis hin zu sozialen und existenziellen Auswirkungen. Das Verständnis für diese Folgen führt zur Erkenntnis der Bedeutung von Prävention, Intervention und Unterstützung.

Denn die Konsequenzen sexualisierter Gewalt sind sowohl direkt als auch langfristig spürbar.

SICHTBARE UND UNSICHTBARE NARBEN: PHYSISCH, PSYCHISCH UND SOZIAL

Da Bewältigungsstrategien und Auswirkungen individuell variieren, benötigen wir ein umfassendes Verständnis der spezifischen Auswirkungen auf jede beteiligte Person, um maßgeschneiderte Maßnahmen zu implementieren. Dafür müssen wir die möglichen Auswirkungen kennen.

Auswirkungen auf Betroffene

Viele Studien und Statistiken zeigen, wie wichtig Prävention und Unterstützung für Betroffene sind, indem sie die ernsten Folgen von sexualisierter Gewalt am Arbeitsplatz verdeutlichen. In der bereits erwähnten Studie des Bundesministeriums für Familie, Senioren, Frauen und Jugend gaben 42% der betroffenen Frauen und 28% der betroffenen Männer an, sich durch die erlebten Taten mittel bis sehr stark erniedrigt und abgewertet gefühlt zu haben. Mittelstarke bis sehr starke psychische Belastungen empfanden 41% der betroffenen Frauen und 27% der betroffenen Männer. 30% der Frauen und 21% der Männer empfanden die Situation zudem als mittel bis stark bedrohlich.

Mehr als die Hälfte der Betroffenen von sexualisierter Gewalt am Arbeitsplatz leidet unter psychischen Belastungen. Auch physische Gesundheitsprobleme, wie sexuell übertragbare Infektionen und Verletzungen, treten bei Betroffenen von körperlicher sexualisierter Gewalt am Arbeitsplatz auf. Studien haben gezeigt, dass Betroffene ein erhöhtes Risiko haben, an posttraumatischer Belastungsstörung (PTBS) zu leiden, was zu langfristigen emotionalen und sozialen

Herausforderungen führt. Häufig fühlen sich Betroffene schuldig, obwohl sie niemals die Schuld an dem tragen, was ihnen angetan wurde und was sie erleben mussten. Dennoch schämen sie sich für die Situation in der sie sich befanden und weiterhin befinden. Sie trauen sich oft nicht, jemanden eines Fehlverhaltens zu bezichtigen. Sie fühlen sich isoliert und sind besorgt darüber, Schwierigkeiten in Beziehungen, im Beruf oder in sozialen Interaktionen bekommen. Manche ziehen sich aus ihrem sozialen Umfeld zurück, vermeiden den Kontakt zu anderen - aus Angst oder Scham, um Stigmatisierung und Unverständnis zu vermeiden. Manche Betroffene verdrängen ihre sexualisierten Gewalterfahrungen, die dann oft in Angststörungen, Depressionen oder Suchtkrankheiten sichtbar werden. Nicht selten richten Betroffene ihre empfundene Wut gegen sich und verletzen sich selbst. In einigen Fällen kommt es zu Suizidversuchen oder vollendeten Suiziden.

Auswirkungen auf Zeug*innen

Die Auswirkungen von sexualisierter Gewalt am Arbeitsplatz beschränken sich nicht nur auf die unmittelbar betroffenen Angestellten, sondern erstrecken sich auch auf Menschen die die Gewalttaten mitbekommen oder zugetragen bekommen haben. Sie können ebenfalls traumatisiert sein und unter den Folgen leiden. Sie empfinden Schuldgefühle oder Angst, insbesondere wenn sie nicht in der Lage waren, die Gewalt zu verhindern oder dagegen einzuschreiten. Die emotionale Belastung ist schwerwiegend und der Umgang damit schwierig. Die möglichen psychischen Auswirkungen sind vielfältig: Posttraumatische Belastungsstörungen (PTBS), Angstzustände oder Depressionen gehören dazu. Erinnerungen an die Gewalttat belasten und lösen Schuldgefühle aus, insbesondere wenn Personen das Gefühl haben, nicht genug getan zu haben, um die Gewalt zu stoppen oder die betroffene Person zu unterstützen. Zusätzlich sind sie mit sozialen Auswirkungen konfrontiert. Sie haben Schwierigkeiten, mit anderen Menschen über ihre Erfahrungen zu sprechen oder ziehen sich zurück, um die belastenden Erinnerungen und kognitiven Dissonanzen zu vermeiden.

Auswirkungen auf Täter*innen

Sexualisierte Gewalt am Arbeitsplatz betrifft nicht nur die Betroffenen und Zeug*innen, sondern auch die Täter*innen. Auch wenn sie die Verantwortung tragen, sollten die Auswirkungen auf sie nicht übersehen werden, um ein umfassendes Bild zu erhalten. Tatpersonen leiden unter verschiedenen Folgen, die ihr Verhalten mit sich bringt. Dazu zählen Schuldgefühle, die Angst vor rechtlichen Konsequenzen, der Verlust von beruflichem und sozialem Ansehen sowie erhebliche emotionale Belastungen.

Es ist dennoch wichtig zu betonen, dass Täter*innen für ihr Verhalten verantwortlich und rechtliche Konsequenzen angemessen sind! Die Einbeziehung der Tatpersonen bedeutet nicht, dass sie vor Konsequenzen geschützt werden oder ihre Verantwortung vermindert wird. Dennoch braucht es eine nachhaltige Veränderung, die auch Täter*innen in die Pflicht nimmt. Ihre Partizipation ist ein wichtiger Bestandteil für Lösungen durch Sensibilisierung, Verantwortungsbewusstsein und Verhaltensänderung.

IM SCHATTEN DER ANGST:
DIE SORGE VOR STIGMATISIERUNG

„Jetzt stell dich doch nicht so an!"

„Das ist doch schon so lange her."

„Hast du es schon mit Sport versucht?"

Solche Sätze sind nicht nur unangebracht, sie helfen auch nicht. Sondern diskriminieren zusätzlich. Sie mindern die Erfahrungen und Gefühle der Hörenden, bagatellisieren Taten und belasten. Anstatt das Thema zu ignorieren oder schnell abzuhaken, ist es wichtig, einfühlsam, unterstützend und respektvoll mit den Betroffenen umzugehen und ihre Erfahrungen sowie Bedürfnisse zu respektieren.

„Jetzt stell dich doch nicht so an!"

Dieser Satz drückt eine abwertende Haltung aus und unterstellt den Betroffenen, dass sie überreagieren oder sich unnötig „beschweren". Betroffene fühlen sich in der Folge nicht ernst genommen, isoliert und unterdrücken ihre Gefühle.

„Das ist doch schon so lange her."

Dieser Satz suggeriert, dass die Zeit seit dem Vorfall die Gefühle oder Folgen für die Betroffenen verringert haben sollte. Dies frustriert betroffene Personen und vermittelt ihnen das Gefühl, dass ihre Erfahrungen unwichtig oder unbequem sind und schnellstmöglich vergessen werden sollten.

„Hast du es schon mit Sport versucht?"

Dieser Satz vermittelt, dass körperliche Aktivität allein ausreicht, um mit den Auswirkungen von sexualisierter Gewalt umzugehen. Dies ignoriert die Komplexität der traumatischen Erfahrungen und ihrer Auswirkungen auf die psychische und emotionale Gesundheit der beteiligten Personen. Anstatt voreilige und ungeprüfte Ratschläge zu geben, sind Einfühlsamkeit und professionelle Unterstützung gefordert.

Erschreckenderweise hören Beteiligte oft solche Sätze. Es ist daher verständlich, dass sie zögern, sich zusätzlichen emotionalen und sozialen Belastungen auszusetzen. Denn die Sorge vor zusätzlichen Strapazen ist riesig:

Sorge vor ...
... sozialer Ausgrenzung.
... existenziellen Konsequenzen.
... Vorurteilen und Beschuldigungen.
... Trauma-Triggern.
... Stigmatisierung und Schamgefühlen.
... Verlust der Selbstbestimmung.
... Misstrauen.
... Vertrauensverlust.
... psychischen und physischen Folgen.
... Beziehungsverlust.
... Hilfeverweigerung.
... der Sorge.

Ja, es ist ein harter Kampf, mit den Auswirkungen von sexualisierter Gewalt am Arbeitsplatz umzugehen.

Sensibilität, Offenheit und Würde im Umgang miteinander sind unerlässlich. Betroffene benötigen Unterstützung durch professionelle Therapie, Beratung, medizinische Versorgung und Hilfe von nahestehenden Personen. Arbeitgebende sind in der Verantwortung, angemessene Unterstützungssysteme bereitzustellen, wie Meldesysteme, Beschwerdeverfahren und Schutzkonzepte, sowie konkrete Hilfe anzubieten und gleichzeitig die Verantwortung der Täter*innen zu betonen.

Hier stellt sich die Frage, was mit Tatpersonen passiert, die sich ihrer Taten bewusst werden oder ihr Verhalten ändern möchten. Oder sich selbst als Täter oder Täterin outen. Ein ganzheitlicher Ansatz muss dies berücksichtigen. Während die Schwere ihrer Taten keinesfalls relativiert oder entschuldigt werden darf, dürfen auch die Auswirkungen auf sie, und ihr Wille zur Veränderung, nicht ignoriert werden.

Viele Täter*innen erleben Angst, insbesondere wenn Unternehmen beginnen, transparent mit dem Thema sexualisierte Gewalt umzugehen. Sie fürchten um ihren Ruf, ihre berufliche Reputation und Karrieremöglichkeiten. Disziplinarische Maßnahmen gefährden ihre berufliche Position und führen zu finanziellen Verlusten - eine berechtigte Sorge, die sie daran hindert, proaktiv eine transparente Verhaltensänderung anzusprechen. Sondern sie oft vielmehr animiert, sich offen gegen Richtlinien, Schulungen und Maßnahmen auszusprechen. Auch die Vorstellung, öffentlich oder intern mit den Konsequenzen ihrer Handlungen konfrontiert zu werden, ist beängstigend. Doch nicht nur das - Täter*innen fürchten auch soziale Ausgrenzung und Ächtung, wenn ihre Handlungen ans Licht kommen.

ICH BIN TÄTER*IN:
UND NUN?

Wenn wir erkennen, dass wir selbst sexualisierte Gewalttaten am Arbeitsplatz begehen, sind wir zunächst verunsichert, eingeschüchtert und schämen uns. Oft wollen wir kein Täter und keine Täterin sein. Vielleicht haben wir sexistische Witze gemacht, ohne uns der möglichen Verletzlichkeit bewusst zu sein. Vielleicht haben wir in Stereotypen gedacht und spüren eine kognitive Dissonanz. Vielleicht erfahren wir erst jetzt, dass die ungleiche Bezahlung von Männern und Frauen Teil sexualisierter Gewalt ist. Vielleicht erinnern wir uns an Handlungen, die wir begangen haben und möchten solche Situationen in Zukunft vermeiden - als Persönlichkeiten oder Unternehmen.

Das ist der erste Schritt!

Fast jede*r hat schon einmal eine Bemerkung gemacht, die als unangemessen oder verletzend empfunden wurde. Fast jede*r hat sich schon einmal in einer Situation wiedergefunden, in der das eigene Verhalten unbeabsichtigt Grenzen überschritten hat. Fast jede*r hat schon einmal Vorurteile getroffen. In fast jedem Unternehmen gibt es Hierarchien, die ungleiche Machtverhältnisse begünstigen. In fast jedem Unternehmen gibt es Gender-Gaps. In fast jedem Unternehmen existieren ungleiche Beförderungschancen für unterschiedliche Geschlechter. Es ist wichtig, uns dieser Realität bewusst zu werden, denn das eröffnet die Möglichkeit zur Veränderung durch:

1. Reflexion und Selbstkritik
Nehmen Sie sich Zeit, um Ihre eigenen Handlungen zu reflektieren und sich kritisch mit Ihrem Verhalten auseinanderzusetzen. Versuchen Sie zu verstehen, wie Ihr

Verhalten andere verletzt oder belästigt hat.

2. Übernahme von Verantwortung

Akzeptieren Sie die Verantwortung für Ihr Verhalten und die Konsequenzen. Wälzen Sie die Verantwortung nicht auf andere ab. Streiten Sie Ihre Schuld nicht ab.

3. Entschuldigung und Reue

Suchen Sie nach Möglichkeiten, sich bei Betroffenen aufrichtig zu entschuldigen - respektvoll und ehrlich. Zeigen Sie echte Reue für Ihr Verhalten und die Auswirkungen.

4. Proaktive Verhaltensänderung

Verpflichten Sie sich dazu, Ihr Verhalten zu ändern und sexualisierte Gewalt am Arbeitsplatz auch bei anderen nicht mehr zu tolerieren. Informieren Sie sich über angemessene Verhaltensstandards und stellen Sie sicher, dass Sie diese einhalten. Fragen Sie Kolleg*innen, Freund*innen oder Ansprechpersonen, was an Ihrem Verhalten unangemessen ist und wie Sie sich besser verhalten können. Nutzen Sie Feedback, um Veränderungen umzusetzen und nachzuhalten.

5. Professionelle Unterstützung

Holen Sie sich professionelle Unterstützung, um Ihre Verhaltensmuster zu verstehen und an diesen zu arbeiten. Eine Therapeut*in oder Berater*in hilft Ihnen, tiefere Ursachen zu erkennen und positive Veränderungen zu erzielen. Fort- und Weiterbildungen, Schulungen oder Coachings erweitern Ihr Wissen über sexualisierte Gewalt und bieten die Möglichkeit, alternative Verhaltensweisen zu erlernen und zu festigen. Es gibt spezialisierte Täter*innen-Interventionsprogramme, die Sie dabei unterstützen. Beratungsstellen, die sich auf das Thema sexualisierte

Gewalt spezialisiert haben, finden Sie unter „Wichtige Kontakte" am Ende dieses Buches.

6. Mitarbeit bei Maßnahmen und Prävention
Engagieren Sie sich für Maßnahmen und Programme zur Prävention. Unterstützen Sie die Umsetzung von Schulungen, Richtlinien und Verfahren, die ein sicheres und respektvolles Arbeitsumfeld fördern. Der Heilungsprozess für die Betroffenen steht zwar im Vordergrund - doch auch Ihr innerer Prozess ist ein Baustein für wirkliche Veränderungen. Respektieren Sie die Bedürfnisse der Betroffenen nach Sicherheit und Privatsphäre und ihre Entscheidung, ob und wie sie mit Ihnen interagieren möchten.

Ihr positives Beispiel ermutigt andere, ihr Verhalten zu ändern. Dadurch verringern Sie das Risiko, in Zukunft erneut übergriffig zu werden. Vielmehr können Sie durch den Erwerb neuer Fähigkeiten zur Kommunikation, Konfliktlösung und zum respektvollen Umgang mit anderen auch ein anderes Lebensgefühl für sich selbst gestalten. Sie können sich auf einer tieferen Ebene selbst bewusst werden, sich positiver wahrnehmen und so eine gesündere Beziehung zu sich und anderen ermöglichen. Denken Sie daran, dass Veränderung Zeit braucht.

Sie können das!

Ein ausgewogener Ansatz, der sowohl die Perspektiven der Betroffenen als auch der Täter*innen berücksichtigt, führt zu mehr Aufdeckungen und umfassenderen Lösungen.
Und diese sind entscheidend, denn:

Sexualisierte Gewalt macht krank.

SEXUALISIERTE GEWALT MACHT KRANK: NICHT NUR DIE BETROFFENEN

... sondern auch Teams und Unternehmen.

Sie vergiftet die Arbeitsatmosphäre und das Betriebsklima. Sie demotiviert, ängstigt, traumatisiert und erzeugt massive Beeinträchtigungen. Die psychischen und physischen Symptome sind vielfältig und können ein Leben lang spürbar bleiben. Von körperlichen Verletzungen über posttraumatische Belastungsstörungen bis hin zu Depressionen, Suchterkrankungen und Suizidgedanken - die Auswirkungen sind tiefgreifend und erschütternd.

Anna arbeitet in einem Büro und wird von einem Vorgesetzten sexuell belästigt. Er macht anzügliche Bemerkungen, berührt sie unangemessen und schüchtert sie ein. Anna traut sich nicht, etwas dagegen zu unternehmen, aus Angst vor Konsequenzen und um ihren Job nicht zu gefährden. Die Gewalterfahrung setzt Anna stark zu und hat weitreichende Auswirkungen auf ihr Leben. Sie entwickelt eine posttraumatische Belastungsstörung, leidet unter Depression und Angststörungen und hat Schwierigkeiten, Vertrauen zu anderen Menschen aufzubauen. Ihr Selbstwertgefühl ist stark beeinträchtigt, und sie kämpft mit Schuld- und Schamgefühlen. Anna hat auch Schwierigkeiten, sich beruflich weiterzuentwickeln, da die Erfahrungen ihre Arbeitsleistung beeinträchtigen. Trotz Therapie und Unterstützung trägt sie die emotionalen und psychischen Narben der sexualisierten Gewalt mit sich. Ihre Kolleg*innen ziehen sie damit auf, dass sie nicht stark genug sei und sich das alles nur einbilde. Anna ist gefangen in einer Spirale aus Diskriminierung und Schuld.

Erlebnisse wie das von Anna zeigen, dass sexualisierte Gewalt kein Kavaliersdelikt ist und nicht zufällig geschieht. Sie wird gezielt eingesetzt und ist häufig das Ergebnis von sozialisierten Verhaltensweisen und institutionellen Schwächen. Die psychischen und physischen Symptome, die durch diese Art von Gewalt ausgelöst werden, sind vielfältig und ein Leben lang spürbar.

Um Gewaltfreiheit am Arbeitsplatz zu erreichen, müssen mehrere Bausteine berücksichtigt werden. Zunächst ist es entscheidend, sich der strukturellen Verankerung von sexualisierter Gewalt bewusst zu werden. Eine differenzierte und sensibilisierte Berichterstattung sowie ein transparenter Austausch sind unerlässlich. Täter*innen-Opfer-Umkehr, Verharmlosung und Opferbeschimpfungen müssen aktiv gestoppt werden. Stattdessen sind klare Konsequenzen für Täter*innen erforderlich. Zivilcouragiertes Verhalten dient als Vorbild, um eine Kultur der Gewaltfreiheit zu fördern und zu leben. Jede*r Einzelne kann im eigenen Umfeld und mit den individuellen Möglichkeiten Stellung beziehen. Durch richtiges Einschätzen von Gefahren, niedrigschwellige und schnelle Hilfe tragen wir dazu bei, die Ausbreitung sexualisierter Gewalt zu stoppen. Nur wenn wir wahrnehmen, hinsehen, ernst nehmen und reagieren, führen wir eine positive Veränderung herbei und fördern eine Kultur der Gewaltfreiheit.

Nimm wahr! Sieh hin! Nimm ernst! Reagier!

KAPITEL 5

AUF DEM PRÜFSTAND
DIE UNTERNEHMEN

Sexualisierte Gewalt am Arbeitsplatz hat nicht nur gravierende Konsequenzen für die betroffenen Mitarbeitenden, sondern auch erhebliche Auswirkungen auf Unternehmen.

Diese Auswirkungen können sowohl finanziell als auch nicht-finanziell sein und umfassen direkte sowie indirekte Kosten.

Strafzahlungen oder Reparaturkosten, Reputationsschäden oder verringerte Mitarbeitermotivation gehören dazu.

EINE TEURE LAST:
KOSTEN FÜR UNTERNEHMEN

Die präzise Benennung dieser Kosten ist aufgrund fehlender Daten schwierig. Mehrere Faktoren erschweren eine genaue Bestimmung:

Dunkelziffer
Sexualisierte Gewalt am Arbeitsplatz wird häufig nicht gemeldet, da Betroffene Angst vor Stigmatisierung, Karriereeinbußen oder Vergeltungsmaßnahmen haben. Viele Vorfälle werden somit nicht erfasst und fließen nicht in Kostenaufstellungen, Statistiken oder Studien ein.

Mangel an (einheitlichen) Erfassungsmethoden
Unterschiedliche Organisationen verwenden verschiedene Kategorien und Definitionen, was zu Inkonsistenzen in den Daten führt. Dies erschwert den Vergleich und die Zusammenführung von Daten aus unterschiedlichen Quellen.

Privatsphäre und Vertraulichkeit
Viele Unternehmen behandeln Fälle sexualisierter Gewalt vertraulich, sodass die genauen Kosten einzelner Fälle oder Maßnahmen nicht öffentlich bekannt werden und nicht in offiziellen Berichten auftauchen.

Die genauen Kosten für sexualisierte Gewalt am Arbeitsplatz sind zwar nicht umfassend zu ermitteln, dennoch gibt es Forschungen zu den Kosten von Gewalt in Deutschland und Europa. Von diesen Studien können wir auf ähnlich gelagerte Kosten in Bezug auf sexualisierte Gewalt am Arbeitsplatz schließen.
Studien, wie die von EFFAT (European Federation of Food, Agriculture, and Tourism)[42] aus dem Jahr 2011, schätzen die

jährlichen Kosten in der Europäischen Union für geschlechtsspezifische Gewalt gegen Frauen auf 228 Milliarden Euro, was 1,8% des Bruttoinlandsprodukts der EU entspricht. Davon entfallen 45 Milliarden Euro auf öffentliche und staatliche Dienstleistungen und 24 Milliarden Euro auf entgangene Wirtschaftsleistungen.

Eine Studie des Europäischen Instituts für Gleichstellungsfragen (EIGE)[43] aus dem Jahr 2021 schätzte die Kosten geschlechtsspezifischer Gewalt in Europa auf 366 Milliarden Euro pro Jahr. Das ist eine Steigerung von über 60% in 10 Jahren! In Deutschland betragen die gesellschaftlichen Folgekosten von häuslicher und sexualisierter Gewalt gegen Frauen 54 Milliarden Euro pro Jahr, was etwa 148 Millionen Euro pro Tag entspricht. Diese hohen Kosten entstehen z.B. im Gesundheitssystem, bei Polizei und Justiz sowie durch Arbeitsausfälle der beteiligten Personen. Nur ein verschwindend geringer Teil dieser Summe wird bisher für die staatliche Finanzierung von Unterstützungsangeboten, wie Fachberatungsstellen, aufgewendet. Um konkreter zu werden, auch wenn dies keine verlässliche Zahl ist, sondern eine, die wir aus eigenen Recherchen und Unternehmen erhalten haben:

Die Kosten pro betroffener Person belaufen sich auf durchschnittlich 130.000 € für einen Konzern.

Klingt erst einmal unglaublich.
Doch betrachten wir alle Parameter, wirkt diese Zahl ziemlich plausibel.

Die wirtschaftlichen Kosten werden von Betroffenen, Arbeitgebenden, Staat und Gesellschaft getragen, wie ein Report von Deloitte aus dem Jahr 2019[44] für Australien zeigt. Jetzt ist Australien nicht Deutschland, jedoch vermittelt die

Studie einen Eindruck der Kosten, die aufgrund von sexualisierten Gewalttaten am Arbeitsplatz anfallen. Demnach tragen 70% der Produktivitätsverluste die Unternehmen, 23% der aufkommenden Kosten werden aus Steuereinnahmen bezahlt und 7% werden durch Einkommenseinbußen jede*r Einzelnen generiert. Den größten Anteil an Produktivitätsverlusten hatte die weibliche Altersgruppe der 25-34 Jahre alten Frauen, zurückzuführen auf die hohe Zahl der Belästigungen in dieser Gruppe.

Laut dem Report verursachte sexualisierte Gewalt am Arbeitsplatz im Jahr 2018 folgende Kosten: 2,6 Mrd. US Dollar (ca. 2,4 Mrd. Euro) an Produktivitätsverlusten und 0,9 Mrd. US Dollar an sonstigen Kosten.

Jeder Fall bedeutet einen Produktivitätsverlust von ca. 4 Arbeitstagen.

Der größte Produktivitätsverlust kommt durch Personalfluktuation (32% der Kosten), die zudem zu Einkommensverlusten, Gewinneinbußen und geringeren Steuerzahlungen führt.

Erhebliche Verluste entstehen auch durch Fehlzeiten (28% der Kosten) und durch die Zeit der Aufarbeitung der Fälle (24% der Kosten).

Viele Unternehmen sind sich oft nicht bewusst, dass sexualisierte Gewalt zudem erhebliche Aufwendungen für sie verursacht durch:

1. Rechtsstreitigkeiten
Unternehmen werden mit rechtlichen Klagen und Verfahren konfrontiert, die Klagen von Betroffenen und Verfahren gegen Täter*innen umfassen. Diese Streitigkeiten verursachen hohe Kosten für Anwaltsgebühren, Gerichtskosten, Schadensersatzforderungen und Strafen.

2. Rufschädigung

Sexualisierte Gewalt am Arbeitsplatz schädigt das Ansehen eines Unternehmens nachhaltig. Negative Berichterstattung durch (ehemalige) Mitarbeitende in Medien und Netzwerken, öffentlicher Druck und Imageprobleme führen zum Verlust von Talenten, Umsatz, Kund*innen, Geschäftspartner*innen und Interessierten.

3. Fluktuation

Betroffene verlassen das Unternehmen oder entwickeln psychische Belastungen, die ihre Produktivität verringern oder zu Arbeitsunfähigkeit führen. Oft verlassen dann nicht nur die Betroffenen das Unternehmen, sondern auch weitere Angestellte oder Partner*innen, die Vorfälle oder Untätigkeit des Unternehmens diesbezüglich miterlebt haben. Diese Fluktuation verursacht Kosten für die Rekrutierung und Einarbeitung neue*r Mitarbeitende*r, beeinträchtigt den Betriebsablauf und belastet die Arbeitsatmosphäre.

4. Verlust von Reputations- und Markenwert

Unternehmen, die in Bezug auf den Umgang mit sexualisierter Gewalt schlecht abschneiden, wirken abschreckend. Der Verlust von Markenwert und Geschäftsmöglichkeiten sind zwei der Folgen. In den letzten Jahren ist das Branding von Unternehmen in Bezug auf Sinnhaftigkeit, Engagement und Wertschätzung enorm gestiegen. Negative öffentliche Reaktionen haben bereits dazu geführt, dass Unternehmen an Reputation und Marktwert eingebüßt haben. Dem gilt es proaktiv vorzubeugen.

Auch die Kosten für die betroffenen Mitarbeitenden sind erheblich, wie eine Studie der Time's Up Foundation aus dem

Jahr 2021[45] für die USA zeigt:

1. Verdiensteinbußen
Viele Befragte haben durch Schichtkürzungen, verpasste Beförderungen und entgangene Prämien Einnahmen verloren, da ihre Arbeitsleistung durch die Belästigung beeinträchtigt wurde oder sie als Vergeltung für ihre Meldungen weniger eingesetzt wurden.

2. Arbeitsplatzverlust und Arbeitslosigkeit
Nahezu alle Befragten waren aufgrund der traumatischen Erfahrung für eine Zeit arbeitslos, was erhebliche direkte Kosten verursachte. Häufig wurde das Arbeitsumfeld so feindselig, dass die Betroffenen gezwungen waren, den Arbeitsplatz zu verlassen.

3. Berufswechsel und verzögerte Beförderung
Mehrere Frauen, die in gut bezahlten und männlich dominierten Berufen tätig waren, wurden aufgrund der Belästigung in schlechter bezahlte Tätigkeiten versetzt, oft in von Frauen dominierte Branchen. Dies verstärkte Karriereeinbußen, geschlechtsspezifisches Lohngefälle, Rollenbilder und normativen Statistiken.

4. Leistungsverlust
Der Verlust von Arbeitsplätzen führte nicht nur zu Einkommensverlusten, sondern auch zum Verlust wertvoller Leistungen, wie Rentenversicherungsbeiträgen, Gesundheitsversorgung und Zuschüssen.

5. Arzthonorare und Zuzahlungen
Die Behandlung der körperlichen und psychischen Folgen verursachte hohe Kosten, wenn Leistungen zur Heilung nicht umfassend von den Krankenkassen übernommen wurden.

6. Berufswechsel

Ein erzwungener Berufswechsel, Umschulungen oder notwendige neue Abschlüsse verursachten ebenfalls erhebliche Ausgaben, einschließlich Studien- und Materialkosten sowie Opportunitätskosten für die Zeit, die für das Lernen aufgewendet wurde.

7. Folgeschäden oder Folgekosten

Ein geringerer Verdienst hat negative Auswirkungen auf persönliche Finanzen, einschließlich Kreditausfällen, schlechteren Bonitätseinstufungen, unsicheren Wohnverhältnissen oder gepfändetem Vermögen.

Prävention stärkt hingegen die persönliche Sicherheit und unternehmerische Produktivität, Innovation und Wirtschaftskraft massiv!

Schätzungen zufolge würde das Bruttoinlandsprodukt weltweit um etwa 15% steigen, wenn Frauen beispielsweise gleichberechtigt am wirtschaftlichen Leben teilhaben[46]. Es wird also auch finanziell Zeit für einen kulturellen Wandel.

KULTURELLER WANDEL:
EINFLUSS AUF DIE LEISTUNGSFREUDE

Sexualisierte Gewalt am Arbeitsplatz hat tiefgreifende negative Auswirkungen auf das gesamte Umfeld. Ein Klima der Angst, des Misstrauens und der Unsicherheit entsteht, das die Zusammenarbeit, den Teamgeist und die Arbeitsatmosphäre erheblich beeinträchtigt. Die Folgen für Leistungsfreude, Motivation und Produktivität sind gravierend. Anstatt sich auf ihre eigentlichen Aufgaben zu konzentrieren, müssen sich die Angestellten gegen Übergriffe wehren und Machtmissbrauch aushalten.

Auch andere Personen aus dem Arbeitsumfeld sind verunsichert und verwenden ihre Energie darauf, Situationen richtig einzuschätzen oder zu vermeiden. Verantwortliche Ansprechpersonen sind mehr mit der Aufarbeitung der Fälle beschäftigt als mit präventiver Arbeit. Dies alles erzeugt zusätzlichen Stress, Druck und Störungen. Verminderte Konzentration, geringere Leistungsfähigkeit und reduziertes Engagement sind nur einige der möglichen Folgen.

Darüber hinaus leidet die Zufriedenheit der Beschäftigten erheblich. Wenn die Belastungen am Arbeitsplatz groß sind, sinkt das Wohlbefinden mit der Arbeit und dem Arbeitsumfeld. Unzufriedene Arbeitnehmende sind tendenziell weniger engagiert, kreativ, hilfsbereit, loyal und gesund.

Unternehmen, deren Belegschaft weniger engagiert, kreativ, hilfsbereit, loyal und gesund ist, erleben oft einen Rückgang der Produktivität, eine höhere Fluktuation und steigende Krankheitsausfälle, die wiederum zu noch mehr Unzufriedenheit, mehr Stress, Ausfällen und so weiter bei der verbleibenden Belegschaft führt. Ein sich selbst speisender Kreislauf, der für Unternehmen tödlich ist.

VERANTWORTUNG TRAGEN: AUS SICHT DER UNTERNEHMEN

Unternehmen stehen also vor der Herausforderung, Maßnahmen zur Prävention von sexualisierter Gewalt am Arbeitsplatz zu ergreifen und effektive Interventionsstrategien zu implementieren, während sie gleichzeitig ihre Wirtschaftlichkeit bewahren.
Bewährte Bausteine sind:

1. Präventionsmaßnahmen
Umfassende Verhaltensrichtlinien, die sexualisierte Gewalt in jeglicher Form am Arbeitsplatz strikt verbieten und klare Konsequenzen für Verstöße festlegen, sind entscheidend. Ebenso wichtig ist es, alle Beteiligten für respektvolles Verhalten zu sensibilisieren und über Verhaltensstandards zu informieren. Effektive Mechanismen zur Meldung von Übergriffen, die sicherstellen, dass alle Vorfälle ernsthaft geprüft und angemessen behandelt werden, sind ebenfalls unerlässlich. Regelmäßige Schulungen schaffen ein kontinuierliches Bewusstsein für das Thema und ermächtigen die Mitarbeitenden für den Umgang mit unangemessenem Verhalten und gewalttätigen Situationen.

2. Förderung einer positiven Arbeitsplatzkultur
Eine inklusive Arbeitsplatzkultur, die Vielfalt, Gleichberechtigung und Respekt fördert, wird durch die gezielte Unterstützung von Netzwerken und Projektgruppen erreicht. Diese Initiativen schaffen ein Umfeld, in dem sich alle geschätzt und gehört fühlen, Vorurteile abgebaut und Chancengleichheiten gefördert werden.

3. Weiterbildung

Schulungen von Mitarbeitenden und Führungsverantwortlichen zu Erkennung, Prävention und Intervention, können in verschiedenen und attraktiven Formaten angeboten werden, wie Präsenzseminare, Online-Module oder Workshops mit externen Expert*innen. Werden die Inhalte regelmäßig aktualisiert und wiederholt, sichern sie die langfristige Wirksamkeit und halten alle Beteiligten stets auf dem neuesten Stand. Durch kontinuierliche Weiterbildungen legen Organisationen ein starkes Fundament für ein respektvolles und sicheres Arbeitsumfeld und stellen sicher, dass alle wissen, wie sie angemessen auf Vorfälle reagieren und diese bestenfalls verhindern.

Solche kurzfristigen Investitionen zahlen sich langfristig aus, da sie die Kosten für Unternehmen senken, das Arbeitsumfeld verbessern und die Unternehmenskultur attraktiver gestalten. Ein Code of Conduct unterstützt dabei, Diskriminierungen zu erkennen und entsprechend zu reagieren, eine gemeinsame Sprache zu fördern, Missbrauch zu verhindern, Grenzen zu wahren und eine respektvolle Kommunikation zu gewährleisten. Das Ergebnis sind weniger Beschwerden und Konflikte, ein sicheres Arbeitsumfeld und ein respektvoller Umgang miteinander - auch in Bezug auf andere Diskriminierungsdimensionen wie Homophobie, Ableismus, Altersdiskriminierung, Rassismus und alle weiteren Aspekte von Diskriminierung.

Ein solches Engagement für Prävention und Respekt stärkt also nicht nur die Unternehmenskultur, sondern letztlich den langfristigen Erfolg des Unternehmens.

GEMEINSAM HANDELN:
AUS SICHT DER MITARBEITER*INNEN

Prävention und Intervention sind nicht nur aus unternehmerischer Perspektive wichtig, sondern auch für die Angestellten, denn sie sichern:

Schutz
In einem sicheren und respektvollen Arbeitsumfeld zu arbeiten, ohne Angst vor Belästigung, Diskriminierung oder Gewalt, bedeutet einen hohen Mehrwert.

Wohlbefinden und Produktivität
Durch psychisches und physisches Wohlbefinden fühlen sich alle zufriedener, sind positiver gestimmt, arbeiten besser zusammen und steigern Innovationskraft und Produktivität.

Inklusive Arbeitsplatzkultur
Ein Unternehmen, in dem alle respektiert, geschätzt und in ihrer Vielfalt akzeptiert werden, schafft ein positives Arbeitsumfeld und stärkt die Zusammenarbeit in den einzelnen Teams und als großes Team.

Gleichberechtigung und Gleichstellung
Strukturelle und finanzielle Gleichberechtigung und Gleichstellung signalisieren, dass alle gleichermaßen gefordert und gefördert werden.

Stärkung
Das Wissen über die eigenen Rechte und Möglichkeiten befähigt und ermutigt dazu, für sich selbst und andere einzustehen. Ohne Wenn und Aber.

KAPITEL 6

AUF DEM PRÜFSTAND
DIE POLITIK

Jede Person hat das grundlegende - auch juristische - Recht, in allen Begegnungen unverletzt und unversehrt zu bleiben.

Und das gilt Privat, in der Öffentlichkeit, in persönlichen oder virtuellen Interaktionen, am Telefon oder in sozialen Netzwerken, in Zeitschriften, Filmen, Werbung oder Unterhaltung.

Und am Arbeitsplatz!

IM FOKUS:
RECHTLICHE GRUNDLAGEN

Jeder Mensch verdient eine respektvolle und faire Behandlung. Es ist die Pflicht politischer Entscheidungsträger*innen und Systeme, Rechte zu implementieren, die Arbeitsumgebungen schaffen, in denen sexualisierte Gewalt nicht toleriert wird.

Daher ist sexualisierte Gewalt oder „sexuelle Belästigung" durch mehrere Gesetze verboten, unter anderem durch:

Allgemeines Gleichbehandlungsgesetz (AGG)
Das Allgemeine Gleichbehandlungsgesetz (AGG) ist das zentrale Antidiskriminierungsgesetz in Deutschland und verbietet Diskriminierung aufgrund verschiedener Merkmale, einschließlich des Geschlechts. Es enthält spezifische Bestimmungen zur „sexuellen Belästigung" am Arbeitsplatz und verpflichtet Arbeitgebende, Maßnahmen zur Verhinderung und Unterbindung solcher Vorfälle zu ergreifen. Gleichzeitig schützt es die Mitarbeitenden vor negativen Konsequenzen, wenn sie „sexuelle Belästigung" melden. Das AGG stellt sicher, dass Betroffene in einer sicheren Umgebung auf Missstände hinweisen können, ohne Repressalien fürchten zu müssen.

Arbeitsschutzgesetz
Das Arbeitsschutzgesetz schützt Beschäftigte vor Gefährdungen am Arbeitsplatz, einschließlich psychischer Belastungen. „Sexuelle Belästigung" und andere Formen von sexualisierter Gewalt können als psychische Belastungen gelten, die gemäß dem Arbeitsschutzgesetz zu verhindern sind.

Gesetz zu dem Übereinkommen Nr. 190 der Internationalen Arbeitsorganisation vom 21. Juni 2019 über die Beseitigung von Gewalt und Belästigung in der Arbeitswelt

Am 21. Dezember 2022 hat das Bundeskabinett den Gesetzentwurf zur Ratifikation des Übereinkommens Nr. 190 der Internationalen Arbeitsorganisation (IAO) von 2019 beschlossen. Das Übereinkommen setzt weltweit das Signal, dass jegliches Verhalten, das Menschen am Arbeitsplatz erniedrigt, demütigt, sexuell belästigt oder physisch beziehungsweise psychisch angreift, verboten und geächtet ist. Es gilt sowohl für Arbeitnehmerinnen und Arbeitnehmer als auch für natürliche Personen, die Arbeitgebendenfunktionen ausüben.

Entgelttransparenzgesetz (EntgTranspG)

Dieses Gesetz fördert die Transparenz hinsichtlich der Entgeltgleichheit zwischen Männern und Frauen. Es fordert von Unternehmen, ihre Gehaltsstrukturen offen zu legen und ermöglicht es Angestellten, Informationen über die Entgeltstrukturen zu erhalten. Während es primär auf das Thema Entgeltgleichheit fokussiert ist, trägt es indirekt zur Schaffung eines faireren Arbeitsumfelds bei, indem es Ungleichheit entgegenwirkt.

Betriebsverfassungsgesetz

Dieses Gesetz regelt die Rechte und Pflichten von Betriebsräten und enthält Bestimmungen zur Bekämpfung von sexualisierter Gewalt am Arbeitsplatz. Betriebsräte haben das Recht, Maßnahmen zum Schutz der Beschäftigten einzufordern und durchzusetzen.

Tarifverträge und Betriebsvereinbarungen

Tarifverträge oder Betriebsvereinbarungen enthalten Regelungen zur Prävention und Bekämpfung von sexualisierter Gewalt. Sie bieten oft zusätzliche Schutzmaßnahmen über die gesetzlichen Vorgaben hinaus.

Richtlinie über die Verwirklichung des Grundsatzes der Chancengleichheit und Gleichbehandlung von Männern und Frauen in Arbeits- und Beschäftigungsfragen

Die EU-Richtlinie 2006/54/EG des Europäischen Parlaments und des Rates vom 5. Juli 2006 zur Verwirklichung des Grundsatzes der Chancengleichheit und Gleichbehandlung von Männern und Frauen in Arbeits- und Beschäftigungsfragen verbietet „sexuelle Belästigung" am Arbeitsplatz und verpflichtet die Mitgliedstaaten, entsprechende Maßnahmen zu ergreifen.

Richtlinie über Mindeststandards für die Rechte, die Unterstützung und den Schutz von Opfern von Straftaten

Die EU-Richtlinie 2012/29/EU des Europäischen Parlaments und des Rates vom 25. Oktober 2012 über Mindeststandards für die Rechte, die Unterstützung und den Schutz von Betroffenen von Straftaten umfasst auch sexuelle Gewalt am Arbeitsplatz und legt Mindeststandards für den Schutz und die Unterstützung betroffener Personen fest.

Gleichbehandlung von Männern und Frauen im Zugang zu und der Versorgung mit Gütern und Dienstleistungen

Die EU-Richtlinie 2004/113/EG zielt darauf ab, Diskriminierung aufgrund des Geschlechts im Zugang zu und der Versorgung mit Gütern und Dienstleistungen zu verhindern. Obwohl sie sich hauptsächlich auf den Zugang zu Dienstleistungen und Waren konzentriert, fördert sie das Prinzip der Gleichbehandlung und schützt vor geschlechtsspezifischer Diskriminierung in

162

verschiedenen Bereichen, einschließlich am Arbeitsplatz.

Chancengleichheit und Gleichbehandlung von Männern und Frauen in Arbeits- und Beschäftigungsfragen

Die EU-Richtlinie 2006/54/EG verbietet „sexuelle Belästigung" und legt die Anforderungen an die Gleichstellung der Geschlechter in Bezug auf Beschäftigung und Arbeitsbedingungen fest. Sie verlangt von Arbeitgebenden, Maßnahmen zu ergreifen, um Diskriminierung aufgrund des Geschlechts zu verhindern und Chancengleichheit zu fördern.

Vereinbarkeit von Beruf und Privatleben für Eltern und pflegende Angehörige

Die EU-Richtlinie 2019/1158/EU fördert die Vereinbarkeit von Berufs- und Privatleben, indem sie bessere Arbeitsbedingungen für Eltern und pflegende Angehörige schafft. Durch die Verbesserung der Arbeitsbedingungen für bestimmte Gruppen, trägt sie indirekt dazu bei, ein gerechteres und respektvolleres Arbeitsumfeld zu schaffen.

Rechte, Unterstützung und Schutz von Opfern von Straftaten

Die EU-Richtlinie 2012/29/EU legt Mindeststandards für die Rechte, Unterstützung und den Schutz von Betroffenen von Straftaten, einschließlich sexualisierter Gewalt, fest. Sie betont die Notwendigkeit, betroffene Personen umfassend zu unterstützen und ihnen Zugang zu Schutz- und Unterstützungsdiensten zu gewähren.

Durch die Umsetzung und Einhaltung dieser und weiterer Richtlinien stellen Unternehmen sicher, bereits einige Grundsteine im Kampf gegen Diskriminierung und sexualisierte Gewalt zu legen.

(KEIN) MUT ZUR LÜCKE:
UMSETZUNG UND DURCHSETZUNG VON GESETZEN

Noch sind die rechtlichen Schutzmaßnahmen in Deutschland nicht abschließend. Noch immer gibt es Herausforderungen und Probleme bei der Umsetzung und Durchsetzung.
Es ist daher entscheidend, dass Unternehmen angemessene Verfahren etablieren und effektiven Schutz gewährleisten.

Mut zur Lücke ist hier nicht angebracht.

Doch es gibt Lücken im rechtlichen Schutz in Deutschland. Diese umfassen besonders häufig:

Schwierigkeiten bei der Beweisführung
Betroffene haben oft Schwierigkeiten, den Vorfall rechtlich nachzuweisen. Es kann kompliziert sein, Zeug*innen zu finden oder Beweise zu sichern, insbesondere bei verbaler oder nicht-körperlicher Belästigung.

Unterschiedliche Standards
Es fehlen einheitliche Standards für den Umgang mit sexualisierter Gewalt am Arbeitsplatz, was zu Unsicherheiten und Uneinheitlichkeit führt.

Mangelnde Sanktionen
Es ist herausfordernd, angemessene Sanktionen für Täter*innen festzulegen und durchzusetzen. Oft sind die Strafen nicht ausreichend abschreckend und transparent, um weiteren Taten vorzubeugen.

Gesetzliche Reformen und Verbesserungen sind weiterhin erforderlich für mehr Wirksamkeit.

Doch was braucht es konkret?

Wirksame Konsequenzen für Täter*innen

Die aktuellen Sanktionen müssen überprüft und angepasst werden, um sicherzustellen, dass sie abschreckend wirken und konsequent angewandt werden. Täter*innen müssen die Konsequenzen ihres Handelns spüren und zur Rechenschaft gezogen werden.

Einheitliche Richtlinien

Es braucht klare und einheitliche Standards in allen Branchen. Konsistenz und Transparenz sind entscheidend, um Verwirrung und Unsicherheit zu reduzieren und klare Orientierung zu geben.

Bessere Unterstützung für Betroffene

Betroffene müssen umfassender unterstützt werden, durch spezialisierte Beratungsstellen, psychosoziale Unterstützung und finanzielle Entschädigung. Es bedarf eines Systems, das betroffene Personen ermutigt und ihnen den notwendigen Schutz und die erforderliche Hilfe bietet.

Prävention als Priorität

Prävention ist der beste Schutz gegen sexualisierte Gewalt am Arbeitsplatz. Und Aufklärung ist die beste Prävention. Gesetzliche Reformen sollten daher auch verstärkte Sensibilisierung- und Schutzmaßnahmen vorsehen. Konkrete Maßnahmen für Mitarbeitende und Führungsverantwortliche müssen gefordert werden, um das Bewusstsein für das Thema und das Finden von Lösungen zu stärken.

Effektive Meldemechanismen

Betroffene müssen sich sicher fühlen, um Vorfälle unkompliziert und niedrigschwellig zu melden - intern und extern. Gesetzliche Reformen sollten daher klare und effektive Meldemechanismen vorsehen, die vertraulich, barrierefrei und vertrauensvoll sind. Offene Kommunikation und tatsächlicher Schutz vor negativen Konsequenzen sind dafür von entscheidender Bedeutung.

Regelmäßige Überprüfung und Anpassung

Schutzmechanismen müssen kontinuierlich reflektiert und verbessert werden. Gesetzliche Reformen sollten regelmäßige Überprüfungen und Anpassungen beinhalten, um sicherzustellen, dass die Schutzmaßnahmen wirksam bleiben und den sich ändernden Bedürfnissen und Herausforderungen gerecht werden. Hierzu gehört auch die interdisziplinäre Einbeziehung von Ansprechpersonen, Betroffenen, Tatpersonen und weiteren Akteur*innen.

WO STEHEN WIR: DEUTSCHLAND IM VERGLEICH

Im europäischen Vergleich erleben Frauen in Deutschland am häufigsten Belästigungen am Arbeitsplatz.
Dies zeigt die Umfrage „European Observatory on Sexism and Sexual harassment at work"[47] der Brüsseler Stiftung Foundation for European Progressive Studies (FEPS) in Zusammenarbeit mit der französischen Fondation Jean-Jaurès. Die Studie befragte insgesamt 5000 Frauen, je etwa 1000 in Italien, Spanien, Frankreich, Großbritannien und Deutschland, zu ihren Erfahrungen. Demnach haben 68% der in Deutschland befragten Frauen bereits sexualisierte Gewalt am Arbeitsplatz erlebt, so wie 66% der arbeitenden Frauen in Spanien, 57% im Vereinigten Königreich, 56% in Italien und 55% in Frankreich.

Sexualisierte Gewalt am Arbeitsplatz ist also ein Thema, das nicht nur Deutschland betrifft, sondern auch in anderen europäischen Ländern weit verbreitet ist. Die rechtlichen Regelungen und Praktiken variieren in den europäischen Ländern[48] trotz einer grundlegenden Harmonisierung durch die EU-Richtlinien. Wagen wir einen Blick über die Ländergrenzen:

Vereinigtes Königreich

Equality Act 2010
Umfasst alle Formen unerwünschten Verhaltens sexueller Art, das die Würde verletzt oder eine feindliche, erniedrigende oder beleidigende Umgebung schafft. Arbeitgebende sind haftbar für Handlungen ihrer Angestellten, auch wenn sie diese nicht autorisiert haben. Es wird erwartet, dass Arbeitgebende proaktive Maßnahmen ergreifen, wie klare Richtlinien und

Schulungen.

Es ist nicht erforderlich, dass das unerwünschte Verhalten im Voraus als solches gekennzeichnet wird. Die Arbeitgebenden können sich verteidigen, indem sie nachweisen, dass alle angemessenen Maßnahmen zur Verhinderung des Missbrauchs ergriffen wurden.

Italien

Code of Equal Opportunities (Gesetz Nr. 198/2006)
„Sexuelle Belästigung" ist eine Form der Diskriminierung und umfasst unerwünschtes Verhalten sexueller Art, das die Würde verletzt oder eine feindliche Arbeitsumgebung schafft.

Arbeitgebende haben die Pflicht, Maßnahmen zum Schutz vor „sexueller Belästigung" zu ergreifen und sicherzustellen, dass solche Vorfälle gemeldet und bestraft werden.

Arbeitgebende können haftbar gemacht werden, auch wenn sie nicht selbst Tatausführende sind, aufgrund ihrer Verpflichtung zur Sicherstellung der Gesundheit und Sicherheit der Belegschaft.

Frankreich

„Sexuelle Belästigung" ist eine Straftat in Frankreich
Wiederholtes Verhalten oder Gespräche sexueller Art, die die Würde verletzen oder ein feindliches Arbeitsumfeld schaffen, sind streng verboten. Arbeitgebende sind verpflichtet, schnell und effektiv zu handeln, wenn Beschwerden auftauchen. Sie müssen sofortige Untersuchungen zu Vorwürfen „sexueller Belästigung" durchführen und Schutzmaßnahmen ergreifen, um die betroffenen Personen vor weiterer Belästigung zu schützen. Wenn Arbeitgebende nicht angemessen

reagieren, können rechtliche Konsequenzen folgen. Bei nachgewiesener sexueller Belästigung müssen die Täter*innen entlassen werden. Die Arbeitgebenden können rechtlich belangt sowie zu Entschädigungsansprüchen aufgefordert werden. Arbeitgebende sind außerdem verpflichtet, Schulungen zur Prävention sexueller Belästigung im Unternehmen anzubieten, den betroffenen Personen Zugang zu psychologischer Unterstützung zu gewähren und ein anonymes Beschwerdesystem einzurichten. Diese Maßnahmen sorgen dafür, dass sich die Betroffenen sicher und unterstützt fühlen, wenn sie Vorfälle melden.

Dänemark

Act on Equal Treatment of Men and Women
Ähnlich der EU-Definition umfasst dies direktes sexuelles Verhalten wie Berührungen und unerwünschte sexuelle Avancen.
Arbeitgebende müssen handeln, wenn sie von „sexueller Belästigung" erfahren, es gibt jedoch keine spezifischen gesetzlichen Vorgaben für das Untersuchungsverfahren. Es gibt keine gesetzlichen Verpflichtungen zur Prävention von „sexueller Belästigung", große Unternehmen haben jedoch oft Richtlinien und Schulungen implementiert.

Belgien

Gesetze zu psychosozialen Risiken, einschließlich „sexueller Belästigung"
„Sexuelle Belästigung" wird als Teil der allgemeinen Vorschriften zu psychosozialen Risiken angesehen. Arbeitgebende müssen Maßnahmen basierend auf einer Risikoanalyse ergreifen und eine interne Beschwerdestelle sowie psychologische Unterstützung

bereitstellen. Arbeitgebende riskieren strafrechtliche und zivilrechtliche Konsequenzen bei Nichteinhaltung der Vorschriften. Es wird geraten, den Vorwürfen nachzugehen und gegebenenfalls disziplinarische Maßnahmen zu ergreifen.

Deutschland

Allgemeines Gleichbehandlungsgesetz (AGG) von 2006, Änderung durch Artikel 4 des Gesetzes vom 19. Dezember 2022 (BGBl. I S. 2510)
Das AGG definiert „sexuelle Belästigung" als eine Form der Diskriminierung aufgrund des Geschlechts. Sie umfasst unerwünschte sexuelle Handlungen, Bemerkungen oder Gesten, die die Würde der betroffenen Person verletzen oder eine feindliche, erniedrigende oder beleidigende Umgebung schaffen. Arbeitgebende sind verpflichtet, geeignete Maßnahmen zum Schutz vor sexueller Belästigung zu ergreifen und ein diskriminierungsfreies Betriebsklima zu fördern. Dazu gehört unter anderem die Entwicklung und Implementierung von Anti-Belästigungspolitiken, regelmäßige Schulungen für Mitarbeitende und das Einrichten eines Beschwerdesystems. Arbeitgebende müssen nach Eingang einer Beschwerde unverzüglich handeln und eine interne Untersuchung durchführen. Bei bestätigter sexueller Belästigung sind sie verpflichtet, geeignete Maßnahmen zu ergreifen, die von Abmahnungen bis hin zu Kündigungen reichen können. Zudem müssen Arbeitgebende die betroffene Person vor weiteren Belästigungen schützen. Sie können für Schäden haftbar gemacht werden, wenn sie ihrer Präventionspflicht nicht nachkommen. Die Arbeitgeber tragen somit eine Verantwortung, die sicherstellt, dass Vorfälle schnell und angemessen bearbeitet werden und eine kontinuierliche Prävention gewährleistet ist.

Nicht nur bei Rechten und Pflichten gibt es Unterschiede in Europa - auch die Zahlen in Bezug auf die Gleichstellung variieren:

2022 erzielte Dänemark mit einem Index von 0,01 den besten Wert für Geschlechtergleichheit in der Europäischen Union (EU) gemäß dem Gender Inequality Index (GII)[49]. Im Gegensatz dazu zeigt Zypern mit einem GII von rund 0,25 den höchsten Grad an geschlechtsspezifischer Ungleichheit innerhalb der EU. Deutschland liegt mit einem GII von etwa 0,07 im Mittelfeld und zeigt moderate Fortschritte bei der Geschlechtergleichstellung im Vergleich zu anderen EU-Staaten. Vor Deutschland liegen Schweden, Niederlande, Finnland, Luxemburg, Belgien, Österreich, Slowenien, Spanien und Italien.

Bei der Geschlechtergleichstellung in Bezug auf Führungspositionen sieht es anders aus. Im Durchschnitt der EU waren 2023[50] etwas mehr als ein Drittel der Führungskräfte weiblich (35,2%) In Schweden besetzten Frauen 44,3% der Führungspositionen, was den höchsten Anteil aller EU-Mitgliedstaaten und Beitrittskandidaten darstellt. Deutschland lag mit einem Anteil von rund 29% weiblicher Führungskräfte unter dem europaweiten Durchschnitt. Am Ende der EU-Rangliste befand sich Luxemburg, wo weniger als jede vierte Führungsposition von einer Frau besetzt war.

Und auch Frauen, die politisch aktiv sind und in Parlamenten sitzen, erfahren sexualisierte Gewalt. In der Umfrage „Sexism, harassment and violence against women parliamentarians" der Inter-Parliamentary Union von 2018[51] gaben 20% der befragten Frauen an, während ihrer Amtszeit im Parlament selbst sexuell belästigt worden zu sein. 7,3% berichteten, dass jemand versucht habe, sie zu sexuellen Beziehungen zu zwingen. Andere verwiesen auf unangemessene und unerwünschte Gesten, wie das Berühren von Brüsten oder

Gesäß. Solche Handlungen fanden meist im Parlament statt, bei politischen Treffen, bei offiziellen Abendessen, Workshops oder Reisen ins Ausland. Die Befragten berichteten, dass die meisten dieser Handlungen von männlichen Kollegen, sowohl von Oppositions- als auch von Regierungsparteien, begangen wurden.

Die Umsetzung und Wirksamkeit von Gesetzen und Richtlinien, Verpflichtungen und Vorschriften werden von kulturellen Normen, politischen Gegebenheiten und gesellschaftlichen Bedingungen beeinflusst. Dennoch haben andere europäische Länder Fortschritte gemacht, die Deutschland als Orientierung dienen können. Deutschland kann und wird von diesen Erfahrungen profitieren.

KAPITEL 7

AUF DEM PRÜFSTAND
DIE GESELLSCHAFT

Sexualisierte Gewalt am Arbeitsplatz ist ein persönliches Drama für die betroffenen Personen.

Sexualisierte Gewalt hat jedoch, wie in den vorherigen Kapiteln dargelegt, ebenso erhebliche wirtschaftliche und finanzielle Konsequenzen für Unternehmen und alle Beteiligten.

Von Arbeitsausfällen und Fehlzeiten über Leistungseinbußen und Karriereverlusten bis hin zu Rechtskosten und Krankheiten - die Auswirkungen sind für alle vielfältig und weitreichend.

DIE DUNKLEN KONSEQUENZEN: SPÜRBARE AUSWIRKUNGEN

Die Auswirkungen gehen weit über die bereits angesprochenen persönlichen und unternehmerischen Aspekte hinaus. Die gesellschaftlichen Folgen von sexualisierter Gewalt am Arbeitsplatz sind ebenso alarmierend.

Unternehmen, die sexualisierte Gewalt dulden oder nicht angemessen darauf reagieren, normalisieren inakzeptables Verhalten durch Nicht-Handeln oder mangelnde Konsequenzen. Dies hat weitreichende Folgen für unsere gesamtgesellschaftlichen Normen und Werte. Es beeinflusst die Gleichstellung der Geschlechter, untergräbt die Wertschätzung am Arbeitsplatz und verstärkt problematische Muster in Bereichen wie Werbung und Entlohnung.

Gehen Unternehmen nicht konsequent gegen sexualisierte Gewalt vor, tragen sie zur Verfestigung schädlicher sozialer Regeln und Strukturen bei, die das gesamte gesellschaftliche Klima negativ beeinflussen. Die Akzeptanz von Taten und das gleichzeitige Fehlen von Konsequenzen stärken die Kultur des Schweigens und der Immunität für die Tatausführenden, wodurch dringend erforderliche Fortschritte behindert werden.

GEFANGEN IN VORURTEILEN:
(UN)CONCIOUS BIAS

„Du bist so zickig - hast du etwa deine Tage?"

„Machen Sie doch bitte mal Kaffee, dafür sind Sie als Frau doch hier!"

„Du als Mann in der Pflege?! Warum wirst du nicht Arzt?"

Haben Sie schon einmal solche Sätze gehört oder gedacht?

Auch wenn wir es nicht wollen, sind unsere Haltungen oft das Ergebnis unserer Sozialisation, die zu einem großen Teil noch immer von vorurteilsbehafteten Rollenbildern geprägt ist. Es ist daher nicht verwunderlich, dass es einen engen Zusammenhang zwischen sexualisierter Gewalt und stereotypen Strukturen gibt. Sexualisierte Gewalt ist in vielen Fällen das Ergebnis von tief verwurzelten geschlechtsspezifischen Ungleichheiten und Diskriminierungen in verschiedenen Bereichen.

Eine Tat, die von einer Frau ausgeführt wird, hat häufig nicht dieselben Auswirkungen wie dieselbe Handlung, wenn sie von einem Mann begangen wird. Liegt das daran, dass Frauen Übergriffe nicht zugetraut werden? Oder daran, dass Männern „so etwas nicht passiert"? Oder sind wir besonders verunsichert und überfordert, wenn Frauen traditionelle Geschlechterrollen verlassen und statt Fürsorglichkeit, Sensibilität und Empathie aggressiv, gewalttätig oder rücksichtslos handeln?

Ja, auch das sind Gründe.
Ebenso viele Aspekte, die in unseren Vorurteilen begründet

sind: In vielen Gesellschaften sind Männer in der Regel in Machtpositionen oder -strukturen überrepräsentiert. Die Auswirkungen sexualisierter Gewalt sind oft mit diesen Machtverhältnissen verknüpft. Männliche Täter werden häufig als Bedrohung wahrgenommen, die aus einem Macht- oder Dominanzanspruch heraus agieren, während weibliche Täter seltener mit diesen Machtstrukturen in Verbindung gebracht und als weniger bedrohlich wahrgenommen werden, selbst wenn sie aktiv Gewalt ausüben. Was dazu führt, dass sexualisierte Gewalt durch Frauen weniger ernst genommen oder sogar als weniger schädlich betrachtet wird.

Dieses Ungleichgewicht erklärt auch die weit verbreitete Akzeptanz für verbale Formen sexualisierter Gewalt, insbesondere gegen Frauen. Viele Frauen sind sich zudem gar nicht bewusst, dass solch ein Verhalten gegebenenfalls strafbar ist und eine zerstörerische Auswirkung auf ihr Selbstwertgefühl, ihre Autonomie und ihr Selbstvertrauen hat. Auch Frauen neigen in der Folge dessen dazu, sexualisierte Gewalttaten zu verharmlosen:

„Das war ja nur ein Ausrutscher…"

„Ich sollte nicht immer so empfindlich sein."

„Wahrscheinlich habe ich es einfach falsch verstanden…"

Auch die Ergebnisse einer Studie von Ipsos Global aus dem Jahr 2022[52] verdeutlichen, wie weit verbreitet veraltete Denkmuster in Bezug auf Geschlechterrollen noch immer sind. Stereotype, die Frauen als schwach, passiv oder hilflos darstellen, führen häufig dazu, dass die Betroffenen beschuldigt oder verantwortlich gemacht werden. Die Vorstellung, dass Frauen Belästigung oder Angriffe durch ihr

Verhalten, ihre Kleidung oder ihr Auftreten provozieren, verschiebt die Schuld auf die Frauen selbst, anstatt die Verantwortung bei den Tatausführenden zu suchen. Andere Rollenbilder, die Frauen als Sexualobjekte objektifizieren, als sexuell verfügbar oder als Belohnung für Männer darstellen, tragen dazu bei, sexuelle Belästigung als normal oder akzeptabel zu betrachten - quasi als unvermeidlichen Bestandteil zwischenmenschlicher Beziehungen.

Die Vorstellung, Frauen seien weniger in der Lage, sich zu verteidigen, trägt dazu bei, dass Frauen die Schuld für sexuelle Übergriffe auf sich selbst projizieren oder sich davor scheuen, Widerstand zu leisten. Wenn Frauen zudem gesellschaftlich nur anerkannt werden, wenn sie „anständig", „rein" oder „unschuldig" sind, empfinden Betroffene von sexualisierter Gewalt häufig Scham oder Schuldgefühle - denn sie fühlen sich oft benutzt, schuldig und beschmutzt. Dies kombiniert mit der Vorstellung, dass Frauen „es nicht anders verdient" oder „es provoziert" haben, führt dazu, dass betroffene Personen sich noch mehr schämen und nicht über ihre Erfahrungen sprechen. Die nach wie vor weit verbreiteten Geschlechterstereotype und traditionellen Rollenerwartungen fördern eine Kultur der Gewalt - akzeptiert und normalisiert.

Nicht nur traditionelle Vorstellungen von Frauenrollen tragen zur Aufrechterhaltung sexualisierter Gewalt bei. Auch stereotype Ansichten über Männer verharmlosen oder entschuldigen Taten. Die Vorstellung, dass Männer dominant, aggressiv und durchsetzungsstark sind, leugnet, dass auch sie Betroffene sexualisierter Gewalt werden. Denn „echte Männer" sollten sich doch wehren können. Alle anderen sind halt nicht „stark genug". Männer haben auch deshalb Schwierigkeiten, über ihre eigenen Erfahrungen mit sexualisierter Gewalt zu sprechen oder Hilfe zu suchen, aus Angst, als „unmännlich" oder „zu schwach" angesehen zu werden.

Zusätzlich tragen normierte Vorstellungen über Personen der LGBTQIA+ Community zur Aufrechterhaltung von sexualisierter Gewalt und Diskriminierung bei. Vorurteile wie die Annahme, dass LGBTQIA+ Personen aufgrund ihrer sexuellen Orientierung oder Geschlechtsidentität „provokant" oder „unangemessen" seien, fördern die Vorstellung, dass solche Personen es selbst verursachen, wenn sie belästigt oder diskriminiert werden. Diese Vorurteile führen dazu, dass die Erfahrungen von Gewalt oder Diskriminierung gegen die LGBTQIA+ Community oft nicht ernst genommen oder minimiert werden. Weitere Vorurteile, wie die Vorstellung, dass LGBTQIA+ Personen „Einzelfälle" oder „nicht wirklich betroffen" von Gewalt seien, tragen ebenfalls zur Marginalisierung und Stigmatisierung bei. Und sind nicht nur falsch, sondern auch gefährlich.

Als Gesellschaft und Individuen müssen wir anerkennen, dass solche Stereotypisierungen nicht nur negative Auswirkungen auf die betroffenen Personen haben, sondern auch zur Aufrechterhaltung eines Klimas der Gewalt und Diskriminierung beitragen. Diese Vorurteile bedingen nicht nur Ungerechtigkeiten, sondern hindern uns auch daran, eine gerechtere und respektvollere Umgebung zu schaffen.

Es ist mehr als an der Zeit, unsere Vorurteile abzubauen. Dafür müssen wir uns dieser zunächst einmal bewusst werden.

DEN AUTOPILOTEN AUSSCHALTEN: VON UNBEWUSST ZU BEWUSST

Unconscious Bias (unbewusste Voreingenommenheit oder unbewusste Vorurteile) bezeichnet kognitive Wahrnehmungsverzerrungen, die uns nicht bewusst sind. Diese Verzerrungen entstehen im Zusammenhang mit Klischees, Vorurteilen und gesellschaftlichen Diskriminierungsprozessen. Sie wirken sich auf unser Urteilen, unsere Entscheidungsfindung und unser Handeln aus. Unbewusste Vorurteile können Personalauswahlentscheidungen und Leistungsbewertungen beeinflussen, Karrieren ermöglichen oder beenden. Denn selbst wenn wir glauben, objektiv und fair zu sein, handeln wir unbewusst voreingenommen und verstärken dadurch Chancenungleichheit und soziale Ungerechtigkeit.

Unbewusste Vorurteile beeinflussen unsere geistige Wahrnehmung und Denkprozesse, unsere Entscheidungen und Handlungen - quasi auf Autopilot. Und das in unterschiedlichen Kontexten, wie Fairness und Gerechtigkeit, effektive Zusammenarbeit, Vertrauen und Konfliktlösung, Innovationsförderung und Ideenvielfalt sowie persönliche Entwicklung. Um Ihren Autopiloten auszuschalten, können Sie unterschiedliche Methoden nutzen:

Reflektieren
Reflektieren Sie regelmäßig über Ihre eigenen Gedanken, Annahmen und Reaktionen. Fragen Sie sich, warum Sie auf bestimmte Weise denken oder handeln, und hinterfragen Sie Ihre eigenen (Vor-)Urteile.

Wissen aneignen
Informieren Sie sich über die verschiedenen Arten von Vorurteilen und wie sie sich auf Ihr Denken und Verhalten auswirken können.

Feedback geben und nehmen
Andere können Ihnen helfen, unbewusste Vorurteile zu erkennen. Akzeptieren Sie die Verantwortung für Ihre eigenen Vorurteile und arbeiten Sie aktiv daran, diese zu überwinden.

Perspektiven wechseln
Interagieren Sie mit Menschen unterschiedlicher Biografien, Kulturen, Meinungen und Lebenserfahrungen - sowohl in Ihrem persönlichen als auch in Ihrem beruflichen Umfeld.

Empathie schenken
Versetzen Sie sich in die Lage anderer Menschen und verstehen Sie deren Wahrnehmungen. So bauen Sie Vorurteile ab und gestalten eine neugierige und verständnisvolle Haltung.

Netzwerken
Finden Sie Verbündete und formen Sie ein Netzwerk. Gemeinsam können Sie sich gegenseitig unterstützen und dazu beitragen, eine inklusivere Umgebung zu schaffen.

Um herauszufinden, wie bewusst und vorurteilsfrei Sie bereits denken und handeln, können Sie sich selbstreflektierende Fragen stellen:

Der selbstreflektierende Fragebogen

1. Sind Sie offen für die Vielfalt der Menschen um Sie herum?

2. Hören Sie aktiv zu und respektieren Sie die Meinungen anderer, auch wenn sie sich von Ihren unterscheiden?

3. Zeigen Sie Empathie und versuchen Sie, sich in die Lage anderer zu versetzen?

4. Schaffen Sie gleiche Chancen für Menschen unterschiedlichen Geschlechts?

5. Achten Sie darauf, dass Ihre Handlungen die Würde und Grenzen ihrer Kolleg*innen und Mitarbeitenden achten?

6. Verwenden Sie eine inklusive Sprache und vermeiden Sie diskriminierende Ausdrücke?

7. Setzen Sie sich aktiv für Gleichstellung, Gerechtigkeit und Gleichberechtigung ein?

8. Erkennen Sie und hinterfragen Sie Vorurteile und Stereotype?

9. Schaffen Sie ein Umfeld, in dem sich alle sicher und respektiert fühlen?

10. Fördern Sie eine Kultur der Offenheit, in der über sexualisierte Gewalt gesprochen werden kann?

EIN WANDEL IST NOTWENDIG: BEDEUTUNG VON TRANSFORMATION

Der gesellschaftliche Wandel ist entscheidend.

Indem wir uns und andere sensibilisieren, generieren wir direkte und indirekte Veränderungen. Dies erfordert eine grundlegende Transformation von Einstellungen und Normen, die sexualisierte Gewalt bisher toleriert oder gestützt haben.

Unternehmen müssen klare Botschaften senden und Null-Toleranz-Kulturen etablieren. Öffentlicher Druck und Bewusstseinsbildung sind wegweisend für die Verbesserung von Gesetzen und Richtlinien. Wir brauchen Modelle zur Orientierung und als Vorbilder.

Höchste Zeit daher für ein paar ermutigende Beispiele:

Volkswagen

Seit 1996 bekämpft Volkswagen Diskriminierungen am Arbeitsplatz aktiv. Durch gezielte Maßnahmen wird klargestellt, dass „sexuelle Belästigung" und andere Diskriminierungsformen ernsthafte Verstöße sind. Die Betriebsvereinbarung definiert klare Richtlinien für den Umgang mit „sexueller Belästigung", Mobbing und anderen Diskriminierungen. Volkswagen informiert über aktive Beteiligungsmöglichkeiten, Beratungsangebote und Beschwerdeverfahren. Regelmäßige Schulungen für Führungs- und Personalverantwortliche sowie Betriebsräte ergänzen die Maßnahmen und machen das Thema sichtbar.

Charité Berlin

Das Universitätsklinikum Charité Berlin engagiert sich seit 2013 aktiv gegen „sexuelle Belästigung", insbesondere im medizinischen und pflegerischen Bereich. Die Charité Berlin zieht klare Grenzen zwischen professionellem Verhalten und unerwünschten Grenzverletzungen und bietet Informationen und praktische Hinweise zu Beratung, Beschwerdeverfahren und rechtlichen Grundlagen.

Time´s Up

Die Time's Up-Bewegung in den USA setzt sich außerordentlich für die Bekämpfung von sexualisierter Gewalt in der Unterhaltungsindustrie ein. Nach den #MeToo-Vorwürfen gegen prominente Personen in der Filmindustrie hat Time's Up eine mächtige Bewegung für Veränderungen entfaltet und gezeigt, dass der Einsatz für eine Kultur des Respekts und der Gerechtigkeit Wirkung zeigt.

Uber

Auch Uber hat erkannt, dass ein Kulturwandel notwendig ist und dazu gelernt. Nach Vorwürfen sexualisierter Gewalt von Angestellten hat das Unternehmen umfassende Schulungen und Trainings eingeführt, klare Verhaltensrichtlinien etabliert und die Mechanismen zur Meldung von Vorfällen verbessert. Darüber hinaus wurden aktiv Frauen und unterrepräsentierte Gruppen in Führungspositionen berufen, um eine inklusivere Unternehmenskultur zu fördern.

Microsoft

Microsoft hat in den letzten Jahren ebenfalls entschlossenere Maßnahmen zur Bekämpfung sexualisierter Gewalt am Arbeitsplatz ergriffen. Mit Weiterbildungen für die Angestellten, verbesserten Meldemechanismen und unabhängigen Untersuchungsverfahren hat das Unternehmen klare Standards gesetzt und eine Kultur der Offenheit und Transparenz gefördert.

Diese Unternehmen zeigen, dass Wandel möglich ist. Ja, es erfordert kontinuierliche Anstrengungen, das Einarbeiten in komplexe Themen und den Mut, gegen herrschende Standards vorzugehen.

Doch es ist an der Zeit, dass Unternehmen Verantwortung übernehmen und eine sichere und respektvolle Arbeitsumgebung gewährleisten.
Und sich als Vorbilder und Multiplikator*innen präsentieren.

Es lohnt sich!

SEXUALISIERTE GEWALT BENENNEN

KAPITEL 8

TÄTER*INNEN
TYPISCHE TATMUSTER

Das Erkennen sexualisierter Gewalt ist der erste Schritt zur Prävention. Das Benennen dieser Gewalt stellt den zweiten Schritt dar.

Doch oft wird das Benennen durch Ängste vor falschen Beschuldigungen, Rufschädigung oder rechtlichen Konsequenzen erschwert.

Betroffene stoßen häufig auf Skepsis und Zweifel an ihren Aussagen, was häufig auch auf den Mythos der falschen Beschuldigungen zurückzuführen ist

TATSACHEN INS AUGE SEHEN:
DAS THEMA FALSCHBESCHULDIGUNG

Studien auf europäischer und deutscher Ebene schätzen den
Anteil falscher Beschuldigungen bei tatsächlich angezeigten
Vergewaltigungsfällen auf 1% bis 9%, mit einem Durchschnitt
von etwa 3%.

Diese Zahlen sind deutlich niedriger als häufig angenommen.
Das liegt auch daran, dass die mediale Berichterstattung über
Fälle von Falschbeschuldigungen bisher unverhältnismäßig
viel Aufmerksamkeit erhalten hat. So entsteht der Eindruck,
dass solche Falschanschuldigungen häufiger vorkommen als
sie es tatsächlich tun. Schlagzeilen, die sich mit der
angeblichen Unschuld von Verdächtigen oder der Enthüllung
von Falschbeschuldigungen befassen, sind reißerisch und
verbreiten sich schnell. Sie verzerren jedoch die
Wahrnehmung und führen zu einer Überrepräsentation von
Falschanschuldigungen. Im Gegensatz dazu wird über die
meisten tatsächlichen Fälle von sexualisierter Gewalt entweder
gar nicht oder nur sehr wenig berichtet. Dies führt dazu, dass
die Häufigkeit und Schwere von unzweifelhaften sexualisierten
Gewalttaten in der öffentlichen Wahrnehmung oft stark
unterrepräsentiert ist.

Wenn Frauen dann beispielsweise Männer der sexualisierten
Gewalt beschuldigen, reagiert die Gesellschaft oft mit Skepsis.
Sofort werden Gründe und Motive gesucht, die die Vorwürfe in
Frage stellen: „Könnte es sein, dass der Sex einvernehmlich
war, die Frau ihn jedoch später bereut und deshalb eine
Vergewaltigung behauptet?", „Könnte sie aus Rache ihrem Ex-
Partner eine Vergewaltigung anhängen, weil er sie betrogen
oder verlassen hat?", „Oder sucht sie Aufmerksamkeit?".

Wissenschaftliche Studien und Artikel zur Vergewaltigung und
Strafverfolgung zeigen deutlich, wie verzerrt die

gesellschaftliche Wahrnehmung ist. Abhängig von Studie, Land, interpretierender Person und politischer Perspektive liegt der Anteil falscher Beschuldigungen mal höher und mal niedriger. Der Bundesverband der Frauenberatungsstellen und Frauennotrufe schätzt den Anteil in Deutschland auf 3%.

Und nicht nur bei der Auslegung der Studien, auch bei den Begriffen gibt es unterschiedliche Varianten: Falschbeschuldigung, Falschanzeige, falsche Verdächtigung und Falschaussage werden benutzt. Im deutschen Strafgesetzbuch (StGB) gibt es verschiedene Begriffe für falsche Beschuldigungen, je nach Kontext[53]:

Paragraf § 164 StGB
behandelt „Falsche Verdächtigungen" und bestraft Personen, die wissentlich eine andere Person fälschlich verdächtigen, um ein behördliches Verfahren gegen sie einzuleiten.

Paragraf § 153 StGB
betrifft „uneidliche falsche Aussagen" vor Gericht.

Paragraf § 154 StGB
befasst sich mit „Meineid" bei einem Eid.

Paragraf § 145d StGB
bestraft das „Vortäuschen einer Straftat", wenn jemand absichtlich eine Straftat vorgibt, um Ermittlungen auszulösen.

Statistisch werden jedoch auch hierbei nur die Fälle erfasst, bei denen ein Strafverfahren wegen einer dieser Tatbestände eingeleitet wird. Falsche Aussagen oder Verdächtigungen, die nicht zu einem Strafverfahren führen, werden nicht erfasst. Zwar gibt es in der Polizeilichen Kriminalstatistik (PKS) eine

Kategorisierung wie „Vortäuschen einer Straftat gegen die sexuelle Selbstbestimmung", doch diese umfasst ein breites Spektrum von Delikten.

Zudem wird ein Großteil sexualisierter Gewalt nicht angezeigt, sodass diese Studien lediglich das „Hellfeld" erfassen - also die Fälle, die zur Anzeige gebracht werden. Eine Studie des Bundesministeriums für Familie, Senioren, Frauen und Jugend[54] geht davon aus, dass über 85% der Fälle nicht angezeigt werden. Diese Dunkelziffer reduziert die Zahl möglicher Falschbeschuldigungen erheblich. Außerdem werden gegen Tatpersonen, die den Betroffenen bekannt sind, seltener Anzeigen erstattet als gegen Fremdtäter*innen: 50% der Anzeigen betreffen Fremde, während nur 18% der Anzeigen gegen Bekannte gerichtet sind. Es ist daher von großer Bedeutung, dass das Benennen von grenzverletzendem Verhalten und das Anzeigen von sexualisierter Gewalt ernst genommen und von Vorurteilen sowie falschen Annahmen befreit werden. Es braucht Bewusstsein für die hohe Dunkelziffer und die Barrieren, die Betroffene davon abhalten, Anzeige zu erstatten. Nur durch eine differenzierte und sensible Herangehensweise tragen wir dazu bei, sexualisierte Gewalt zu erkennen, zu benennen und effektiv dagegen vorzugehen. Ein Aspekt dabei ist das Wissen, dass jemand, der eine falsche Beschuldigung ausspricht, selbst eine Straftat begeht, die juristisch geahndet werden kann.

Falschbeschuldigungen entstehen aus verschiedenen Gründen. In vielen Fällen besteht eine persönliche oder intime Beziehung zwischen der beschuldigenden und der beschuldigten Person:

Missverständnisse
Manchmal entstehen falsche Beschuldigungen aus Missverständnissen oder Fehldeutungen von Handlungen oder Aussagen.

Rache oder Vergeltung

Falsche Beschuldigungen werden aus Rache oder als Vergeltung für persönliche Verletzungen, Trennungen oder Konflikte innerhalb von Beziehungen ausgesprochen. Dies kann ein Mittel sein, um Beschuldigten zu schaden oder eine emotionale Reaktion zu provozieren.

Vertuschung

Falsche Beschuldigungen können ein Versuch sein, unangemessene Handlungen zu vertuschen oder von eigenen Fehlern abzulenken. Dies geschieht zum Beispiel, wenn die beschuldigende Person etwas zu verbergen hat. Oder wenn beschuldigte und beschuldigende Person eine unerlaubte Beziehung hatten, die die beschuldigende Person bei Aufdeckung in Schwierigkeiten bringen kann. Dann greift sie zum Mittel der falschen Beschuldigung, um die Beziehung nachträglich als Missbrauch darzustellen und sich als schuldfrei.

Psychische Probleme

Personen, die unter psychischen Belastungen leiden, können Schwierigkeiten haben, ihre Wahrnehmung der Realität von tatsächlichen Vorfällen zu unterscheiden. Dies kann dazu führen, dass sie falsche Anschuldigungen erheben oder ihre Erlebnisse verzerrt darstellen. Was nicht bedeutet, dass Menschen mit psychischen Erkrankungen generell unglaubwürdig sind! Auch dies sind Ausnahmen. Es ist immer wichtig, die Balance zwischen dem Schutz der Rechte der Betroffenen und einer sorgfältigen Prüfung der vorgebrachten Anschuldigungen zu wahren.

Gesellschaftlicher Druck

Gesellschaftliche Erwartungen forcieren falsche

Beschuldigungen, wenn die beschuldigende Person dadurch das Gefühl erhält, sozialen Erwartungen gerecht zu werden.

Auch wenn falsche Beschuldigungen selten sind, haben sie immer erhebliche Auswirkungen auf die betroffenen Personen. Sie führen zu schweren emotionalen und psychischen Belastungen, beeinträchtigen oder zerstören das Vertrauen in die Gemeinschaft und das berufliche Umfeld und führen zu rechtlichen und gesellschaftlichen Konsequenzen. Die Stigmatisierung und der soziale Druck, der mit solchen Vorwürfen einhergeht, können das Leben der Falschbeschuldigten langfristig negativ beeinflussen.

Und: falsche Beschuldigungen helfen tatsächlich Betroffenen von sexualisierter Gewalt nicht, sondern tragen zur weiteren Stigmatisierung bei. Anstatt die Situation zu verbessern, verschärfen sie die Belastungen und das Unrecht für diejenigen, die bereits leiden.

Daher gilt: Sachlichkeit statt Kriminalisierung!

SACHLICHKEIT STATT KRIMINALISIERUNG: OBJEKTIV STATT SUBJEKTIV

Bevor rechtliche Schritte oder strafrechtliche Maßnahmen ergriffen werden, ist eine gründliche und unvoreingenommene Überprüfung der Fakten erforderlich.

Was bedeutet das konkret?

Bei einer Beobachtung, einem Verdacht oder einer konkreten Situation ist es wichtig, diese sachlich zu benennen, um Vorverurteilungen und Verleumdungen zu vermeiden.

> *Es war ein normaler Tag im Büro, als Ayla eine für sie unangenehme Situation beobachtete. Sie sah und hörte, wie ihr Kollege Haruto eine anzügliche Bemerkung und Geste gegenüber ihrer Kollegin Sarah machte. Es war nicht das erste Mal, dass sie solch ein Verhalten von Haruto bemerkte, doch diesmal beschloss sie, etwas dagegen zu unternehmen. Doch wie sollte sie vorgehen, ohne sich in Gefahr zu bringen, ohne selber Grenzen zu überschreiten, ohne den Kollegen falsch zu beschuldigen, die Kollegin zu überfordern oder sich selbst in eine schwierige Position zu bringen?*

Aylas Beispiel verdeutlicht, dass Beobachtungen und Verdächtigungen zunächst einmal vor allem Unsicherheit hervorrufen. Es ist ratsam, mit vertrauenswürdigen Kolleg*innen oder Fachberatungsstellen zu sprechen, um Klarheit über das beobachtete Verhalten und die nächsten Schritte zu erhalten. Auch wenn es oft schwer fällt, ist ein solcher Austausch wichtig, um nicht in Vorverurteilungen oder Bagatellisierung abzurutschen. Sondern Formulierungen und

Wege zu finden, die dem eigenen Erleben und einer Klärung dienlich sind. Die Kontaktaufnahme mit einer Fachberatungsstelle ist zudem nicht mit einer polizeilichen Anzeige gleichzusetzen, sondern dient der persönlichen Unterstützung und der Klärung des Sachverhalts. Allen Beteiligten, der betroffenen Person, der beobachtenden Personen, der Ansprechperson, den juristischen Personen und der beschuldigten Personen hilft es, wenn folgende Aspekte berücksichtigt werden, um eine umfassende Aufklärung zu gewährleisten:

Objektive Prüfung der Beweise
Bevor eine Person arbeits- oder strafrechtlich verfolgt wird, werden alle verfügbaren Beweise und Informationen gründlich und objektiv untersucht. Subjektive Eindrücke oder emotionale Reaktionen sind keine Grundlage für rechtliche Entscheidungen.

Unvoreingenommene Bewertung
Die Bewertung von Anschuldigungen erfolgt frei von Vorurteilen und vorgefassten Meinungen. Alle relevanten Informationen und Perspektiven werden berücksichtigt, um eine faire und gerechte Beurteilung sicherzustellen.

Vermeidung von Vorverurteilung
Die Untersuchung ist unvoreingenommen und neutral, um sicherzustellen, dass jede Person ein faires Verfahren erhält. Niemand wird aufgrund von Anschuldigungen vorzeitig verurteilt oder stigmatisiert.

Berücksichtigung aller Perspektiven
Sowohl die Aussagen der beschuldigenden Person als auch die der beschuldigten Person werden gehört und in den Kontext gesetzt. Berücksichtigt werden beide Perspektiven und das möglichst objektiv im Mehraugenprinzip, bei dem mehrere Personen

eingebunden werden, um unterschiedliche Perspektiven einzubeziehen.

Fachgerechte Unterstützung
Beratende und rechtlich geschulte Fachleute stellen sicher, dass die Sachlage korrekt und professionell beurteilt wird. Dies ermöglicht eine Entscheidung auf fundierten und objektiven Grundlagen.

Verhältnismäßigkeit wahren
Die Maßnahmen und Schritte, die im Zuge einer Anschuldigung eingeleitet werden, sind verhältnismäßig und angemessen. Die Entscheidungen beruhen nicht auf Spekulationen oder unvollständigen Informationen, sondern sind fundiert und fachlich begründet.

Tatsächliche Übergriffe müssen als solche benannt und gemeldet oder zur Anzeige gebracht werden, auch wenn sie zunächst unbedeutend erscheinen. Denn Studien zu tatausführenden Personen und ihren Strategien haben gezeigt, dass diese ansonsten oft mit scheinbar unbeabsichtigten Kleinigkeiten die Grenzen und die Stimmung verändern, um möglichst unentdeckt zu bleiben. Auch vermeintlich kleine Vorfälle sollten daher gemeldet werden, um falsche Beschuldigungen zu vermeiden und tatsächliche Straftaten angemessen zu verfolgen.

Arbeitgebende befinden sich hier in einer Doppelrolle: Sie haben eine Schutz- und Fürsorgepflicht gegenüber allen Beschäftigten. Im Falle einer Beschwerde bedeutet das, dass sie sich schadenersatzpflichtig machen können, wenn sie die betroffene Person nicht ausreichend schützen. Gleichzeitig müssen sie darauf achten, eine objektive Untersuchung des Vorfalls zu gewährleisten und mögliche Sanktionen gegenüber der beschuldigten Person verhältnismäßig zu gestalten, um ihr gegenüber nicht haftbar zu werden.

Um diese Balance zu halten und Täter*innen zu identifizieren, braucht es Kenntnis über Tatmuster und Tatdynamiken.

DEN TEUFELSKREIS DURCHBRECHEN: TÄTER*INNEN IDENTIFIZIEREN

Haben Sie schon einmal bemerkt, dass Kolleg*innen wiederholt subtile Anspielungen machen, die in ihrer Gesamtheit eine unangenehme Arbeitsatmosphäre schaffen? Gab es Situationen, in denen Vorgesetzte die Grenzen von Mitarbeitenden überschritten oder unangemessene Kommentare machten, die nicht ausreichend thematisiert wurden? Haben Sie möglicherweise eine wiederkehrende Taktik von Tatausführenden festgestellt, wie das gezielte Ausnutzen von Machtverhältnissen oder das Schaffen von isolierten Situationen?

Oder hat Ihr Unternehmen bereits Maßnahmen ergriffen, um solche Situationen zu vermeiden? Vielleicht wurden Workshops organisiert, um das Bewusstsein für Anzeichen sexualisierter Gewalt zu schärfen? Gibt es in Ihrer Organisation klare Richtlinien und Verfahren zur Meldung und Untersuchung von Vorfällen? Oder werden regelmäßig Informationsmaterialien bereitgestellt?

Indem Sie sich diese Fragen stellen, können Sie Strukturen und Strategien identifizieren und anpassen, die potenziell Taten ermöglichen oder verhindern. Denn es gibt typische Muster in Fällen sexualisierter Gewalt am Arbeitsplatz, wie zum Beispiel:

Bekanntschaft im Arbeitsumfeld
Oft kennen sich die Betroffenen, Beobachtenden und Tatpersonen aus dem beruflichen Kontext, was die Aufdeckung und den Umgang mit den Taten erschwert.

Vertrauens- oder Abhängigkeitsverhältnisse
Die Taten geschehen häufig in Situationen, in denen ein Vertrauens- oder Abhängigkeitsverhältnis besteht, sei es

durch Hierarchien, Teamzugehörigkeit, Befangenheit oder Verpflichtung im Arbeitsumfeld.

Loyalität

Es bestehen oftmals Loyalitätsgefühle gegenüber der tatausübenden Person oder dem Unternehmen, was die Bereitschaft zur Anzeige, Offenlegung oder Verarbeitung der Tat hemmt oder verhindert.

Ausnutzen von Machtpositionen

Täter*innen nutzen häufig ihre Macht aus oder verschaffen sich eine solche Position, um andere zu manipulieren, unter Druck zu setzen oder einzuschüchtern.

Nutzung räumlicher Gegebenheiten

Räumliche Gegebenheiten werden häufig gezielt genutzt, um Übergriffe zu verbergen.

Tabuisierung

Wenn das Thema tabuisiert wird, sinkt die Bereitschaft, darüber zu sprechen oder Vorfälle zu melden.

Vermittlung von Schuldgefühlen

Nicht selten wird das Gefühl vermittelt, Betroffene hätten die Tat durch ihr Verhalten provoziert oder gewollt. Das erschwert Untersuchungen und bringt zum Schweigen.

Diese Muster verdeutlichen, wie tief verwurzelt und komplex die Problematik im Arbeitsumfeld ist. Es bedarf einer sensiblen und umfassenden Herangehensweise. Denn sexualisierte Gewalttaten sind selten ein einzelner eindeutiger Übergriff, sondern entwickeln sich meist über einen längeren Zeitraum.

Wenn wir diesen Prozess und die ihn ermöglichenden

Dynamiken jedoch frühzeitig erkennen, können wir ihn stoppen.

Täter*innen nutzen vorteilhafte Strukturen aus und investieren viel Zeit in ihre Wirkung nach außen. Wahrscheinlich trauen Sie den meisten Personen, die Sie kennen, keine Gewalttaten zu. Und zumeist ist diese Einschätzung korrekt.

Doch Tatpersonen geben sich häufig aufgeschlossen, erzählen von persönlichen Aspekten und schaffen dadurch Vertrauen. Manche engagieren sich vorbildhaft im Unternehmen und gelten als hoch angesehen oder sogar unersetzbar. Dies erschwert es, sexualisierte Übergriffe durch solch hoch geschätzte Angestellte aufzuarbeiten.
Dazu kommt: Tatausführende verschieben nach und nach Grenzen. Sie testen, wie andere auf ihr Verhalten reagieren, bauen auf diesem Wissen auf und passen ihr Vorgehen entsprechend an. Jede*r kann davon betroffen sein, weil Täter*innen ihre Ziele nicht immer nach festen Kriterien auswählen, sondern auch die jeweilige Situation oder bestehende Machtverhältnisse ausnutzen.

Daher ist es von großer Bedeutung, dass Unternehmen diese Problematik aktiv erkennen, kommunizieren und reagieren.

DIE DARVO-TAKTIK:
STRATEGIEN VON TÄTER*INNEN

Ein häufiges Muster ist die Verwendung der DARVO-Strategie durch Täter*innen. DARVO, ein Begriff geprägt von der amerikanischen Psychologin Dr. Jennifer J. Freyd, steht für „Deny, Attack, and Reverse Victim and Offender" (Leugnen, Angreifen und Umkehren von Opfer und Täter*in) und beschreibt eine Manipulationstaktik, die darauf abzielt, die eigene Verantwortung zu leugnen, die betroffene Person anzugreifen und die Rollen somit zu verdrehen.

Deny

Täter*innen, die diese Taktik anwenden, leugnen zunächst die Tat, indem sie abstreiten, dass das Fehlverhalten überhaupt stattgefunden hat.

Attack

Anschließend greifen sie die betroffene Person an, indem sie deren Glaubwürdigkeit untergraben oder sie selbst der Provokation oder Mitschuld bezichtigen.

Reverse Victim and Offender

Schließlich tauschen sie die Rollen, sodass sie selbst als Opfer erscheinen und die tatsächliche betroffene Person als Täter*in dargestellt wird.

Diese Strategie schädigt die Betroffenen zusätzlich und vermittelt ihnen das Gefühl, in ihrer Wahrnehmung nicht ernst genommen zu werden. DARVO stellt eine erhebliche Herausforderung für die Aufklärung und Aufarbeitung von Übergriffen dar, da es das Narrativ verfälscht und Unterstützung unterminiert. Umso wichtiger ist es, DARVO zu (er)kennen und gezielt dagegen vorzugehen. Nur durch ein fundiertes Verständnis und das Bewusstsein für diese Taktik kann der Schutz der Betroffenen und die effektive Bearbeitung solcher Fälle gewährleistet werden. Es ist entscheidend, die Dynamiken von DARVO zu erkennen, um die Täter*in-Opfer-Rollen klar zuzuordnen und eine faire sowie unterstützende Umgebung zu schaffen.

KAPITEL 9

DIE AKTIVEN UNTERNEHMEN
DIE MACHT DER KULTUR

Sexualisierte Gewalt am Arbeitsplatz ist inakzeptabel und Unternehmen müssen handeln - das haben die vorherigen Kapitel gezeigt.

Dazu gehört, sicherzustellen, dass Betroffene keine Angst vor negativen Reaktionen, Stigmatisierung oder beruflichen Konsequenzen haben. Auch Beobachtende müssen sich einmischen dürfen und das Thema öffentlich ansprechen können, ohne negative Folgen wie Ausgrenzung, Schuldumkehr oder Karrierestopps zu fürchten.

Doch immer noch hindern unzureichende, unklare oder ineffektive Verfahren Beteiligte daran, sich zu äußern.

Deshalb liegt es in unserer kollektiven Verantwortung, unsere Arbeitsumgebung zu sicheren Räumen zu gestalten. Räume, in denen Menschen unabhängig von Alter, Biografie, Sprache, Religion, Kompetenz, Beeinträchtigung, Familienstatus, Geschlechtsidentität, Geschlecht und sexueller Orientierung respektiert, wertgeschätzt und willkommen sind. So wird es allen Beteiligten ermöglicht, Vorfälle, Risiken und Bedenken offen anzusprechen.

Jede Person kann in ihrer Rolle und Funktion dazu beitragen, ein respektvolles Umfeld zu schaffen – sei es im Umgang mit sexualisierter Gewalt oder anderen Konflikten, Diskriminierungen, Mobbing, Bossing oder Staffing. Indem wir anerkennen, dass sexualisierte Gewalt auch in unserem Leben ein Thema ist, können wir aktiv zu einer gewaltfreien Lösung beitragen.

Denn Safe Work betrifft uns alle.

VON VORBEUGUNG BIS HILFE: SAFE WORK

Prävention, Intervention und Rehabilitation sind entscheidende Schritte, die Unternehmen ergreifen müssen, wenn sie unangemessene und gewalttätige Verhaltensweisen am Arbeitsplatz energisch und wahrhaftig angehen möchten:

1. Prävention
Klare Richtlinien und Verfahren sowie eine Unternehmenskultur, die Vielfalt wertschätzt und respektiert, verhindern viele Vorfälle bereits im Vorfeld.

2. Information
Die Prozesse müssen für alle Beteiligten unkompliziert und transparent zugänglich sein.
Vertraulichkeitsrichtlinien gewährleisten zudem den Schutz ihrer Privatsphäre.

3. Schulung
Regelmäßige Schulungen und Sensibilisierungsmaßnahmen vermitteln sowohl Informationen über rechtliche und organisatorische Aspekte als auch praktische Anleitungen und Fallbeispiele. Ziel ist es, alle im Unternehmen auf den gleichen Stand zu bringen, eine gemeinsame Sprache zu entwickeln und die nötige Handlungsfähigkeit zu verleihen.

4. Intervention
Schnelles und angemessenes Handeln bei einem Vorfall ist entscheidend. Dies umfasst die sofortige Untersuchung, Unterstützung der betroffenen Person und gegebenenfalls disziplinarische Maßnahmen gegen die verantwortliche Person. Ein transparenter und fairer Umgang mit solchen Situationen ist wichtig, um

Vertrauen in die Wirksamkeit der Maßnahmen zu schaffen und sicherzustellen, dass solche Vorfälle gemeldet werden.

5.Untersuchung

Die Untersuchung von Vorwürfen unangemessenen Verhaltens wird fair, unparteiisch, objektiv und nach dem Mehraugenprinzip durchgeführt.

6.Rehabilitation

Beratungsangebote, psychologische Unterstützung oder Coaching nach einem Vorfall und während der Untersuchung helfen allen Angestellten dabei, die Ereignisse zu verarbeiten und sich wieder sicher und wohl am Arbeitsplatz zu fühlen. Auch für die Tatperson gehören Angebote zu Rehabilitation und Verhaltensänderung dazu.

Erst die Kombination dieser Schritte ermöglicht eine ganzheitliche, langfristige und nachhaltige Veränderung hin zu gewaltfreien Arbeitsplätzen und -kulturen.

KLARE RICHTLINIEN:
VERBINDLICHE VERHALTENSKODIZES

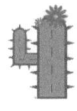

Ein respektvolles Arbeitsumfeld ist sowohl für alle Angestellten als auch für die Wertschöpfung des Unternehmens von großer Bedeutung. Verbindliche Verhaltenskodizes und Anti-Harassment-Policies tragen entscheidend dazu bei, dieses Umfeld zu schaffen und aufrechtzuerhalten:

Klarheit, ohne Raum für Missverständnisse
Die Richtlinien sind deutlich und präzise formuliert und bestimmen, welche Verhaltensweisen erwünscht sind und welche nicht toleriert werden. Je nach Unternehmen ist es entscheidend, diese Richtlinien in leichter Sprache und in mehrere Sprachen zu übersetzen, um sicherzustellen, dass wirklich alle Zugang zu diesen Informationen erhalten, sie verstehen und umsetzen können.

Verbindlichkeit für alle
Die Richtlinien sind für alle im Unternehmen und für alle Geschäftspartner*innen verbindlich, unabhängig von Position oder Hierarchieebene. Verstöße gegen die Richtlinien haben Konsequenzen, von disziplinarischen Maßnahmen bis hin zur Kündigung.

Einfache Zugänglichkeit für alle
Die Richtlinien sind leicht zugänglich und stehen in verschiedenen inklusiven Formaten bereit - analog und digital.

Aktive Kommunikation
Die Richtlinien werden regelmäßig kommuniziert und in Erinnerung gerufen durch interne Kommunikationskanäle, sichtbar positionierte Hinweise oder Diskussionen in Teamsitzungen.

Aktualität und Flexibilität

Die Richtlinien werden regelmäßig überprüft, unter Einbeziehung aller Führungsverantwortlichen und Mitarbeitenden, um sie aktuell zu halten und sicherzustellen, dass sie wirklich greifen.

SICHERE RÄUME: ARCHITEKTONISCHER SCHUTZ

Doch nicht nur kulturelle und menschliche Faktoren beeinflussen Taten, auch architektonische Aspekte tun dies. Abgeschottete oder isolierte Räumlichkeiten, dunkle Ecken, Kellerräume, Lagerräume oder verlassene Bereiche erhöhen das Risiko für sexualisierte Gewalttaten.

Denn häufig gilt: Wo keine Zeug*innen, da keine Taten.

Einsame und schwer einsehbare Orte bieten Täter*innen die Gelegenheit, Personen anzugreifen. Nicht ausreichend überwachte oder beleuchtete Räume ermöglichen es, unentdeckt zu handeln und andere durch Isolation einzuschüchtern. Unzureichende Zugangsbeschränkungen, unverschlossene Türen oder unkontrollierte sensible Bereiche erleichtern es den Täter*innen, Taten im Verborgenen zu begehen. Fehlende Sicherheitsvorkehrungen begünstigen solche Vorfälle, da potenzielle Tatpersonen nicht abgeschreckt werden und Betroffene nicht ausreichend geschützt sind. Enge Räume ohne Fluchtmöglichkeiten sowie unübersichtliche oder schlecht einsehbare Bereiche stellen Risikofaktoren für sexualisierte Gewalt am Arbeitsplatz dar. Oft können diese architektonischen Risiken und Sicherheitsmängel durch schnell umsetzbare Optimierungen bereits verbessert werden:

1. Überprüfung und Anpassung

Die Identifizierung von abgeschotteten oder isolierten Bereichen ermöglicht eine optimierte Sichtbarkeit dieser Zonen. Eine ausreichende Beleuchtung, insbesondere in Kellerräumen, Lagerräumen und anderen abgelegenen Bereichen, reduziert potenzielle Gefahren. Wo möglich, sollte die Gestaltung der Räume offen und gut einsehbar sein. Auch Spiegel, die zur Einsicht in tote Winkel beitragen und günstig in der Anschaffung sowie leicht anzubringen sind, können Raumteile sichtbarer und damit sicherer machen.

2. Implementierung von Überwachungssystemen
Überwachungskameras in strategischen Bereichen gewährleisten eine umfassende Überwachung, sofern dies rechtlich zulässig ist und ein Missbrauch ausgeschlossen werden kann. Gut sichtbare Hinweise auf ihre Präsenz wirken abschreckend auf potenzielle Täter*innen und tragen zur Erhöhung des Sicherheitsgefühls bei. Besonders auf Parkplätzen und in Tiefgaragen sind sie eine wertvolle Investition.

3. Verbesserung der Zugangsrechte und -kontrollen
Der beschränkte Zugang zu sensiblen oder potenziell gefährlichen Bereichen erfolgt durch Schließsysteme und Zugangskarten. Dies stellt sicher, dass nur autorisierte Personen Zutritt erhalten und dass Türen verschlossen sind, wenn sie nicht genutzt werden. Auf diese Weise werden die Möglichkeiten für unbefugten Zutritt und Taten erheblich reduziert.

4. Fluchtwege und Notfallzugänge
Gut sichtbare und leicht zugängliche Fluchtwege in allen Bereichen, insbesondere in engen oder abgeschiedenen Räumen, kennzeichnen Möglichkeiten zur Flucht aus Situationen.

5. Regelmäßige Sicherheitsüberprüfungen
Regelmäßige Überprüfungen gewährleisten deren Aktualität und Funktionsfähigkeit und unterstützen bei der Identifizierung neuer Risiken. Auf diese Weise bleibt der Schutz stets auf dem neuesten Stand.

KAPITEL 10

DIE AKTIVE POLITIK
DIE MACHT DER GESETZE

Aktuell gibt es, wie in Kapitel 7 dargestellt, eine Vielzahl von Gesetzen, Richtlinien und Programmen, die von politischen Systemen und Ministerien entwickelt wurden, um sexualisierter Gewalt am Arbeitsplatz entgegenzuwirken.

Doch wie effektiv sind diese Maßnahmen tatsächlich?

Studien zeigen, dass trotz der bestehenden Gesetze und Richtlinien viele Fälle von sexualisierter Gewalt nicht gemeldet werden. Dies liegt häufig daran, dass es entweder an vertrauensvollen und unabhängigen Beschwerdestellen fehlt oder die Erfahrungen gezeigt haben, dass Meldungen nicht ausreichend verfolgt werden.

POLITISCHER HANDLUNGSBEDARF: MEHR ALS GESETZE

In der Überprüfung der bestehenden Gesetze zeigt sich, dass oft auch wirksame Sanktionen fehlen. Unternehmen, die ihre rechtlichen Pflichten nicht einhalten, haben häufig keine negativen Konsequenzen zu befürchten – ein Zustand, der dringend geändert werden muss.

Es besteht dringender und weitreichender politischer Handlungsbedarf, um sicherzustellen, dass die Macht der Gesetze optimal genutzt wird. Die politische Ebene muss geschlossen und ganzheitlich agieren, um sexualisierte Gewalt am Arbeitsplatz wirksam zu bekämpfen, da der bestehende Rechtsrahmen derzeit unzureichend ist.

Politische Systeme und Ministerien sind daher gefordert, weitergehende Gesetze und Richtlinien zu entwickeln und sicherzustellen, dass diese konsequent umgesetzt und durchgesetzt werden. Auch eine Ausweitung des AGG, wie von der Unabhängigen Bundesbeauftragten für Antidiskriminierung im Juli 2023[55] gefordert, ist notwendig. Beispielsweise durch:

Lösungen für KMU
Kleine und mittelständische Unternehmen (KMU) haben trotz gesetzlicher Vorgaben nicht immer Beschwerdestellen eingerichtet - es fehlt an Kapazitäten und übergreifenden Lösungen. Sie haben häufig nicht die Mittel, um eigene effektive Beschwerdestellen zu schaffen und zu betreiben. Für diese Unternehmen sollten überbetriebliche Beschwerdestellen mit Hilfe der entsprechenden Kammern eingerichtet werden.

Strengere Sanktionen für Unternehmen

Strengere Sanktionen für Verstöße gegen Schutzvorschriften gibt es bereits. Das deutsche Arbeitsrecht sieht Bußgelder und andere rechtliche Konsequenzen vor, wenn Unternehmen ihrer Pflicht zur Prävention und Aufklärung über „sexuelle Belästigung" nicht nachkommen. Dennoch gibt es Diskussionen, ob die bestehenden Regelungen ausreichend oder effektiv genug sind. Auch die Mindeststandards für betriebliche Beschwerdeverfahren und klare Befugnisse der Beschwerdestellen sollten in Paragraf § 13 AGG festgelegt werden. Das Fehlen von Beschwerdestellen sollte als Hinweis auf eine mögliche Benachteiligung gewertet werden, was Ansprüche auf Schadensersatz oder Entschädigung nach sich ziehen könnte.

Verpflichtende Berichtspflichten

Unternehmen sollten verpflichtet werden, regelmäßig über Maßnahmen und Vorfälle im Zusammenhang mit sexualisierter Gewalt zu berichten. Diese Berichte können anonymisiert veröffentlicht werden, um Transparenz zu schaffen und Unternehmen zu animieren, sich aktiv mit dem Thema auseinanderzusetzen. Ein jährlicher Bericht auf nationaler Ebene würde Fortschritte oder Defizite identifizieren. Verpflichtende Berichtspflichten für Unternehmen im Hinblick auf sexualisierte Gewalt sind bislang nicht flächendeckend etabliert. Einige Unternehmen veröffentlichen allerdings freiwillig Berichte über Gleichstellung und Diversity.

Explizite Ausweitung des AGG auf Schulen und Hochschulen

Das Allgemeine Gleichbehandlungsgesetz (AGG) schützt bereits vor Diskriminierung und „sexueller Belästigung" in Bildungseinrichtungen, allerdings sind die Regelungen nicht immer spezifisch genug, insbesondere in Bezug auf die praktischen Herausforderungen in Schulen und Hochschulen. Zwar ist „sexuelle Belästigung" unter Lehrpersonal und von Schüler*innen oder Studierenden grundsätzlich verboten und kann arbeits- oder disziplinarrechtlich verfolgt werden. Die Umsetzung dieses Verbots gestaltet sich jedoch als schwierig, insbesondere in Situationen mit erheblichem Machtgefälle, wie bei Prüfungen oder Abschlussarbeiten.

Ausweitung des AGG auf das Zivilrecht
Derzeit schützt das AGG ausschließlich vor „sexueller Belästigung" im Arbeitsleben. Diese Form der Belästigung kann jedoch auch in anderen zivilrechtlichen Vertragsverhältnissen, wie bei Mietverhältnissen oder Mitgliedschaften, auftreten und erhebliche Rechte der Betroffenen beeinträchtigen. Ein entsprechender Schutz fehlt in diesen Bereichen bislang. Daher sollte Paragraf § 3 Absatz 4 AGG auf den gesamten zivilrechtlichen Bereich ausgedehnt werden, um „sexuelle Belästigung" auch bei der Inanspruchnahme von Dienstleistungen zu erfassen.

Ausweitung des AGG auf Freiberufler*innen
Das AGG schützt derzeit nur Beschäftigte. Freiberuflich Arbeitende, Beschäftigte in Fremdbetrieben und Freiwilligendienstleistende sind nicht ausreichend geschützt. Auch Praktikant*innen sind derzeit nicht erfasst. Der Anwendungsbereich in Paragraf § 6 Absatz 1 AGG sollte daher um diese Gruppen erweitert und der Schutz für Beschäftigte in Fremdbetrieben auf alle Formen des Fremdpersonaleinsatzes ausgeweitet werden.

Ausweitung des AGG auf ADM
Der digitale Wandel führt zunehmend zu automatisierten Entscheidungssystemen (ADM) im Arbeitsleben und Geschäftsverkehr. Algorithmen spielen dabei eine

zentrale Rolle, beispielsweise bei Bewerbungen oder Lohnberechnungen. Obwohl diese Systeme oft als objektiv gelten, können sie Vorurteile und Verzerrungen aus den verwendeten Daten enthalten, was zu Ungleichheit und Diskriminierung führen kann. Daher sollte der Einsatz von ADM als Diskriminierungsgrund in Paragraf § 3 AGG aufgenommen werden.

Beweislasterleichterung

In Gerichtsverfahren bleibt die Nachweisbarkeit ein erhebliches Problem. Betroffene müssen zunächst Anhaltspunkte oder Hinweise (Indizien) vorlegen, die auf eine Belästigung hindeuten. Erkennt das Gericht diese Indizien als ausreichend an und hält es die Belästigung für wahrscheinlich, kehrt sich die Beweislast um. Dann muss die andere Partei nachweisen, dass keine Belästigung stattgefunden hat. In der Praxis ist es jedoch oft schwierig zu bestimmen, welche Indizien ausreichend sind und wie sie gewichtet werden. Dies führt zu unterschiedlichen Auslegungen und Entscheidungen. Aktuell müssen Betroffene sowohl die Benachteiligung als auch die Indizien vollständig beweisen. Zwar sieht das AGG eine Beweislasterleichterung vor, doch diese reicht nicht aus. Es ist oft schwierig, die erforderlichen Indizien ohne konkrete Angaben zu den Gründen, beispielsweise einer Ablehnung von Bewerbenden oder Benachteiligung, zu erbringen. Um die Durchsetzung der Rechte nach dem AGG zu verbessern, sollte das Erfordernis des Nachweises auf eine Glaubhaftmachung herabgesenkt werden, das heißt, es sollte die überwiegende Wahrscheinlichkeit genügen. In Paragraf § 22 AGG sollten konkrete Regelbeispiele wie eidesstattliche Versicherungen, Testings oder das Fehlen einer Beschwerdestelle als hinreichende Indizien festgelegt werden.

Auskunftsanspruch

Das AGG sollte durch einen Auskunftsanspruch ergänzt werden, der es den Betroffenen ermöglicht, von der anderen Partei bestimmte Informationen zu verlangen, die ihre Position stützen könnten. Dadurch würden die Betroffenen entlastet, da sie nicht allein auf eigene Beweise angewiesen wären. Die Verweigerung einer Frage nach Auskunft könnte zudem ein Indiz für eine Diskriminierung sein.

Wirksame Sanktionen

Die europarechtlichen Vorgaben verlangen, dass Sanktionen bei „sexueller Belästigung" wirksam, verhältnismäßig und abschreckend sind, insbesondere bei der Höhe der Entschädigung. In der Praxis fallen diese Entschädigungen jedoch oft nur im niedrigen dreistelligen Euro-Bereich aus. Zudem gibt es Tendenzen in der Rechtsprechung, eine Mindestschwere der Tat zu verlangen, um eine Entschädigung zu erhalten. Eine solche „Bagatellgrenze" widerspricht jedoch dem Wortlaut und Zweck des AGG. Deshalb sollte in Paragraf § 15 und Paragraf § 21 AGG klar geregelt werden, dass Sanktionen bei Diskriminierungen tatsächlich wirksam, verhältnismäßig und abschreckend sein müssen.

Verbandsklagen

Betroffene schrecken oft vor der Geltendmachung ihrer Rechte zurück, da Gerichtsverfahren langwierig sind und hohe Kosten sowie Risiken mit sich bringen. Zudem erschwert die unklare Rechtsprechung im Antidiskriminierungsrecht die Bewertung der Erfolgsaussichten einer Klage, was zu einem Wirksamkeitsdefizit des Diskriminierungsschutzes führt. Ein Verbandsklagerecht und die Möglichkeit der Prozessstandschaft könnten dem entgegenwirken. Das Verbandsklagerecht ermöglicht es bestimmten

Organisationen oder Verbänden, im Namen ihrer Mitglieder*innen oder der Allgemeinheit Klage zu erheben. Dies bedeutet, dass diese Organisationen Rechte oder Ansprüche geltend machen können, ohne dass die einzelnen betroffenen Personen selbst klagen müssen. Die Prozessstandschaft erlaubt es einer Person oder Institution, im eigenen Namen, jedoch im Interesse von Dritten, Klage zu erheben. Das bedeutet, jemand kann in einem Rechtsstreit auftreten, um die Rechte einer anderen Person durchzusetzen, die selbst möglicherweise nicht in der Lage ist, dies zu tun. Das Verbandsklagerecht würde es qualifizierten Antidiskriminierungsverbänden ermöglichen, bei Fällen struktureller Diskriminierung ohne individuelle Betroffenheit zu klagen und so Grundsatzrechtsprechung zu schaffen, die Betroffenen Rechtssicherheit für eigene Klagen bietet. Die Prozessstandschaft würde den Verbänden erlauben, individuelle Rechte für Betroffene geltend zu machen und diese zu entlasten. Durch die Einführung eines Verbandsklagerechts und der Prozessstandschaft könnten Verbände, Gewerkschaften und Antidiskriminierungsorganisationen im Namen von Betroffenen klagen, was den kollektiven Rechtsschutz stärkt und den Betroffenen hilft, ihre Rechte durchzusetzen, ohne allein gegen mächtige Arbeitgebende oder Institutionen vorgehen zu müssen.

Stärkung von Betriebsräten und Gewerkschaften
Betriebsräte und Gewerkschaften sollten gestärkt werden, da sie eine wichtige Rolle dabei spielen, die Rechte der Arbeitnehmenden zu schützen und durchzusetzen. Sie können als Vermittelnde zwischen den Beschäftigten und den Arbeitgebenden auftreten, um sicherzustellen, dass Beschwerden über sexualisierte Gewalt ernst genommen und angemessen behandelt werden. Eine Stärkung dieser Institutionen ermöglicht es

ihnen, kollektiv für Verbesserungen im Arbeitsumfeld eintreten und so dazu beitragen, dass systematische Probleme angegangen werden.

Verlängerung der Beschwerdefrist

Die derzeitige Frist von zwei Monaten zur Einreichung von Beschwerden und zur Geltendmachung von Ansprüchen ist problematisch, da Belästigungen oft über längere Zeiträume auftreten und Betroffene zunächst Zeit benötigen, um das Erlebte zu verarbeiten und sich über mögliche Maßnahmen klar zu werden. Die bisherige kurze Frist führt dazu, dass viele Betroffene aufgrund fehlender Kenntnisse über ihre Rechte oder der Dringlichkeit zu spät handeln. Außerdem schränkt sie die Möglichkeiten einer gütlichen Einigung erheblich ein und vermindert insgesamt die Rechtsschutzmöglichkeiten der Betroffenen. Die Frist zur Geltendmachung von Ansprüchen sollte daher auf zwölf Monate verlängert werden. Eine längere Frist, wie sie teilweise bereits in Tarifverträgen und Betriebs- oder Dienstvereinbarungen vorgesehen ist, ermöglicht es den Betroffenen, in einem angemessenen Tempo Unterstützung zu suchen und fundierte Entscheidungen zu treffen, ohne zusätzlichem Druck ausgesetzt zu sein.

Verpflichtende außergerichtliche Einigungen

Betroffene von Benachteiligungen nach dem AGG sollten die Möglichkeit haben, außergerichtliche Einigungen zu erzielen. Derzeit kann die Antidiskriminierungsstelle des Bundes einen Versuch auf freiwillige gütliche Einigung anbieten, was allerdings selten genutzt wird, da die Teilnahme für die Gegenseite nicht verpflichtend ist. Um diesem Problem zu begegnen, sollte die Antidiskriminierungsstelle des Bundes die Befugnis zur verbindlichen Schlichtung erhalten. Wenn die betroffene Person dies wünscht und konkrete Anhaltspunkte für

Diskriminierung vorliegen, sollte die Teilnahme an der Schlichtung für die Gegenseite verpflichtend sein. Eine solche niedrigschwellige Schlichtungsstelle ermöglicht eine gütliche Streitbeilegung und kann somit einen Rechtsstreit vermeiden. Dies ist oft im Interesse aller Beteiligten, die eine außergerichtliche Lösung anstreben. Das Schlichtungsverfahren endet mit einem konkreten Ergebnis, dem Schlichtungsspruch, und stärkt damit das Vertrauen in den Rechtsstaat.

Nachhaltige Rahmenbedingungen
Zudem ist es wichtig, die Rahmenbedingungen für Beratungsangebote so zu gestalten, dass Betroffene flächendeckend und langfristig unterstützt werden.

Förderung von Forschungsprojekten
Mehr Forschung zu Ursachen, Auswirkungen und Präventionsmöglichkeiten führen zu wirksameren Strategien und Verbesserung bestehender Gesetze und Richtlinien. Die Förderung von Forschungen trägt auch dazu bei, ein tieferes Verständnis für die unterschiedlichen Dimensionen von sexualisierter Gewalt zu gewinnen, insbesondere in verschiedenen Branchen und Arbeitskontexten.

Stärkung der internationalen Zusammenarbeit
Da sexualisierte Gewalt auch am Arbeitsplatz ein globales Problem ist, ist eine weiterhin verstärkte internationale Zusammenarbeit wichtig. Deutschland sollte konsequent globale Standards und Best Practices mitentwickeln und sich mit anderen Ländern über erfolgreiche Maßnahmen austauschen.

FAKTEN ALS WAFFE:
DIE MACHT VON DATEN UND FORSCHUNG

Forschung und Daten sind entscheidende Instrumente im Kampf gegen sexualisierte Gewalt am Arbeitsplatz. Es ist notwendig, aktuelle und geschlechterübergreifende Daten und Statistiken zur Verfügung zu haben, um das Ausmaß des Problems zu verstehen, Trends zu erkennen und fundierte politische Entscheidungen treffen zu können.

Durch Forschung gewinnen wir wichtige Erkenntnisse, die als Grundlage für die Entwicklung effektiver Präventionsstrategien sowie intervenierender und aufklärender Maßnahmen dienen. Aktuelle Daten ermöglichen es, die Dynamiken sexualisierter Gewalt am Arbeitsplatz besser zu verstehen - durch die Identifizierung betroffener Branchen, Täter*innenprofile, der Auswirkungen auf die betroffenen Personen und die Arbeitsumgebung sowie indirekter Konsequenzen. Geschlechterübergreifende Daten und Statistiken bieten einen umfassenden Blick auf die Vielfalt der Erfahrungen und Herausforderungen im Zusammenhang mit sexualisierter Gewalt am Arbeitsplatz. Dies schließt die Berücksichtigung unterschiedlicher Geschlechteridentitäten und sexueller Orientierungen ein, um gezielte und inklusive Maßnahmen zu entwickeln, die allen Betroffenen gerecht werden.

Daher ist die politische Förderung von Forschung und der Zugang zu umfassenden Daten unerlässlich, um eine begründete Herangehensweise zur Bekämpfung sexualisierter Gewalt am Arbeitsplatz zu ermöglichen. Es müssen Ressourcen bereitgestellt und Maßnahmen ergriffen werden, um Forschende auf diesem Gebiet aktiv zu unterstützen, die Datenerhebung und -analyse zu verbessern und die Verfügbarkeit aktueller Daten sicherzustellen.

KAPITEL 11

DIE AKTIVE GESELLSCHAFT
DIE MACHT DER VIELEN

Die #MeToo-Bewegung hat weltweit gesellschaftlich das Bewusstsein für sexualisierte Gewalt und Belästigung geschärft.

Menschen wurden und werden ermutigt, ihre Erfahrungen zu teilen, und die Dringlichkeit, dieses Thema ernst zu nehmen, wurde in den Vordergrund gerückt.

Diese erhöhte Sichtbarkeit hat dazu beigetragen, gesellschaftliche Normen zu hinterfragen und Stereotype aufzubrechen. Denn wir sind viele.

#METOO:
DU AUCH?

Die Schauspielerin Alyssa Milano nutzte im Oktober 2017 den Hashtag #MeToo und forderte Frauen dazu auf, ihre Erfahrungen mit sexualisierter Gewalt zu teilen. Diese einfache und ebenso kraftvolle Aufforderung wurde von Millionen Menschen weltweit aufgegriffen und verbreitete sich schnell über soziale Medien. Die virale Natur der Kampagne ermöglichte es, dass persönliche Geschichten und Erfahrungen eine massive öffentliche Reichweite erlangten. Durch das Teilen ihrer Erfahrungen fühlten sich viele weitere Menschen ermutigt, ihre Geschichten zu erzählen. Diese Solidarität schuf eine unterstützende Gemeinschaft, in der Betroffene ihre Erfahrungen in einem sicheren Raum teilen konnten. Medien nahmen das Thema auf und berichteten umfassend über die Geschichten von Betroffenen und die damit verbundenen systematischen Probleme. Berichte über prominente Persönlichkeiten, die des sexuellen Fehlverhaltens beschuldigt wurden, brachten die Diskussionen in den Mainstream und schärften das öffentliche Bewusstsein.

#MeToo hat maßgeblich dazu beigetragen, dass sexualisierte Gewalt nicht mehr als privates oder marginales Problem angesehen wird. #MeToo hat Einstellungen verändert. #MeToo hat Betroffenen ermöglicht, sich Gehör zu verschaffen, die Unterstützung der Öffentlichkeit zu gewinnen und sich von Stigmata zu befreien. In vielen Ländern und Organisationen wurden gesetzliche und politische Reformen angestoßen, die sich mit sexualisierter Gewalt und deren Prävention befassen. Die #MeToo-Bewegung hat bewiesen, dass durch die kraftvolle Kombination aus öffentlichem Druck, Medienberichterstattung und individuellem Mut Tabus gebrochen werden und wir gemeinsam umdenken und anders handeln können - auch wenn wir noch nicht am Ende des durch #MeToo beschrittenen Weges angekommen sind.

NEUE STANDARDS:
DER GESELLSCHAFTLICHE CODE OF CONDUCT

Es braucht einen gemeinsamen Code of Conduct, der Gewaltfreiheit, Gleichberechtigung und Vielfalt in den Mittelpunkt stellt. Dieser Code of Conduct beinhaltet gemeinsame Werte, Normen und Regeln, die respektiert werden müssen. Jede*r kann im eigenen Umfeld dazu beitragen, Verantwortung zu übernehmen und sicherzustellen, dass Gewalt nicht toleriert wird. Dies kann bedeuten, aufmerksam zu sein und auf verdächtige Situationen hinzuweisen, Betroffenen Unterstützung anzubieten oder aktiv gegen Diskriminierung und Belästigung einzutreten.

Jede*r kann einen Unterschied machen. Dazu gehört auch, Zivilcourage zu zeigen – selbstverständlich immer nur, ohne sich oder andere in Gefahr zu bringen. Denn wenn wir uns nicht aktiv gegen Diskriminierung und Gewalt stellen oder keine Hilfe in konkreten Situationen holen, schaffen wir Raum für weiteren Missbrauch und immer gefährlichere Taten. Wir können als Menschen mehr füreinander eintreten - im Kleinen und im Großen. Häufig haben wir ein gutes Bauchgefühl dafür, in welchen Situationen wir wie eintreten sollten. Das können wir tun, indem wir:

Nicht wegschauen, sondern HINSEHEN!

Nicht ignorieren, sondern ZUHÖREN.

Nicht schweigen, sondern UNSERE STIMME ERHEBEN!

Immer dann, wenn wir Haltung beweisen und Hilfe holen, zeigen wir Zivilcourage. Natürlich bedeutet Zivilcourage auch, unsere Komfortzone zu verlassen, uns möglicherweise in für uns unangenehme Situationen zu begeben, uns ungefragt einzumischen und unsere Meinung zu sagen.

Wer Zivilcourage zeigt, geht oft Nachteile, Risiken und Gefahren ein, um sich einzusetzen und uneigennützig Hilfe zu leisten. Doch eine demokratische Gesellschaft ist ohne den von humanen und demokratischen Prinzipien geleiteten Mut nicht möglich.

Und was viele nicht wissen: Jede*r ist verpflichtet, im individuell möglichen Rahmen zu helfen. Helfen wir einem Menschen in Not nicht, machen wir uns unter Umständen der unterlassenen Hilfeleistung nach Paragraf § 323c StGB strafbar. Ebenso dürfen wir nach Paragraf § 32 StGB uns und andere im Notfall verteidigen, ohne rechtswidrig zu handeln. Dazu gehört, uns nicht unnötig in Gefahr zu bringen.

Doch was wir immer tun können, ist Hilfe holen, indem wir die Polizei rufen, andere um Unterstützung bitten oder uns an Sicherheitspersonal sowie Verantwortliche und Fachstellen wenden.

VERBINDEND ODER SPALTEND: DIE ROLLE DER MEDIEN

Medien spielen eine zentrale Rolle bei der Berichterstattung über sexualisierte Gewalt. Die Art und Weise, wie und ob sie über solche Fälle berichten - sei es in Unternehmen, im Alltag oder in der Gesellschaft insgesamt - hat einen erheblichen Einfluss darauf, wie wir alle mit diesem Thema umgehen. Medien spiegeln und bestimmen mit, wie Betroffene wahrgenommen und behandelt werden und welche Lösungen wir anstreben.

Ein Beispiel für den positiven Einfluss der Medien ist eine umfassende und gut recherchierte Berichterstattung über erfolgreiche Präventions-, Interventions- und Unterstützungsmaßnahmen. Zeitungen, Zeitschriften, Radio- und Fernsehsendungen sowie Podcasts, die über wirksame Ansätze berichten, tragen dazu bei, das Bewusstsein für sexualisierte Gewalt zu schärfen und positive Veränderungen zu fördern. Dokumentationen und investigative Filme, die tiefgreifende Einblicke geben, leisten ebenfalls wertvolle Aufklärungsarbeit. Ein weiteres Beispiel ist die Sensibilisierung der Öffentlichkeit für die Herausforderungen und Hürden, mit denen Betroffene konfrontiert sind. Medien, die umfassende Informationen und Recherchen bereitstellen und auf die rechtlichen sowie sozialen Aspekte von sexualisierter Gewalt hinweisen, tragen dazu bei, Vorurteile und Stereotypen abzubauen und Solidarität zu entwickeln. Dies gilt für alle Medienformate. Medien tragen jedoch auch eine große Verantwortung, wenn es um die Art der Berichterstattung geht. Sensationsberichterstattung und die Nutzung von Sexismus oder Rollenbildern als Unterhaltungsmomente sind mehr als problematisch - sie sind gefährlich. Eine respektvolle und integrative Berichterstattung ist unerlässlich, um die Wahrnehmung der Betroffenen zu stärken und gesellschaftliche Veränderungen herbeizuführen.

Unterhaltungssexismus für Klicks?

Besonders besorgniserregend sind die problematischen Darstellungen von sexualisierter Gewalt in Reality-TV-Sendungen. Diese Formate zeigen sexistische Kommentare, Geschlechterrollenklischees, diskriminierende Einstellungen und Grenzüberschreitungen.

Ob beim Dating, Vorsingen oder in Challenges - derartige Szenen sind nicht nur schockierend, sondern auch gefährlich. Sie reproduzieren und normalisieren diskriminierende und gefährliche Haltungen, die insbesondere für junge und beeinflussbare Zuschauer*innen problematisch sind. Menschen, die anstößige oder sexualisierte Darstellungen von Geschlechterrollen in Medien konsumieren, entwickeln eine höhere Toleranz gegenüber sexualisierter Gewalt - ein besorgniserregendes Phänomen. Diese Auswirkungen sind tiefgreifend und haben weitreichende Konsequenzen für die Wahrnehmung und das gesellschaftliche Verhalten. Doch Unterhaltungssexismus und die Objektifizierung von Menschen als sexuell verfügbare Statussymbole haben auch Auswirkungen auf die Wahrnehmung von eigenen und anderen Körpern, Sexualität und Grenzen.

Nicht nur Reality-TV, sondern auch Filme, Zeitschriften und Podcasts verbreiten problematische Darstellungen und Inhalte und fördern ungesunde Einstellungen und Verhaltensweisen. Denn die Verbreitung von sexistischen und übergriffigen Inhalten führt zu Nachahmungseffekten und kann letztlich in realer Gewalt enden. Es ist daher entscheidend, dass Medien kritisch prüfen, welche Inhalte sie verbreiten. Eine reflektierte und respektvolle Berichterstattung hat einen positiven Einfluss und stellt sicher, dass sexualisierte Gewalt angemessen thematisiert und zu einem gemeinsamen Thema wird, zu dessen Lösung wir uns miteinander verbinden.

ZUSAMMEN ENGAGIERT:
ZIELORIENTIERTE KOOPERATIONEN

Sexualisierte Gewalt zu beenden erfordert, auch das zeigen die vorhergegangenen Kapitel, koordinierte und gemeinsame Herangehensweisen. Ein isolierter Ansatz reicht nicht aus, um wirksame Lösungen zu finden.

Hier kommt die Zusammenarbeit verschiedener Akteur*innen ins Spiel: Unternehmen, Gewerkschaften, Betroffenenorganisationen, zivilgesellschaftliche Organisationen, NGOs (Nicht-Regierungs-Organisationen), Unternehmen, Bildungseinrichtungen, Kindergärten, Vereine, Sportstätten und alle anderen relevanten Stellen können engagiert zusammenarbeiten. Studien zeigen, dass eine zielorientierte Zusammenarbeit von entscheidender Bedeutung ist, um nachhaltige Veränderungen zu bewirken. Eine Studie des European Institute for Gender Equality (EIGE)[56] aus 2014 betont, dass eine koordinierte Kooperation verschiedener Stellen auf gesellschaftlicher, politischer und individueller Ebene notwendig ist.

Ein Beispiel für eine erfolgreiche Partnerschaft ist die Zusammenarbeit zwischen einer NGO, einer Bildungseinrichtung und einem Unternehmen:

Die NGO
bringt Fachwissen und Erfahrung im Umgang mit sexualisierter Gewalt ein.

Die Bildungseinrichtung
bietet die Plattform zur Sensibilisierung.

Das Unternehmen
stellt finanzielle Ressourcen für Präventionsprogramme bereit.

Durch diese gebündelten Ressourcen und Expertisen werden wirkungsvollere Strategien entwickelt und umgesetzt. Die Grundlage für eine erfolgreiche Partnerschaft liegt in Vertrauen, Respekt und gemeinsamen Zielen. Offene und transparente Kommunikation ist entscheidend, um Hindernisse zu überwinden und gemeinsam Lösungen zu finden. Dabei ist es wichtig, unterschiedliche Perspektiven zu berücksichtigen und die Bedürfnisse sowie Rechte der Beteiligten ernst zu nehmen. Die Stimmen von Überlebenden müssen gehört werden, um wirksame und einfühlsame Lösungen zu entwickeln.

Engagierte Partnerschaften haben das Potenzial, das Bewusstsein in der Gesellschaft zu schärfen und soziale Normen zu verändern. Durch gemeinsame Öffentlichkeitsarbeit, Kampagnen und Bildungsinitiativen rückt das Thema sexualisierte Gewalt verstärkt in den Fokus der Öffentlichkeit. Auch die World Health Organization (WHO) hebt in ihren Veröffentlichungen immer wieder hervor, wie wichtig Sensibilisierungskampagnen und Bildungsinitiativen sind, um das Bewusstsein für sexualisierte Gewalt zu erhöhen und die Kultur der Toleranz zu verändern.
Die politische Förderung solcher Kooperationen stärkt die gemeinsamen Bemühungen, bewährte Verfahren auszutauschen und Ressourcen zu bündeln, um so effektive Maßnahmen zu ergreifen.

Die Bedeutung der Zusammenarbeit und Koordination kann gar nicht genug betont werden!

VON OPFERN ZU ÜBERLEBENDEN: WAS WORTE BEWIRKEN

Die Art und Weise, wie wir über sexualisierte Gewalt am Arbeitsplatz sprechen und denken, hat tiefgreifende Auswirkungen. Der Wandel von der Bezeichnung „Opfer" hin zu „Überlebenden" und die damit verbundene Veränderung der Haltung sind beispielsweise von zentraler Bedeutung für die Unterstützung und Stärkung der Betroffenen.

Worte sind mehr als nur aneinandergereihte Buchstaben.

Sie formen unsere Wahrnehmung und beeinflussen das Selbstverständnis der betroffenen Personen.

Opfer

Der Begriff „Opfer" ruft ungewollte Assoziationen von Schwäche, Hilflosigkeit und Ohnmacht hervor. Diese Bezeichnung kann das Gefühl verstärken, dass die betroffene Person dauerhaft unterlegen oder in ihrer Identität durch das erlebte Trauma definiert ist.

Überlebende*r

Im Gegensatz dazu trägt die Bezeichnung „Überlebende" und „Überlebender" oder „Survivor" eine positive Konnotation von Widerstandskraft, Stärke und Selbstermächtigung. Sie erkennt an, dass die betroffene Person nicht nur ein Opfer der Umstände ist, sondern eine aktive Rolle in ihrem eigenen Heilungsprozess spielt. Die Transformation von „Opfern" zu „Überlebenden" ermutigt, Betroffene als resilient und handlungsfähig zu betrachten und fördert Kontrolle über ihre Geschichte.

Haltung

Haltung ist ein Weg zur Heilung. Eine respektvolle und unterstützende Haltung erkennt die Schwere der Erlebnisse und respektiert die persönliche Integrität. Sie schafft eine geschützte Umgebung. Eine respektvolle Haltung fördert Heilungsprozesse und beeinflusst das allgemeine Arbeitsklima positiv. Eine Kultur der Wertschätzung und des Verständnisses erhöht die Bereitschaft, Vorfälle offen anzusprechen und Lösungen zu finden.

Selbstwirksamkeit

Indem wir die Sprache und die Art und Weise, wie wir über sexualisierte Gewalt sprechen, verändern, leisten wir einen wichtigen Beitrag zur breiteren gesellschaftlichen Veränderung und werden selber wirksam. Wir senden das Signal, dass wir sexualisierte Gewalt ernst nehmen und die Betroffenen als starke und fähige Individuen betrachten. Dies verstärkt das Umdenken in der Gesellschaft und verringert Stigmatisierungen und Vorurteile sowie Fehlreaktionen.

Darüber hinaus beeinflusst die Art und Weise, wie wir sprechen und denken, Veränderungen, die entscheidend sind für den Aufbau von Strategien, die letztlich allen zugutekommen.

ECHTE GLEICHBERECHTIGUNG: DER KOLLEKTIVE WEG

Echte Gleichberechtigung ist untrennbar mit der Strategie zur Beseitigung sexualisierter Gewalt verbunden. Der Weg dahin erfordert eine gemeinsame Anstrengung von Gesellschaft, Institutionen, Gemeinschaften und Einzelpersonen, um strukturelle Veränderungen herbeizuführen und kollektives Bewusstsein zu schaffen. Dieser Weg erfordert die Zusammenarbeit aller Geschlechter. Echte Gleichberechtigung bedeutet, dass alle Menschen - unabhängig von Geschlecht oder Geschlechtsidentität - die gleichen Rechte, Chancen und Möglichkeiten haben. Jede*r von uns kann dazu beitragen, Geschlechterbilder und -rollen zu hinterfragen und gleiche Chancen für alle zu fördern.

Insbesondere Männer sind heute stärker denn je gefordert, sich aktiv und feministischer für die Förderung von Gleichberechtigung einzusetzen und sich gegen sexualisierte Gewalt zu stellen. Während Frauen dies an vielen Stellen bereits tun, fühlen sich Männer häufig überfordert oder unsicher in Bezug auf ihre Rolle im Feminismus. Doch Feminismus bedeutet eben nicht nur, sich für die Rechte der Frauen einzusetzen. Das Ziel ist nicht, Männer durch Frauen an der Macht zu ersetzen. Vielmehr geht es in vielen feministischen Ansätzen darum, eine gerechte Verteilung von Macht und Ressourcen sowie mehr Selbstbestimmung für alle Geschlechter zu erreichen. Es geht darum, Strukturen zu schaffen, die es jedem Menschen ermöglichen, sein oder ihr Leben frei von Diskriminierung und Gewalt zu führen. Doch nicht alle Menschen teilen diesen Gedanken.

Besonders deutlich wird dies bei der Diskussion um #NotAllMen oder #NichtAlleMänner.

#NOTALLMEN:
NICHT ALLE MÄNNER UND DOCH ZU VIELE

Der Hashtag #NotAllMen entstand als Reaktion auf die zunehmende Sichtbarkeit von Diskussionen über geschlechtsspezifische und sexualisierte Gewalt, insbesondere von Männern gegen Frauen. Der Ausdruck wurde in den sozialen Medien der frühen 2000er Jahre populär und soll darauf hinweisen, dass nicht alle Männer sexualisierte Gewalttaten begehen. Einige Männer nutzen den Hashtag, um sich von den Vorwürfen zu distanzieren und zu betonen, dass sie nicht Teil des Problems sind. Doch so einfach ist es nicht.

Der Hashtag ist umstritten, denn er lenkt oft vom eigentlichen Thema ab. Kritiker*innen argumentieren, dass die Diskussion über geschlechtsspezifische Gewalt nicht alle Männer anklagt, sondern auf die systemischen Probleme hinweist, die solche Gewalt ermöglichen. Wenn Männer den Hashtag #NotAllMen verwenden, um sich zu verteidigen, lenkt dies die Aufmerksamkeit von den Erfahrungen der Betroffenen und von der gemeinschaftlichen Lösung des Problems ab.

Fakt ist: Frauen erleben weltweit und auch in Deutschland deutlich mehr physische Belästigungen als Männer. Auch die Tatpersonen sind in beiden Fällen meistens Männer. Männer stellen für Frauen eine potenzielle Gefahr dar. Frauen können nicht wissen, welcher Mann potenziell gefährlich ist und welcher nicht. Daher schätzen Frauen Männer als vertrauenswürdig oder potenziell gefährlich ein, je nach ihren bisherigen Erfahrungen. Männer im familiären oder beruflichen Umfeld erhalten häufig einen Vertrauensvorschuss, was es gleichzeitig umso schwieriger macht, tatsächliche Täter zu identifizieren und zu konfrontieren.

Und was ist mit den Männern, die noch unbekannt sind oder

Zufallsbegegnungen darstellen? Mit Männern, die nachts auf der Straße hinter Frauen laufen, die im selben Aufzug stehen oder denen wir auf einer Veranstaltung begegnen?

Wir alle wissen, dass nicht alle Männer sexistisch sind, sexuelle Übergriffe begehen oder als Sexualstraftäter auf die Welt kommen. Doch fast alle Frauen erleben in ihrem Leben irgendwann auf irgendeine Weise sexualisierte Gewalt: in Form von Sexismus, Frauenfeindlichkeit oder tatsächlichen körperlichen Übergriffen - zu Hause, auf der Straße oder am Arbeitsplatz. Diese Erfahrungen beeinflussen das tägliche Leben von Frauen.

Unsicherheit führt zu Vermeidung

Diese Unsicherheit bei Frauen führt oft zu einem Gefühl der Angst und des Unbehagens, da die Absichten von Männern nicht bekannt sind. Es ist eine ständige Abwägung zwischen der Hoffnung, dass der andere kein Bedrohungspotenzial darstellt, und der Vorsicht, die eigene Sicherheit zu wahren. Viele Frauen berichten, dass sie in solchen Situationen automatisch Vorsichtsmaßnahmen ergreifen: Sie halten ihren Schlüssel griffbereit, ändern die Straßenseite, vermeiden Augenkontakt oder tun so, als würden sie telefonieren.

Eine weitere Folge dieser Unsicherheit darüber, wer potenziell gefährlich sein könnte, ist, dass Frauen - und selbstverständlich auch andere von sexualisierter Gewalt betroffene Personen - Vermeidungsstrategien in ihren Alltag integrieren. Viele passen ihr Verhalten an, um sich vor möglichen Gefahren zu schützen. Sie tragen weite Kleidung, vermeiden es, nachts allein unterwegs zu sein, bevorzugen weibliche Taxifahrerinnen, nutzen Apps für einen sicheren Weg nach Hause und verabreden Notfallsignale mit Freund*innen. Diese Vorsichtsmaßnahmen schränken ihr Leben, ihre individuelle Ausdrucksweise und ihr Verhalten ein.

Männer hingegen profitieren in vielerlei Hinsicht von patriarchalen und sexistischen Strukturen. Sie haben oft bessere Chancen auf eine Anstellung und werden für dieselbe Arbeit besser bezahlt als Frauen. Männer werden auch seltener zu Betroffenen von sexualisierter Gewalt am Arbeitsplatz.

Die Nutzung des Hashtags #NotAllMen kann daher als Weigerung interpretiert werden, die strukturelle Gewalt anzuerkennen, unter der Frauen weltweit leiden. Anstatt sich durch solche Diskussionen angegriffen zu fühlen, sollten Männer jedoch die Gelegenheit nutzen, die Missstände anzuerkennen und zu verstehen, dass Diskussionen über Gewalterfahrungen darauf abzielen, auf diese Probleme aufmerksam zu machen und proaktiv positive Veränderungen herbeizuführen - und nicht darauf, alle Männer zu verteufeln.

Um Frauen in Alltagssituationen und am Arbeitsplatz ein Gefühl von Sicherheit zu geben, können Männer beispielsweise ihr Verhalten bewusst anpassen und Rücksicht auf die Wahrnehmung ihrer Kolleg*innen nehmen. Im öffentlichen Raum können Männer die Straßenseite wechseln oder den Abstand vergrößern, um einer Frau das Gefühl zu ersparen, verfolgt zu werden. Sie können darauf achten, ihre Körpersprache und ihren Tonfall zu kontrollieren, um keine ungewollte Bedrohung auszustrahlen. Sie können sich bewusst respektvoll und grenzwahrend verhalten, besonders in Situationen, in denen sich Frauen verletzlich fühlen, wie zum Beispiel in öffentlichen Verkehrsmitteln oder engen Räumen. Am Arbeitsplatz können Männer ihre Privilegien reflektieren und sich bemühen, Frauen bei der Karriereentwicklung aktiv zu unterstützen, indem sie beispielsweise Mentoring anbieten oder sich für die Gleichstellung in ihrem Unternehmen einsetzen. Sie können aufmerksam sein und sicherstellen, dass sie respektvolle und unterstützende Kollegen sind. Dazu gehört es, auf körperliche Distanz zu achten, keine unnötige körperliche Nähe herzustellen und stattdessen sicherzustellen, dass Frauen in Gesprächen und Meetings zu Wort kommen und gehört werden. Männer können auch aktiv eingreifen, wenn sie sexistische Bemerkungen oder Verhaltensweisen beobachten. Solche kleinen Gesten machen bereits einen großen Unterschied im subjektiven Sicherheitsempfinden von Frauen. Sie sind Teil einer größeren Anstrengung und elementar.

#TooManyMen & #YesAllWomen

Um diese Bemühungen und das Bewusstsein für die Problematik zu unterstützen, hat der Hashtag #TooManyMen in letzter Zeit an Bedeutung gewonnen. Frauen teilen unter diesem Hashtag ihre Erfahrungen und machen deutlich, wie schwierig es ist, sich in einer von Männern dominierten Welt sicher zu fühlen. Dabei betonen sie, dass es nicht darum geht, alle Männer über einen Kamm zu scheren, sondern auf die Vielzahl der Situationen hinzuweisen, in denen immer noch zu viele Männer als Bedrohung wahrgenommen werden sowie sich bewusst oder unbewusst bedrohlich verhalten. Männer werden aufgefordert, sich aktiv an diesem Wandel zu beteiligen, indem sie ihre eigene Rolle reflektieren, Bewusstsein schaffen und sich solidarisch mit denjenigen zeigen, die von diesen Missständen betroffen sind.

Parallel dazu hat sich der Hashtag #YesAllWomen etabliert, unter dem Frauen ihre häufigen Erlebnisse mit Belästigung, Diskriminierung und sexueller Gewalt teilen, um die Lebensrealität von Frauen zu verdeutlichen. Die Masse dieser Berichte zeigt, dass es sich nicht um isolierte Einzelfälle handelt, sondern um ein tief verwurzeltes, systemisches Problem.
Beide Hashtags unterstreichen die Notwendigkeit umfassender gesellschaftlicher und struktureller Veränderungen im Miteinander.

SEXUALISIERTE GEWALT BEENDEN

KAPITEL 12

KOMPETENZEN
FÜR SICHERE HILFEN

Sexualisierte Gewalt am Arbeitsplatz betrifft nicht nur die betroffenen Personen direkt, sondern auch die Ansprechpersonen, die ihnen zur Seite stehen (sollen).

Dabei stehen diese oft unter großem Druck, denn sie müssen einerseits neutral sein und die Betroffenen unterstützen, andererseits möglicherweise gegen Kolleg*innen ermitteln und Schritte einleiten, die vom Unternehmen nicht unbedingt gewünscht sind.

Und das ist herausfordernd.

VON NULL AUF HELD:
SOUVERÄNE ANSPRECHPERSONEN

Nicht immer haben Ansprechpersonen ihre Position freiwillig übernommen. Umso anspruchsvoller ist es, dieser Herausforderung gerecht zu werden. Ansprechpersonen müssen sich von Hierarchien und Loyalitäten lösen und entsprechende Kompetenzen entwickeln (dürfen). Es erfordert Einfühlungsvermögen und Sensibilität gegenüber den Erfahrungen und Gefühlen der Betroffenen, um ihnen respektvoll und verständnisvoll zu begegnen. Dabei ist wichtig zu beachten, dass Ansprechpersonen in der Regel keine rechtlichen oder therapeutischen Expert*innen sind und Betroffene bei Bedarf an entsprechende Fachleute oder Ressourcen weiterleiten sollten.

Gleichzeitig müssen sie sicherstellen, dass alle Informationen vertraulich behandelt und den Datenschutzbestimmungen entsprechend verarbeitet werden, es sei denn, es bestehen rechtliche oder ethische Verpflichtungen zur Offenlegung. Neutralität und Unparteilichkeit sind essenziell, damit Ansprechpersonen keine voreingenommenen Meinungen vertreten, sondern Situationen möglichst objektiv bearbeiten und Betroffene ermutigen, ihre eigenen Entscheidungen zu treffen, ohne Druck auszuüben.

Neben empathischer Kommunikation sind Fachwissen und Kompetenz im Umgang mit sexualisierter Gewalt erforderlich. Ansprechpersonen sollten über die geltenden Gesetze, Richtlinien und Verfahren informiert sein und Betroffene entsprechend beraten. Die Sicherheit und der Schutz der Beteiligten müssen während des gesamten Prozesses gewährleistet sein: durch die Bereitstellung von Informationen über Unterstützungsdienste, die Sicherung von Beweisen oder die Umsetzung von Schutzmaßnahmen. Dazu gehört auch, den Betroffenen über den ersten Kontakt hinaus weiterhin

Unterstützung anzubieten und sicherzustellen, dass sie Zugang zu angemessener Hilfe und Ressourcen haben.

Zusätzlich ist kulturelle Sensibilität von Bedeutung, damit Ansprechpersonen respektvoll mit individuellen Hintergründen, Werten und Bedenken umgehen. Eine klare und verständliche Kommunikation informiert über den Prozess, die Optionen und die Ressourcen, die in der individuellen Situation zur Verfügung stehen. Ansprechpersonen sollten ihre Kompetenzen durch gezielte Weiterbildung und regelmäßige Reflexion konstant optimieren. Durch den Austausch mit erfahrenen Kolleg*innen oder Mentor*innen lernen sie von deren Erfahrungen. Indem sie Feedback von Gesprächspartner*innen einholen und ihre eigene Kommunikationsweise kontinuierlich hinterfragen und anpassen, stärken sie ihre fachlichen und kommunikativen Fähigkeiten und füllen ihre Rolle souverän aus. Die folgenden praxiserprobten Methoden   und Kommunikationsstrategien unterstützen dabei.

DIE METHODE AKTION©:
FÜR EMPATHISCHE REAKTIONEN

Die von der act & protect® Academy entwickelte Methode AKTION© ist ein erster Ansatz, um Ansprechpersonen in konkreten Situationen kommunikativ zu unterstützen. Denn durch umfassende Kompetenzentwicklung werden Ansprechpersonen zu wahren und selbstsicheren Helden. Sie spielen eine wichtige Rolle im Umgang mit sexualisierter Gewalt.

Die AKTION©-Methode bietet eine praxisnahe Anleitung für Führungsverantwortliche und Ansprechpersonen, um in herausfordernden und emotionalen Gesprächen empathisch und sicher zu agieren. Durch aufmerksames Zuhören, klare Kommunikation und das Teilen von Unterstützungsmöglichkeiten wird die Grundlage für eine sichere und unterstützende Umgebung geschaffen. Das Implementieren von Mut, das Organisieren von Ressourcen und das Nachhalten des Fortschritts sind entscheidende Schritte, um langfristige Unterstützung und Vertrauen aufzubauen. Die Methode fördert das Vertrauen und stellt sicher, dass die betroffene Person die erforderliche Hilfe erhält und sich in ihrer Arbeitsumgebung geschützt fühlt. Idealerweise findet ein solches Gespräch in einem ruhigen, abgeschirmten Raum ohne ungewollte Beobachtende oder Zuhörende statt.

Warum ist das wichtig?
Das Gespräch in einem geschützten Raum ist entscheidend, um das Vertrauen der beteiligten Personen zu wahren und eine offene Kommunikation zu ermöglichen. Es schützt die Privatsphäre und sorgt dafür, dass sensible Informationen nicht unbeabsichtigt an Dritte gelangen. Dies fördert die Integrität des Gesprächs und schafft eine sichere und vertrauensvolle Umgebung. Weitere Aspekte sind:

Diskretion

Achten Sie darauf, dass keine Störungen oder Unterbrechungen während des Gesprächs stattfinden. Die betroffene Person sollte genügend Zeit haben, um den Vorfall ausführlich zu schildern. Stellen Sie zu Beginn nur wenige Fragen und reduzieren Sie Unterbrechungen auf ein Minimum. Bevor Sie Notizen machen, holen Sie sich die Erlaubnis ein, und erklären Sie, warum diese Notizen notwendig sind.

Vertraulichkeit

Sprechen Sie die Vertraulichkeit an: Wie wird mit der Beschwerde verfahren und wer muss darüber informiert werden? Erklären Sie Ihre Rolle klar und verständlich. Stellen Sie sicher, dass alle Inhalte vertraulich behandelt werden und nur autorisierte Personen Zugang haben. Nutzen Sie sichere Netzwerkumgebungen und IT-Lösungen.

Empathie und Sensibilität

Gehen Sie einfühlsam auf die Gesprächspartner*innen ein und zeigen Sie Verständnis für ihre Anliegen. Signalisieren Sie, dass der Vorfall ernst genommen wird. Vereinbaren Sie einen weiteren Gesprächstermin, um die nächsten Schritte oder Ergebnisse zu besprechen. Machen Sie die nächsten Schritte transparent: Welche Informationen erhält die beschuldigte Person? Welche Maßnahmen sind möglich und vorgesehen? Wie geht es weiter? Sichern Sie nur Maßnahmen zu, die auch eingehalten werden. Weisen Sie auf externe Unterstützungsmöglichkeiten durch Beratungsstellen,

Familie, Ärzt*innen und therapeutische Fachkräfte hin. Führen Sie auch nach dem Gespräch alle Verfahrensschritte nur in Rücksprache mit der betroffenen Person durch. Stellen Sie sicher, dass sie in jedem Fall informiert wird, bevor die beschuldigte Person mit den Vorwürfen konfrontiert wird. Insbesondere wenn Dritte einbezogen werden, sollten Sie das Einverständnis der betroffenen Person einholen. Gegenüberstellungen sind kein geeignetes Mittel und unbedingt zu vermeiden.

Dokumentation

Notieren Sie wichtige Punkte des Gesprächs, um alle relevanten Informationen zu sammeln - in Übereinstimmung mit den Datenschutzrichtlinien. Erfassen Sie den Vorfall so detailliert wie möglich. Erläutern Sie Ihre Fragen und Nachfragen, um Transparenz zu gewährleisten und den Eindruck eines Verhörs sowie Missverständnisse zu vermeiden. Machen Sie deutlich, dass detaillierte Angaben über Zeug*innen oder Gedächtnisprotokolle von großer Bedeutung sind.

Objektivität

Nehmen Sie während des gesamten Prozesses eine möglichst neutrale Position ein. Interpretieren und bewerten Sie nicht, sondern dokumentieren Sie objektiv. Lassen Sie Ihre eigene Meinung oder Emotionen nicht einfließen, um eine faire und unvoreingenommene Behandlung des Vorfalls zu gewährleisten.

Ein solches Vorgehen stärkt Vertrauen sowie Zutrauen und schafft die Grundlage für eine konstruktive und respektvolle Kommunikation während des Prozesses.

Ein Erstgespräch nach der Methode AKTION©

Einleitung

„Danke, dass du dich mir anvertraust. Ich möchte sicherstellen, dass wir in einer sicheren und vertrauensvollen Umgebung sprechen können. Ist das für dich in Ordnung?"

A - ufmerksam und offen Zuhören

„Gut, dass Sie das ansprechen."
„Ich kann verstehen, dass..."
„Ich bin hier, um dir zuzuhören und dich zu unterstützen."

K - lar Kommunizieren

„Zunächst möchte ich klarstellen, dass sexualisierte Gewalt für mich absolut inakzeptabel ist."
„Ich nehme dein Anliegen sehr ernst und ich bin hier, um dich zu unterstützen, indem ich..."
„Ich werde die Vorgaben unserer internen Leitlinien einhalten, das bedeutet..."

T - eilen von Unterstützungsmöglichkeiten

„Es gibt folgende Unterstützungsmöglichkeiten..."
„Ich stelle gerne den Kontakt her."
„Die Mail mit den Kontaktdaten bekommen Sie direkt von mir."

I - mplementieren von Mut

„Sie haben bereits einen wichtigen Schritt gemacht!"
„Es erfordert viel Mut, das zu tun."
„Das Unternehmen wird alles daransetzen, eine gute Lösung zu finden."

O - rganisieren und Aktivieren von Ressourcen

„Ich werde sofort die entsprechenden Schritte einleiten…"
„Sie können sich an diese Person wenden…"
„Bitte zögere nicht, mich oder die Vertrauenspersonen zu kontaktieren, wenn du weitere Fragen hast."

N - achhalten und Nachfragen

„Wir werden uns regelmäßig treffen, um sicherzustellen, dass Sie die notwendige Unterstützung erhalten."
„Ist es in Ordnung für dich, wenn ich dich nächste Woche wieder kontaktiere?"

Abschluss

„Danke, dass du mit mir gesprochen hast. Wir werden gemeinsam daran arbeiten, dass du dich sicher fühlst und Unterstützung bekommst."

Je nach internen Richtlinien, beteiligten Persönlichkeiten und Unternehmenskultur können solche Gespräche individuell gestaltet werden.

Üben Sie das.
In Gedanken, mit Kolleg*innen und Supervisor*innen. Denn je sicherer Sie selber in Ihrer Gesprächsführung sind, desto mehr Sicherheit und Zutrauen können Sie auch den betroffenen Personen vermitteln.

GESPRÄCHE MIT BESCHULDIGTEN: KLÄRUNG UND VERANTWORTUNG

Beschuldigte Personen haben das Recht auf eine objektive und sachliche Durchführung der Untersuchung. Die rechtliche Bewertung und die Auswahl der Maßnahmen hängen von den spezifischen Umständen jedes Einzelfalls ab. Arbeitgebende, Ansprechpersonen, Prozessbeteiligte und Führungsverantwortliche müssen daher mit Bedacht und Verantwortung vorgehen, um den Schutz der betroffenen Person zu gewährleisten und gleichzeitig die Rechte der beschuldigten Person zu wahren sowie sie vor dem Flurfunk und daraus folgender Verleumdung und Mobbing zu schützen.

Im akuten Fall ist es für alle verantwortlichen Personen unerlässlich, sofort zu handeln, um die Benachteiligung durch die beschuldigte Person zu stoppen. Gleichzeitig ist es wichtig, den Sachverhalt umfassend zu klären, um eine fundierte Entscheidung treffen zu können. Wie „sexuelle Belästigung" zu bewerten ist, hängt stets vom Einzelfall ab. Die Feststellung, ob eine Tat stattgefunden hat, erfolgt zunächst unabhängig vom Kontext, Arbeitsumfeld oder der Situation. Die zentrale Frage lautet: Hat die „sexuelle Belästigung" stattgefunden oder nicht?

Ein Personalgespräch mit der beschuldigten Person ist dafür notwendig - auch, um ihr die transparente Möglichkeit zu geben, Stellung zu den Vorwürfen zu beziehen. Dabei geht es darum, eine umfassende Schilderung des Vorfalls zu erhalten und der beschuldigten Person die Gelegenheit zu geben, ihre Sichtweise darzulegen. Im Verlauf des Gesprächs ist Neutralität das oberste Gebot. Streitet die beschuldigte Person die Vorwürfe ab, müssen die für die Untersuchung verantwortlichen Personen die Glaubhaftigkeit der Aussagen überprüfen. Dabei hilft es, bereits während des Gesprächs auf die Reaktionen der beschuldigten Person zu achten.

Überraschung
Ist die beschuldigte Person von den Vorwürfen überrascht? Eine authentische Reaktion der Überraschung kann ein Indikator dafür sein, dass die Person sich der Vorwürfe nicht bewusst war. Eine betonte Überraschung könnte hingegen auf eine gespielte Reaktion hindeuten.

Ernsthaftigkeit
Nimmt die beschuldigte Person die Vorwürfe ernst oder versucht sie, die Situation zu verharmlosen? Eine ernste und reflektierte Reaktion deutet darauf hin, dass die beschuldigte Person die Schwere der Situation erkannt hat. Im Gegensatz dazu kann eine Verharmlosung oder das Herunterspielen der Vorwürfe ein Zeichen dafür sein, dass die beschuldigte Person die Verantwortung für ihr Verhalten nicht übernehmen möchte.

Wissen
Kennt die beschuldigte Person den beschriebenen Vorfall? Wie reagiert sie darauf? Ist sie sich des Problems bewusst? Reagiert sie mit Rechtfertigung, Verharmlosung oder Schuldumkehr? Eine Reaktion, die auf Schuldumkehr abzielt, kann auf eine Verteidigungshaltung und das Leugnen der eigenen Verantwortung hinweisen.

Nach dem Gespräch sollten Sie die Reaktionen und Aussagen der beschuldigten Person sorgfältig dokumentieren. Gibt die beschuldigte Person die Tat zu, sind unverzüglich entsprechende Sanktionen zu ergreifen.

Auch im Falle einer anderweitigen Bestätigung der Vorwürfe müssen geeignete Maßnahmen ergriffen werden. Diese können, je nach Einzelfall, von präventiven Maßnahmen über Abmahnungen bis hin zu Kündigungen reichen. Arbeitgebende haben dabei einen Ermessensspielraum, der sich jedoch bei schweren Verstößen erheblich reduziert. Es liegt in der Verantwortung der Führungsverantwortlichen, die Schwere und Nachweisbarkeit des Vorfalls sowie angemessene Maßnahmen sorgfältig zu prüfen. Dabei spielen Faktoren wie Wiederholung, Reue der belästigenden Person und der allgemeine Kontext des Vorfalls eine entscheidende Rolle.

Wird der Vorwurf konsequent abgestritten, bleibt die Situation oft kompliziert. In solchen Fällen ist es hilfreich, externe Ansprechpersonen hinzuzuziehen, wie etwa Konfliktberatungen, Frauen- und Gewaltberatungsstellen, oder auch psychologische und anwaltliche Beratungen.

Nach dem Gespräch ist es zudem wichtig, die betroffene Person darüber zu informieren, dass das Gespräch stattgefunden hat, ohne jedoch vertrauliche Details preiszugeben.

ERMÄCHTIGUNG STATT OHNMACHT: #GEMEINSAMMEHRBEWEGEN

In jedem Unternehmen sollte es für die gesamte Belegschaft, unabhängig von ihrer Position oder Dauer im Unternehmen, die Möglichkeit oder sogar Verpflichtung geben, sich weiterzubilden und ihre Kompetenzen in Sensibilität, Selbstwirksamkeit, Kommunikation und Verhaltensweisen weiterzuentwickeln. Denn Unternehmen haben eine riesengroße Chance, ein klares Statement zu setzen - und das wirkt sich positiv aus.

Dafür ist es an der Zeit, individuell und kollektiv unsere eigenen Denk- und Verhaltensweisen zu erkennen und stereotype sowie sexualisierte Aspekte in unserem Denken, Reden und Handeln zu hinterfragen und zu verändern. Es geht darum, Vorurteile abzubauen und alltägliche Einstellungen kritisch zu überprüfen, um eine wertschätzende und inklusive Arbeitskultur zu gestalten und einen gemeinsamen Code of Conduct zu implementieren.

Regelmäßige Maßnahmen für alle Angestellten, einschließlich der Führungsebene sowie neu eingestellter Personen, sollten selbstverständlich sein. Es ist wichtig, allen die nötigen Werkzeuge und Ressourcen zur Verfügung zu stellen. Darüber hinaus ist eine offene Kommunikationskultur elementar, in der alle sich sicher fühlen, ihre Erfahrungen zu teilen und Unterstützung zu erhalten.

Indem Unternehmen auf Empowerment statt Ohnmacht setzen, tragen sie aktiv dazu bei, eine positive Veränderung am Arbeitsplatz herbeizuführen und eine Unternehmenskultur zu schaffen, in der alle zu Multiplikator*innen des Wandels werden.

NULL TOLERANZ, VOLLE WIRKUNG: FÜHRUNG ALS VORBILD

Die Schaffung einer wertschätzenden Kultur ist eine spannende Reise. Häufig ist dafür ein Paradigmenwechsel erforderlich. Statt Ohnmacht und Ignoranz ist Empowerment gefragt - und das betrifft alle Unternehmensbeteiligten als großes, sich gegenseitig bedingendes und verstärkendes Team. Unternehmen müssen dafür mehr tun als nur Lippenbekenntnisse abzugeben. Oder zu festgelegten Zeiten farbige Fahnen zu schwingen. Ein echter Wandel erfordert Mut und Engagement, auch wenn das bedeutet, aus der Komfortzone auszutreten. Doch der Gewinn, den Unternehmen und alle Beteiligten erfahren, ist riesig!

Eine entscheidende Rolle dabei spielen die Führungsverantwortlichen. Sie sind Vorbilder und Verantwortungstragende, Multiplikator*innen und Transformator*innen. Indem sie klare Botschaften senden und deutlich machen, dass sexualisierte Gewalt inakzeptabel ist und konsequent geahndet wird, stärken sie nicht nur die eigene Position, sondern festigen auch die Arbeitskultur. Führungsverantwortliche müssen die festgelegten Richtlinien und Verfahren zur Prävention und Intervention von sexualisierter Gewalt kennen, einhalten und sicherstellen, dass auch ihre Teams dies tun. Für Sie als führungsverantwortliche Person bedeutet das konkret:

Klare Haltung zeigen
Als Führungsverantwortliche*r ist es entscheidend, Ihrem Team unmissverständlich klarzumachen, was „sexuelle Belästigung" ist. Verdeutlichen Sie, dass „sexuelle Belästigung" und sexualisierte Gewalt in Ihrem Team nicht toleriert wird und dass es bei Taten dienst- und arbeitsrechtliche Konsequenzen gibt. Lehnen Sie es entschieden ab, solche Vorfälle als Witz oder

Missverständnis zu bagatellisieren. So stärken Sie auch Ihre Rolle und Position.

Enttabuisierung des Themas
Sprechen Sie das Thema offen an - auch unabhängig von einem konkreten Vorfall. Signalisieren Sie, dass Sie als Ansprechperson für alle zur Verfügung stehen und benennen und befähigen Sie, wenn möglich, weitere Ansprechpersonen unterschiedlichen Geschlechts.

Teamkultur gestalten
Schaffen Sie ein Arbeitsumfeld, das präventiv wirkt. Verschaffen Sie sich einen Überblick über mögliche Risikofaktoren, wie Infrastruktur, Arbeitszeiten oder Teamkultur. Setzen Sie sich aktiv gegen Machtmissbrauch und Konkurrenzkämpfe ein und fördern Sie ein respektvolles Miteinander. Schreiten Sie ein, wenn Sie selbst sexualisierte Gewalt beobachten, und nehmen Sie Hinweise von betroffenen Personen oder Dritten ernst. Achten Sie dabei darauf, Hinweise sorgfältig zu dokumentieren und Vertraulichkeit zu wahren.

Expertise einholen
Nutzen Sie interne Richtlinien, Gesetze und Expertisen zum Schutz vor „sexueller Belästigung" und sexualisierter Gewalt. Konsultieren Sie entsprechende Ansprechstellen zur Unterstützung.

Fürsorgepflicht wahrnehmen
Bieten Sie aktiv Unterstützung an und weisen Sie auf bestehende Unterstützungsangebote hin. Handeln Sie in enger Abstimmung mit der betroffenen Person. Treffen Sie Sicherungs- und Schutzmaßnahmen. Sorgen Sie dafür, dass beschuldigende und beschuldigte Person im Arbeitsalltag möglichst nicht mehr auf einander treffen, geschweige denn alleine miteinander sind. Schützen Sie

die in Verdacht geratene Person vor voreiligen Verurteilungen. Seien Sie transparent in Ihrem Vorgehen, insbesondere bei Nachfragen, der Dokumentation und der Information über den weiteren Ablauf. Bei strafrechtlich relevanten Vorfällen weisen Sie die betroffene Person auf die Möglichkeit einer Strafanzeige hin und machen Sie auf interne sowie externe Beratungsstellen aufmerksam.

Verantwortlichkeit wahrnehmen

Erfassen und prüfen Sie jede Beschwerde sorgfältig und informieren Sie die betroffene Person über die Ergebnisse. Dokumentieren Sie das Beschwerdeverfahren gründlich und stellen Sie sicher, dass der betroffenen Person durch ihre Beschwerde keine Nachteile entstehen. Vermeiden Sie eine direkte Konfrontation der betroffenen Person mit der beschuldigten Person, hören Sie die beschuldigte Person jedoch ebenso objektiv an und ergreifen Sie gegebenenfalls angemessene Sanktionen oder Maßnahmen zur Rehabilitation.

Und denken Sie daran:

Nur Null Toleranz bedeutet volle Wirkung.

SAFETY FIRST: SCHUTZKONZEPTE FÜR SICHERHEIT

Um sexualisierte Gewalt am Arbeitsplatz effektiv zu bekämpfen und zu verhindern, sind Schutzkonzepte unerlässlich. Sie sind der Schlüssel, auf den sich alle Angestellten und Partner*innen beziehen können, um eine sichere Arbeitsumgebung zu schaffen, in der alle geschützt sind und sich auf ihre Arbeit konzentrieren können, ohne Angst vor dem nächsten Übergriff haben zu müssen.

Individuelle Schutzkonzepte sind maßgeschneiderte Lösungen, die potenziellen Täter*innen das Handeln erschweren und Betroffenen ermöglichen, Vorfälle vertrauensvoll zu melden. Statt Generalverdächtigungen oder Misstrauen zu schüren, fördern sie eine transparente und respektvolle Zusammenarbeit. Dabei ist die Beteiligung der Belegschaft essenziell, da sie als potenziell Betroffene vielfältige Risiken identifizieren und zur Entwicklung wirksamer Schutzstrategien beitragen können. Die Entwicklung und Umsetzung von Schutzkonzepten erfordern eine eingehende Risikoanalyse, um verletzliche Stellen im Unternehmen zu identifizieren. Dabei wird systematisch untersucht, welche Bedingungen von Täter*innen ausgenutzt werden und wie präventive Maßnahmen bereits vorhandene Strukturen nutzen können. Eine ganzheitliche Analyse zeigt deutlich, welche kulturellen und strukturellen Veränderungen erforderlich sind, um alle Angestellten bestmöglich zu schützen.
Dabei helfen Fachberatungsstellen und spezialisierte Unternehmensberatungen. Grundlegende Aspekte eines Schutzkonzepts umfassen unter anderem das Leitbild und die Unternehmenskultur, die Unternehmenskommunikation, die Führungskultur, Präventionsangebote, Weiterbildung und Sensibilisierung, Verhaltenskodex, Personalverantwortung, Partizipation, Beschwerdeverfahren, Notfallpläne zur

Intervention, Rehabilitationspläne und die Zusammenarbeit mit Fachleuten.

Investitionen in Schutzkonzepte sind entscheidende Marker, um eine Kultur der Null-Toleranz gegenüber sexualisierter Gewalt am Arbeitsplatz zu fördern und die Sicherheit und Wertschätzung aller Beteiligten zu gewährleisten. Denn nichts ist wichtiger als die Sicherheit und das Wohlbefinden aller.

Es gilt: Safety First!

KAPITEL 13

KONKRET UND PRAXISERPROBT
TIPPS UND METHODEN

Leider gibt es keine universelle Lösung gegen sexualisierte Gewalt. Auch wenn wir uns einen Zaubertrank wünschen, ist das Problem zu komplex und weitreichend, um durch eine einfache Lösung beseitigt zu werden.

Es hängt von vielen Faktoren ab, wie der Art der Gewalt, den beteiligten Personen, dem Kontext und den geltenden gesetzlichen Bestimmungen.

Auch die Reaktionen auf sexualisierte Gewalt sind typ- und situationsabhängig, da jede beteiligte Person und jede Situation einzigartig ist.

GRENZEN SETZEN: WAS SIE TUN KÖNNEN

In diesem Kapitel werden Handlungsoptionen im Umgang mit sexualisierter Gewalt behandelt. Es wird nicht auf körperliche Übergriffe wie Vergewaltigung oder versuchte sexuelle Gewalt eingegangen, da solche schwerwiegenden Übergriffe spezifische und oft sofortige Reaktionen erfordern, die in anderen Fachbüchern und Ressourcen detailliert beschrieben werden.

Unser Fokus liegt auf der angemessenen Reaktion auf nicht-körperliche Formen sexualisierter Gewalt, wie verbale und nonverbale Grenzüberschreitungen durch Sprache, Mimik, Gestik und distanzloses Verhalten. Diese Formen der Gewalt sind ebenfalls schädlich und belastend und verlangen spezifische Reaktionen und Bewältigungsstrategien.

Menschen, die sexistische Witze oder sexuelle Äußerungen als grenzüberschreitend empfinden, tun dies nicht aus Überempfindlichkeit oder Humorlosigkeit. Vielmehr reflektiert dies eine ausgeprägte Selbstwahrnehmung, eine feine Fremdwahrnehmung, hohe emotionale Intelligenz und ein klares Gespür für persönliche Grenzen. Diese Fähigkeiten sind wertvoll und schützenswert, auch wenn andere die Situation möglicherweise differenziert erleben.

In diesem Kontext gilt: Die eigenen Gefühle und Reaktionen werden ernst genommen. Es ist essenziell, sich gegen jegliche Form der Grenzüberschreitung zur Wehr zu setzen und die eigenen Grenzen zu schützen. Im weiteren Verlauf dieses Buches bieten wir praktische Tipps und Anleitungen an, wie Sie Ihre Grenzen wahren und stärken können, um sich gegen verbale und nonverbale Übergriffe zu schützen. Ihre Wahrnehmung und Ihre Grenzen sind berechtigt und verdienen Respekt und Verteidigung. Zusätzlich werden wir

Strategien zur Selbstbehauptung vorstellen, die Ihnen helfen, sich in schwierigen Situationen sicherer und selbstbewusster zu fühlen. Diese Methoden unterstützen Ihre persönliche Integrität.

Sie sind nicht Schuld!

Machen Sie sich bewusst, dass Sie nicht Schuld sind! Es ist wichtig zu verstehen, dass niemand selbst Schuld an sexualisierten Gewalterfahrungen ist. Die Verantwortung liegt immer bei der Täterin oder dem Täter. Schuldzuweisungen oder Selbstvorwürfe sind bei Betroffenen an der falschen Stelle.

Nehmen Sie Ihre Gefühle ernst!

Es ist normal, dass Betroffene von sexualisierter Gewalt verschiedene Gefühle haben, wie zum Beispiel Angst, Wut, Scham oder Hilflosigkeit. Diese Gefühle dürfen und sollen ernst genommen werden und Ausdruck finden.

Es ist Ihr Recht, Nein oder Ja zu sagen!

Es ist richtig, Grenzen zu verteidigen und es ist wichtig, dass dies respektiert wird. Wenn Sie gezeigtes Verhalten nicht möchten, kommunizieren Sie dies. Um ein deutliches Zeichen zu setzen - der Tatperson und sich selbst gegenüber. Wie, das lesen Sie auf den folgenden Seiten.

Es ist nicht immer einfach, in belästigenden oder gewalttätigen Situationen zu reagieren.
Ganz im Gegenteil!

Meistens fällt es uns sogar unglaublich schwer. Und manchmal verstehen wir auch andere Menschen und ihre Reaktionen oder ihr Nicht-Reagieren nicht. Doch jede Person hat ihre eigenen Grenzen und Komfortzonen, in denen sie sicher und souverän agieren kann. Manche Menschen tun dies lieber verbal, andere senden nonverbale Zeichen, wieder andere sind paraverbal oder schriftlich stark. Verbale Kommunikation bezieht sich auf alle Informationen, die eine Person einer anderen Person mithilfe von Worten, gesprochener und geschriebener Sprache sowie Gebärdensprache mitteilt. Nonverbale Kommunikation umfasst Körperhaltung und -bewegung, Gestik, Mimik, Berührung und räumliche Distanz. Paraverbale Kommunikation schließt alle Elemente ein, die während des Sprechens zusätzlich zur Sprache auftreten. Dazu gehören unter anderem die Art und Weise, wie gesprochen wird – ob laut oder leise, schnell oder langsam, betont oder unbetont.

Jede*r sollte die Kommunikationsform nutzen, die individuell am besten funktioniert. Manchmal kann es dennoch schwierig sein, sofort und offen zu reagieren. Angst vor Konsequenzen, Unsicherheit oder Schock lähmen häufig und verhindern eine sofortige Grenzsetzung. Das sogenannte „Fight, Flight oder Freeze" beschreibt automatische, instinktive Reaktionen des Körpers auf wahrgenommene Bedrohungen oder Stresssituationen. Entweder wir kämpfen (Fight), versuchen, der Gefahr durch Flucht zu entkommen (Flight), oder erstarren und sind unfähig zu reagieren (Freeze). Diese Reaktionen sind tief im menschlichen Nervensystem verankert und dienen dem Überleben. Auch sie sind nicht zu bewerten und individuell.
Zudem gilt: Jede Person hat das Recht, ihre eigene Art und Weise zu wählen, um mit solchen Situationen umzugehen - je nach eigenen Grenzen und Komfortzonen. Wichtig ist jedoch, dass Sie reagieren - und sei es durch bewusste Ignoranz. Denn Schweigen oder ganz und gar passives Verhalten werden von

Täter*innen als Zustimmung interpretiert. Dann dehnen sie Grenzen aus und begehen weitere Übergriffe. Eine Konfrontation in einem persönlichen Gespräch, einem Face-to-Face-Meeting, einem Telefonat oder schriftlich ist daher notwendig:

Das persönliche Gespräch

Ein persönliches Gespräch bietet die Möglichkeit, sich klar und direkt auszudrücken und die Wirkung der nonverbalen Kommunikation mitzunutzen. Durch die direkte Interaktion werden Missverständnisse vermieden und die Botschaft deutlich vermittelt. Es ermöglicht sofortige Rückmeldungen, das Stellen von Fragen und das Beseitigen von Unklarheiten.

Das Telefonat

Auch in einem Telefonat können klare Grenzen gesetzt werden. Telefonate sind eine gute Alternative zum persönlichen Gespräch. Durch Ihre Stimme können Sie Ihre Emotionen und Standpunkte deutlich ausdrücken.

Die schriftliche Kommunikation

Manchmal fällt es uns schwer, persönlich mit Tatausführenden zu sprechen. Dann ist eine schriftliche Kommunikation eine geeignete Alternative. Sie ermöglicht es, Gedanken und Gefühle sorgfältig zu formulieren und im eigenen Tempo zu reagieren. Die schriftliche Aufzeichnung macht die Kommunikation zudem nachvollziehbar.

DIE W³© METHODE: EFFEKTIVES FEEDBACK

Die W³© Methode der act & protect® Academy, inspiriert von der gewaltfreien Kommunikation, bietet einen Wegweiser für die Art und Weise der Formulierung unserer Reaktion. Sie ist eine strukturierte, klare und respektvolle Methode für Feedback in sensiblen oder herausfordernden Situationen, wie beim Hören eines sexistischen Witzes, dem Beobachten einer Grenzverletzung oder anderer Formen unangemessenen Verhaltens.

Die W³©-Methode zielt darauf ab, eine klare und respektvolle Kommunikationsstruktur zu schaffen, die es ermöglicht, Gefühle und Bedenken auszudrücken, ohne die andere Person zu verurteilen. Dies fördert offene und respektvolle Gespräche, die für alle Beteiligten konstruktiv sind. Die W³© Methode besteht aus drei aufeinanderfolgenden Schritten:

1. W - ahrnehmung

2. W - irkung

3. W - unsch

W³© kann in persönlichen Gesprächen, Telefonaten oder schriftlichen Kommunikationen angewendet werden, als betroffene Person, Beobachtende*r oder Führungsverantwortliche*r.

1. Wahrnehmung - objektiv und spezifisch

In diesem Schritt wird die von Ihnen wahrgenommene Handlung oder Aussage präzise beschrieben, ohne persönliche Interpretationen oder Bewertungen hinzuzufügen. Diese objektive Darstellung ermöglicht es den Empfangenden, genau zu verstehen, auf welche konkrete Situation oder welches Verhalten sich das Feedback bezieht. Sie schafft eine klare Grundlage für das Gespräch und vermeidet Missverständnisse.

2. Wirkung - subjektiv und authentisch

Dann beschreiben Sie die subjektive Wirkung des gezeigten Verhaltens auf Sie persönlich. Indem die emotionalen Auswirkungen des Verhaltens offen dargelegt werden, wird die Tragweite des Geschehens verdeutlicht. Dies fördert das Verständnis für die individuellen Empfindungen und Reaktionen und ermöglicht eine sensiblere Kommunikation.

3. Wunsch - konstruktiv und spezifisch

Im letzten Schritt äußern Sie einen konkreten Wunsch oder Vorschlag zur Veränderung. Diese Vorschläge basieren auf den vorherigen Beobachtungen und subjektiven Reaktionen und zielen darauf ab, positive Veränderungen herbeizuführen. Ziel ist es, den Empfangenden praktische und umsetzbare Handlungsoptionen aufzuzeigen, die zur Lösung des Problems beitragen.

Die W³©-Methode ist ein wertvolles Werkzeug, um klar und respektvoll die eigenen Grenzen zu setzen und zu verteidigen. Sie hilft, Missverständnisse zu vermeiden, und trägt dazu bei, ein offenes, unterstützendes und produktives Umfeld zu schaffen.

W³© in einer konkreten Situation:

Rahel sitzt in der Mittagspause mit ihren Kolleg*innen in der Kantine. In lebhafter Atmosphäre unterhalten sie sich über ein bevorstehendes Projekt, als ihr Kollege Ahmed plötzlich einen anzüglichen Witz macht, der sie unangenehm berührt.

Rahel beschließt, Ahmed direkt anzusprechen. Sie formuliert ihre Wahrnehmung klar und präzise, ohne Vorwürfe oder Wertungen einzubringen: „Ahmed, als du gerade den Witz gemacht hast, habe ich bemerkt, dass du gesagt hast…" (Wahrnehmung)

Sie beschreibt danach ihre subjektive Reaktion und wie seine Worte auf sie gewirkt haben: „Für mich persönlich fühlte sich das unangenehm an und hat mich in diesem Moment verunsichert." (Wirkung)

Schließlich formuliert Rahel, was sie sich für die Zukunft wünscht: „Ich wünsche mir, dass wir in unseren Gesprächen respektvoll und wertschätzend miteinander umgehen und uns zukünftig darauf konzentrieren, über das Projekt zu sprechen oder andere Themen zu wählen, die für uns alle angenehm sind." (Wunsch)

Vielleicht wirkt das Beispiel auf Sie gestellt. Es geht auch einfacher formuliert:

> „Ahmed, was du eben gesagt hast, das hat mich als Frau echt geärgert. Ich wünsche mir, dass du solche Witze in Zukunft nicht mehr erzählst."

Hier gilt: finden Sie Ihre Worte und Ihre Sprache für eine stimmige Reaktion.

Wichtig ist, dass Sie reagieren.

Durch die Kombination von objektiven Beobachtungen, subjektiven Reaktionen und konkreten Verbesserungsvorschlägen unterstützt die W³©-Methode Sie in Ihrer Selbstwirksamkeit. Sie hilft dabei, Missverständnisse zu vermeiden und sorgt dafür, dass Sie sich selbst nicht angreifbar machen oder als zu sensibel, hysterisch oder übertrieben wahrgenommen werden. Sie zeigen eine klare Haltung, ohne zu kriminalisieren, sondern sachlich und hilfreich, beziehungserhaltend und souverän.

Zudem unterstützt sie dabei, strategisch vorgehende Personen von solchen zu unterscheiden, die sich unbewusst falsch verhalten und Ihr Feedback annehmen sowie dieses Verhalten ändern möchten, und ermöglicht es ihnen, systematisch agierende Tatpersonen gezielt zu identifizieren.

DAS JOHARI-FENSTER:
VON UNBEWUSST ZU BEWUSST

Die Methode W$^{3©}$ erhellt blinde Flecken. Der Begriff „blinde Flecken erhellen" ist ein in der Fachliteratur und Praxis etablierter Begriff. Wir als Autor*innen verstehen jedoch und erkennen an, dass die Verwendung des Ausdrucks „blinde Flecken erhellen" besonders gegenüber sehbehinderten Menschen diskriminierend wirkt. Wir verwenden daher in unserem Buch den alternativen Begriff „unbewusste Wahrnehmungslücken". Wir begrüßen zudem die Entwicklung und Etablierung eines neutraleren Alternativbegriffs auch in Fachliteratur und Praxis, um eine inklusive und respektvolle Sprache zu fördern.

Indem Sie mit W$^{3©}$ Feedback geben, können Sie unbewusste Wahrnehmungslücken bei anderen schließen. Oder von anderen bewusst auf Ihre eigenen Wahrnehmungslücken hingewiesen werden.

Diese unbewussten Wahrnehmungslücken zu schließen bedeutet, sich der eigenen unbewussten Vorurteile, Überzeugungen oder Verhaltensweisen bewusst zu werden, die wir sonst nicht erkennen. Diese unbewussten Bereiche, bekannt unter dem oben erwähnten Begriff „blinde Flecken", sind Aspekte unserer Persönlichkeit oder unseres Verhaltens, die uns selbst verborgen bleiben, von anderen jedoch wahrgenommen werden. Sie sind häufig die Ursache für Missverständnisse, Konflikte oder unangemessenes Verhalten.

Max ist Teamleiter und glaubt, dass er ein faires und unterstützendes Arbeitsumfeld fördert. Max hat jedoch die Tendenz, in Meetings häufiger die Meinungen seiner männlichen Kollegen zu berücksichtigen und ihre Ideen enthusiastisch zu unterstützen, während er die Beiträge seiner weiblichen Mitarbeitenden oft übergeht oder nicht aufgreift. Max ist sich nicht bewusst, dass er dieses Verhalten zeigt. Er denkt, dass er alle Mitarbeitenden gleich behandelt und ihre Leistungen objektiv beurteilt. Aus seiner Perspektive ist er fair und neutral. Seine Mitarbeitenden bemerken diesen Unterschied jedoch.

Diese unbewusste Wahrnehmungslücke kann Max erst bewusst werden, wenn er gezielt darauf hingewiesen wird - durch ein Feedback-Gespräch mit der W$^{3©}$ Methode, eine anonyme interne Umfrage oder durch Reflexion seiner eigenen Verhaltensweisen in Meetings.

Sobald Max dies erkennt, kann er aktiv daran arbeiten, die Gleichbehandlung aller im Team zu gewährleisten, indem er beispielsweise darauf achtet, die Beiträge gleichermaßen zu berücksichtigen und wertzuschätzen.

Wir alle haben unbewusste Wahrnehmungslücken. Nehmen wir zum Beispiel dieses Buch. Wir als Autor*innen wissen, dass wir das Buch geschrieben haben. Wir wissen, welche Inhalte wir aufgenommen und welchen Schreibstil wir gewählt haben. Was wir jedoch nicht wissen, ist, wie Ihnen als Lesende das Buch gefällt. Das ist unsere Wahrnehmungslücke.

Das Modell hinter dem Konzept der unbewussten Wahrnehmungslücken ist das Johari-Fenster, ein Modell zur Darstellung der Selbsterkenntnis und -wahrnehmung, das in vier Bereiche unterteilt ist:

Öffentlich

Dies umfasst alles, was uns selbst und anderen von uns bekannt ist - weil wir es erzählt haben oder weil es sichtbar ist. Dazu gehören Verhaltensweisen und Einstellungen, die von anderen wahrgenommen werden.

Geheim oder Privat

Dieser Bereich beinhaltet Informationen über uns, die uns bekannt sind, die wir allerdings vor anderen verbergen. Dies können persönliche Gedanken, Gefühle oder Erfahrungen sein, die wir nicht teilen möchten.

Unentdeckt

Diese Aspekte unserer Persönlichkeit oder Fähigkeiten sind niemandem bekannt. Weil sie entweder unbewusst sind oder noch nicht in einer Situation offenkundig wurden.

Unbewusste Wahrnehmungslücken

Diese Lücken umfassen jene Aspekte unseres Verhaltens oder unserer Persönlichkeit, die anderen bekannt sind, uns selbst jedoch nicht bewusst sind.

Unbewusste Wahrnehmungslücken zu schließen ist ein wichtiger Prozess, der zur persönlichen Entwicklung und zum besseren Verständnis beiträgt. In Bezug auf sexualisierte Gewalt zeigt sich, dass besonders Menschen, die zu diesem Thema unbewusste Wahrnehmungslücken haben, durch die Anwendung der W³© Methode respektvoll auf ihr Verhalten und die damit ausgelösten Wirkungen hingewiesen werden können. Sie erhalten dadurch die Chance, ihr Verhalten zu verändern. Andererseits können durch das Schließen von Lücken durch W$^{3©}$ auch Personen entlarvt werden, die strategisch und bewusst vorgehen. Selbst nach der Anwendung von W$^{3©}$ ist es unwahrscheinlich, dass bewusst agierende Tatpersonen ihr Verhalten ändern. Sie als Betroffene, Zeug*innen oder Führungsverantwortliche haben jedoch durch die klare Ansprache mit W$^{3©}$ die Gewissheit, die sexualisierte Gewalt deutlich benannt zu haben. Im Falle wiederholten Auftretens können Sie daher zusätzliche Maßnahmen ergreifen, Unterstützung einholen oder interne Meldungen sowie externe Anzeigen erwägen, ohne Sorge vor falschen Beschuldigungen zu haben.

Bleiben unbewusste Wahrnehmungslücken hingegen unentdeckt, werden Situationen unvollständig oder verzerrt wahrgenommen. Dann neigen wir dazu, Informationen auf eine Weise zu interpretieren, die unseren vorgefassten Meinungen oder Annahmen entspricht. Was wiederum zu Vorurteilen, Fehlurteilen oder falschen Schlussfolgerungen führt. Um jedoch gute (Verhaltens-)Entscheidungen zu treffen, brauchen wir ein möglichst vollständiges Bild der Situation.

Doch manchmal gibt es Situationen, in denen uns die Ressource fehlt, um Feedback mit einer Methode wie W$^{3©}$ zu geben. Weil wir mit den Gedanken woanders sind, weil wir müde sind, weil wir nicht schon wieder Feedback geben möchten.

Und auch das ist okay.
In Kapitel 14 lesen Sie über zusätzliche Methoden, die Sie stattdessen ausprobieren und nutzen können - je nach Ihrer Persönlichkeit, der individuellen Situation und Ihren situativen Kapazitäten.

ALLY SEIN: JEDE*R ZÄHLT

Die auf den vorherigen Seiten aufgeführten Tipps gelten nicht nur für Betroffene, sondern auch für Zeug*innen und Kolleg*innen. Denn sie können ebenfalls Unterstützung suchen, Hilfe und Beratung erhalten, Vorfälle von sexualisierter Gewalt dokumentieren und melden. Wir alle können dazu beitragen, sexualisierte Gewalt am Arbeitsplatz zu bekämpfen und eine positive Veränderung herbeizuführen.

Indem wir Allies sind.

Indem wir mutig für unsere Rechte einstehen.

*Indem wir reagieren, wenn wir Zeug*innen sind.*

Indem wir auf ein respektvolles Miteinander bestehen.

Uns gegenseitig mit Respekt zu behandeln bedeutet, die Grenzen und Einwilligung anderer Menschen zu erkennen und unangemessenes Verhalten oder Diskriminierung jeglicher Art zu vermeiden. Allies sind unverzichtbar. Sie nehmen durch ihre Unterstützung, ihren Einfluss und ihr Engagement eine zentrale Rolle bei der Schaffung positiver Veränderungen ein. Allies als Zeug*innen spielen eine entscheidende Rolle, indem sie Informationen und Beweismittel bereitstellen, die dazu beitragen, Vorfälle zu bestätigen und Verantwortliche zur Rechenschaft zu ziehen. Indem Allies ihre Privilegien und Möglichkeiten nutzen, sind sie positive und unverzichtbare Rollenmodelle.

Sie als Ally können:

Wissen und Verständnis erweitern,

Aufmerksamkeit schärfen,

die Sichtbarkeit von Problemen erhöhen,

den Anliegen von Betroffenen zusätzliches Gewicht und Glaubwürdigkeit verleihen,

Empathie zeigen,

Ermutigen,

Diskussionen anregen,

Informationskampagnen starten,

Ressourcen teilen,

ein unterstützendes Netzwerk schaffen,

bestehende Systeme und Strukturen hinterfragen,

diskriminierende Praktiken aufdecken,

sich für Konsequenzen für Täter*innen einsetzen,

Veränderungen fordern und anstoßen,

Barrieren abbauen und Brücken aufbauen

sowie Gemeinschaft und Solidarität gestalten.

Wir alle können als Allies das Thema sexualisierte Gewalt am Arbeitsplatz ansprechen und Betroffene unterstützen, indem wir deren Gefühle und Erlebnisse ernst nehmen. Das bedeutet, dass wir offen zuhören, ohne Vorurteile zu haben, und den Betroffenen die Möglichkeit geben, ihre Erfahrungen zu erzählen. Gemeinsam können wir konkrete Hilfe suchen und sensibel sowie respektvoll mit den Bedürfnissen der Betroffenen umgehen, um ihnen den Raum zu geben, sich auszudrücken. Ein Beispiel, wie wir Betroffene unterstützen können, ist das Anbieten eines Safe Spaces, also eines (emotionalen) Raums, in dem Menschen sich sicher und geschützt fühlen.

„Ich höre dir zu, wenn du über das sprechen möchtest, was passiert ist. Ich werde dich nicht unterbrechen oder beurteilen. Du kannst mir erzählen, was du möchtest, und ich versuche, dir zu helfen, wenn du das möchtest.“

Wir können uns aktiv um Hilfe bemühen. Wir können uns gemeinsam mit der betroffenen Person an den Betriebs- oder Personalrat wenden. Wir können Kontakt zu einer Beratungsstelle aufnehmen und der betroffenen Person bei der Suche nach professioneller Hilfe helfen. Wir können die betroffene Person fragen, welche Art von Unterstützung sie benötigt, und ihr dabei helfen, diese zu erhalten. Wir können offene und erwartungsfreie Fragen stellen:

„Was kann ich für dich tun, um dich zu unterstützen?"

So signalisieren wir:

„Du bist nicht allein!“ und „Wir sind nicht allein!“

Sie als Zeug*innen können als Ally agieren, indem Sie:

Vorfälle schnell und klar dokumentieren

Wenn Sie Zeug*in eines Vorfalls von sexualisierter Gewalt werden, dokumentieren Sie so schnell und detailliert wie möglich, was Sie gesehen oder gehört haben. Halten Sie Datum, Uhrzeit, Ort und die beteiligten Personen fest. Diese Dokumentation ist eine wertvolle Information.

Unparteilich bleiben

Stellen Sie sicher, dass Ihre persönliche Meinung nicht in die Dokumentation oder den Bericht einfließt. Ihre Aufgabe ist es, objektiv und unparteiisch die Fakten darzustellen, um eine faire Untersuchung zu ermöglichen.

Aktiv unterstützen

Bieten Sie den Betroffenen emotionale Unterstützung an. Hören Sie ihnen zu, zeigen Sie Empathie und machen Sie deutlich, dass Sie an ihrer Seite stehen. Ihre Unterstützung ist entscheidend für das Wohlbefinden und die Entscheidungsfindung der Betroffenen.

Vertraulichkeit wahren

Behandeln Sie alle Informationen, die Sie erhalten, mit höchster Vertraulichkeit. Diskretion ist entscheidend, um das Vertrauen der Betroffenen zu wahren und die Integrität der Untersuchung zu schützen.

Richtlinien und Protokolle kennen

Informieren Sie sich über die geltenden Richtlinien und Protokolle in Ihrem Arbeitsumfeld bezüglich der Meldung und Behandlung von sexualisierter Gewalt. Stellen Sie sicher, dass Sie wissen, wie und an wen Sie Vorfälle melden müssen.

Zugang zu Ressourcen erleichtern
Helfen Sie den Betroffenen, Zugang zu Unterstützungsangeboten wie Beratung, Rechtsbeistand oder medizinischer Hilfe zu erhalten.

Ethisch handeln
Handeln Sie ethisch und verantwortungsbewusst. Vermeiden Sie es, Spekulationen oder unbegründete Behauptungen weiterzugeben. Ziel ist, zur Aufklärung beizutragen und eine faire und respektvolle Behandlung aller Beteiligten zu gewährleisten.

Indem wir bei Verdachtsmomenten nicht wegschauen, sondern hinsehen, hinhören und handeln, nehmen wir Vorfälle und Situationen ernst. Wir können sie melden, stoppen oder sogar verhindern. Die Rolle als Ally ist von unschätzbarem Wert. Ihr Engagement und Ihre Unterstützung sind von enormer Bedeutung und tragen aktiv zur Schaffung einer gerechteren und gewaltfreieren Kultur bei. Ihre Haltung als Ally stärkt nicht nur die Betroffenen, sondern inspiriert auch andere, sich für positive Veränderungen einzusetzen.

Seien Sie stolz auf Ihr Ally-Sein!

KAPITEL 14

KOMMUNIKATION
KLAR UND KONSTRUKTIV

Effektive Kommunikationsfähigkeiten sind gefragt, wenn es darum geht, sexualisierte Gewalt am Arbeitsplatz zu benennen und zu beenden.

Klar und präzise zu kommunizieren, ist ebenso wertvoll wie der Einsatz nonverbaler Signale und paraverbaler Nuancen.

Dieses Kapitel zeigt, wie Sie durch bewussten Einsatz verbaler, nonverbaler und paraverbaler Kommunikation Gewalt am Arbeitsplatz abwehren und welche Strategien dabei besonders wirkungsvoll sind.

VERBALE KOMMUNIKATION: IHRE WORTE

Während verbale Kommunikation direkte Ausdrucksformen wie Worte und Sätze umfasst, spielen nonverbale Elemente wie Körpersprache und Gesichtsausdrücke eine wesentliche Rolle dabei, wie Botschaften empfangen und interpretiert werden. Paraverbale Kommunikation, die den Tonfall, die Lautstärke und das Tempo der Sprache betrifft, kann die Intentionen hinter unseren Worten entscheidend beeinflussen.

Indem wir diese drei Dimensionen der Kommunikation gezielt einsetzen, vermeiden wir Missverständnisse und ergreifen Maßnahmen, um aggressive Verhaltensweisen zu entschärfen und eine sichere Arbeitsumgebung zu fördern. Sie können Tatausführende direkt ansprechen:

„Stopp!"

Ein direktes und klares „Stopp!" ist eine unmittelbare Reaktion auf das unangemessene Verhalten von Täter*innen und kann sie veranlassen, ihr Verhalten einzustellen. Es signalisiert, dass das Verhalten von Ihnen als nicht akzeptabel angesehen und nicht weiter toleriert wird. Ein „Stopp!" setzt eine stimmliche Grenze und erinnert Täter*innen daran, dass ihr Verhalten unangemessen und unzulässig ist.

„Ich möchte, dass Sie aufhören, mich zu belästigen."

Diese klare Aussage zeigt den Täter*innen, dass ihr Verhalten unerwünscht ist und gegen Ihren Willen geschieht. Es zeigt zudem, dass Sie sich nicht mit der Belästigung abfinden und Ihr Recht nutzen, sich gegen unangemessenes Verhalten zur Wehr zu setzen.

„Mir ist dein Verhalten unangenehm. Hör damit auf."

Dieser Satz drückt Ihre Gefühle aus und zeigt der Tatperson, dass das gezeigte Verhalten negative Auswirkungen auf Sie hat. Dies fördert das Bewusstsein der Täter*innen für die Wirkung des eigenen Handelns und fordert sie auf, das unangemessene Verhalten zu ändern.

„Ich verstehe nicht, wie du das gemeint hast. Kannst du mir das erklären?"

Diese Frage konfrontiert Täter*innen mit eigenen Aussagen oder Verhaltensweisen. Indem sie aufgefordert werden ihr Verhalten und ihr Gesagtes zu erklären, müssen sie sich bewusst mit ihren Äußerungen auseinandersetzen, ihr Verhalten reflektieren und rechtfertigen.

„Weißt du, wie ich mich fühle? Nämlich so . . ."

Dieser Satz drückt Ihre Gefühle unmittelbar aus und zeigt den Tatpersonen auf, wie ihre Handlungen und Äußerungen auf Sie wirken. Es konfrontiert sie mit den emotionalen Auswirkungen des übergriffigen Verhaltens und kann Verständnis und Empathie bei den Täter*innen wecken.

„Hör auf mich anzustarren und konzentriere dich auf die Arbeit!"

Diese Aufforderung wirkt enttarnend und signalisiert, dass das gezeigte Verhalten als störend, unangemessen und unproduktiv empfunden wird. Indem laut benannt wird, was die Person gerade tut, und mitgeteilt wird, was sie stattdessen tun soll, ziehen Sie eine klare Grenze.

Die Reaktionen von Tatausübenden auf solche Sätze variieren. Manche Täter*innen sind einsichtig und ändern ihr Verhalten. Dies trifft besonders auf Tatpersonen zu, die sich vorher noch nie bewusst mit ihrem eigenen Verhalten und der Wirkung dessen auseinandergesetzt haben. Die Kommentare oder Berührungen machen, von denen sie dachten, dass sie angemessen und normal sind. Dies sind häufig Menschen, denen die Sensibilisierung für das Thema sexualisierte Gewalt bisher fehlt oder die unbewusste Wahrnehmungslücken haben. Solche Personen verändern ihr Verhalten häufig daraufhin. Denn sie möchten keine Täter*in sein.

Andere Tatpersonen reagieren defensiv oder aggressiv. In solchen Fällen kann es schnell zu unangenehmen Situationen kommen, in denen es wichtig ist, die Kommunikation zu deeskalieren und die eigene Sicherheit zu gewährleisten. So reagierende Täter*innen fühlen sich oft persönlich angegriffen und weisen jegliche Verantwortung für ihr Verhalten zurück. Sie versuchen, ihre Taten zu rechtfertigen oder die Betroffenen zu beschuldigen. In solchen Fällen ist es wichtig, Ruhe zu bewahren und überlegt zu handeln. Bleiben Sie sachlich und verlassen Sie die Situation. Eine respektvolle und professionelle Haltung trägt zudem dazu bei, solche Situationen zu entschärfen, während Sie gleichzeitig für sich selbst einstehen. Stellen Sie sich vor, Sie befinden sich in einer Besprechung mit mehreren Kolleg*innen. Ein Kollege, Herr Schmidt, macht einen unangemessenen Kommentar über Ihre Kleidung, indem er sagt:

„Die Hose ist aber ziemlich gewagt für das Büro, oder?"

Was löst dieser Satz in Ihnen aus? Wie würden Sie am liebsten reagieren? Was passt zu Ihnen? Suchen Sie sich aus den folgenden Möglichkeiten eine oder mehrere aus, mit der oder denen Sie sich wohl fühlen.

„Nein!"

Mit dieser klaren Antwort setzen Sie eine deutliche Grenze - freundlich oder unfreundlich. „Nein" ist ein ganzer Satz. Und „Nein" bedarf keiner Erklärung oder Rechtfertigung.

„Wie bitte?"

Dieser Zwei-Wort-Satz drückt Irritation und Missfallen aus. Je nach Ton- und Stimmlage lassen Sie das Gesagte scharf oder fragend klingen. So oder so gewinnen Sie Zeit, um eine weitere Reaktion vorzubereiten.

„Kannst du das nochmal wiederholen, bitte?"

Diese höfliche oder ungläubige Aufforderung kann dazu führen, dass die Person unangemessenes Verhalten oder Bemerkungen überdenkt. Es signalisiert, dass Sie es nicht akzeptieren und eine Erklärung erwarten.

„Das haben Sie jetzt gerade nicht gesagt?!"

Dieser Satz zeigt Empörung und Unglauben über das Gehörte. Er fordert die andere Person indirekt auf, ihre Aussage zu reflektieren und sich der Unangemessenheit bewusst zu werden.

„Warum denkst du, dass es okay ist, so etwas zu sagen?"

Diese Frage zwingt die Person dazu, ihr Verhalten zu überdenken und eine Rechtfertigung zu finden, was oft dazu führt, dass sie erkennt, wie unangemessen es war.

Üben Sie das, wann immer möglich.

In jeder Situation, in der Sie unangemessenes oder belästigendes Verhalten erleben oder beobachten - im Supermarkt, auf der Straße, im Gespräch mit Nachbar*innen oder am Arbeitsplatz.

Je öfter Sie dies üben, desto automatisierter werden Ihre Reaktionen. Sie werden sich dabei zunehmend sicherer fühlen. Irgendwann wird es sich nicht mehr seltsam anfühlen, und Sie werden über Ihre Reaktion nicht mehr vorher nachdenken müssen. Stattdessen werden Sie klar, deutlich und souverän handeln. Wiederholungen festigen Ihre Fähigkeiten, sodass Sie auch in herausfordernden Situationen ruhig und selbstbewusst reagieren.

Vielleicht entwickeln Sie auch ganz andere Reaktionen, die zu Ihnen passen. Seien Sie kreativ. Wichtig ist, dass Sie die Kontrolle über die Situation zurückgewinnen. Wie Sie das erreichen, können Sie individuell für sich selbst entscheiden.

NONVERBALE KOMMUNIKATION: IHRE HALTUNG

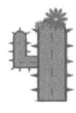

Sie können zusätzlich oder allein nonverbale Signale verwenden, um zu zeigen, dass Sie sich unwohl fühlen und das gezeigte Verhalten nicht akzeptieren. Nonverbale Signale unterstreichen auch Gesagtes und wirken Missverständnissen oder einer unzureichenden Vermittlung von Emotionen entgegen.

Stellen Sie sich vor, Sie sind auf einer Firmenveranstaltung, und eine Kollegin macht unangemessene Kommentare über Ihr Aussehen. Sie fühlen sich unwohl und möchten dies ohne Worte deutlich machen. Nutzen Sie eine der folgenden Verhaltensweisen - wählen Sie idealerweise diejenige, mit der Sie sich sicher und wohl fühlen:

Blick des Todes

Drehen Sie sich langsam zu der Person um und schauen sie dieser direkt in die Augen mit einem Blick, der Messer wirft und töten könnte. So drücken Sie ohne Worte und dennoch klar und eindrucksvoll Ihr Unbehagen und Ihre Missbilligung aus und halten andere auf Distanz.

Demonstrative Ignoranz

Verschränken Sie die Arme vor der Brust und drehen Sie sich leicht von der Person weg, um Ihre Abwehrhaltung zu signalisieren. Oder entfernen Sie sich, indem Sie einen Schritt zurücktreten und/oder den Raum langsam verlassen. So bringen Sie sich in Sicherheit und demonstrieren, dass Sie - im wahrsten Sinne des Wortes - die Situation verlassen und sich der sexualisierten Gewalt nicht weiter aussetzen.

Power Pose

Die Power Pose ist eine Körperhaltung, die oft mit einem Gefühl von Selbstbewusstsein, Selbstsicherheit und Dominanz assoziiert wird. Es handelt sich um eine aufrechte und offene Körperhaltung, bei der Sie Ihren Körper in einer Weise präsentieren, die Stärke und Selbstsicherheit ausdrückt. Typischerweise umfasst die Power Pose eine gerade Körperhaltung mit aufrechtem Rücken und geöffneten Schultern. Die Arme hängen entweder seitlich am Körper, die Hände sind in die Hüften gestemmt oder in einer weit ausgebreiteten Position. Die Beine stehen leicht auseinander und die Füße sind fest auf dem Boden platziert. Ihr Blick ist nach vorne gerichtet und der Gesichtsausdruck selbstbewusst und entschlossen!

Alles vermittelt: Hier stehe ich für mich ein!

Diese Haltung ist raumgreifend und dadurch grenzsetzend. Die Power Pose vermittelt Ihnen und anderen Ihr Selbstbewusstsein und Selbstwertgefühl - alleine aufgrund der Körperhaltung. Indem wir diese Pose einnehmen, fühlen uns sicherer - körperlich und emotional. Denn durch die Annahme einer stabilen und aufrechten Körperhaltung entsteht das Gefühl von Stärke und Sichtbarkeit. Beides führt zu einer gesteigerten Selbstwahrnehmung und einem positiveren mentalen Zustand.

Warum die Power Pose wirkt?

Das Nervensystem wird aktiviert
Die Power Pose aktiviert das parasympathische Nervensystem, das für Entspannung und Erholung zuständig ist. Diese Aktivierung führt dazu, dass der Körper in einen Zustand der Ruhe und Sicherheit übergeht. Durch die aufrechte und raumgreifende Haltung fühlen wir uns weniger bedroht.

Hormone werden ausgeschüttet
Studien haben gezeigt, dass das Einnehmen einer Power Pose die Produktion von Testosteron, einem Hormon, das mit Macht und Selbstbewusstsein assoziiert wird, erhöht. Gleichzeitig wird das Stresshormon Cortisol reduziert. Diese hormonellen Veränderungen tragen zu einem gesteigerten Gefühl von Selbstsicherheit und emotionaler Stabilität bei.

Die Atmung vertieft sich
Eine aufrechte und weitläufige Haltung verbessert die Brustöffnung und damit die Atmung. Die Luft kann tiefer in die Lungen gelangen, was zu einer ruhigeren und tiefer gehenden Atmung führt.

Neurologische Effekte entstehen
Die neuronale Repräsentation des Körpers im Gehirn, insbesondere im somatosensorischen Kortex, wird durch die Körperhaltung beeinflusst. Eine aufrechte und ausgedehnte Haltung führt zu einer verstärkten Aktivierung von Gehirnarealen, die mit Selbstbewusstsein und Kontrolle assoziiert sind. Dies verstärkt die Wahrnehmung von Selbstwert und Selbstwirksamkeit.

Kognitive und emotionale Rückkopplungen setzen ein

Eine aufrechte Haltung verbessert die Gedankenmuster und das Selbstbild. Menschen, die sich in einer solchen Pose befinden, berichten oft von einer positiveren Selbstwahrnehmung und einer stärkeren emotionalen Resilienz.

Die soziale Wahrnehmung verändert sich

Die Power Pose beeinflusst nicht nur die eigene Wahrnehmung, sondern auch, wie wir von anderen wahrgenommen werden. Eine offene, raumgreifende Haltung signalisiert Selbstbewusstsein und Autorität, was eine entsprechende Reaktion anderer bedingen kann. Diese Rückmeldung von außen verstärkt wiederum das Gefühl der eigenen Stärke und Selbstsicherheit.

Die Auswirkungen der Power Pose variieren von Person zu Person, und es fehlen umfassende wissenschaftliche Belege für ihre universelle Wirksamkeit. Aspekte wie persönliche Überzeugungen, individuelle Erfahrungen und Umweltfaktoren beeinflussen, wie stark die Power Pose wirkt. Trotz dieser Unsicherheiten lohnt es sich, die Power Pose auszuprobieren und herauszufinden, ob sie für Sie eine positive Veränderung in herausfordernden Situationen schafft. Auch wenn die wissenschaftlichen Beweise noch fehlen, kann das bewusste Einnehmen einer kraftvollen und selbstbewussten Körperhaltung unsere eigene Wahrnehmung sowie unsere Wirkung auf andere Menschen beeinflussen. Probieren Sie die Power Pose aus - vor einem wichtigen Meeting, einem herausfordernden Gespräch oder im Alltag. Nehmen Sie eine Haltung ein, die Stärke und Selbstsicherheit ausstrahlt. Zeigen Sie sich selbst und anderen, dass Sie für sich einstehen und sich Ihrer eigenen Wertigkeit bewusst sind. Vielleicht entdecken Sie auf diese Weise eine neue Dimension von Selbstvertrauen und positiver Energie.

Das internationale Handzeichen für Hilfe

Außerdem können Sie ein Signal senden: das internationale Handzeichen für Hilfe bei häuslicher und sexualisierter Gewalt der Canadian Women's Foundation[57]. Dazu halten Sie die Hand hoch, klappen den Daumen ein und ballen langsam die anderen Finger zur Faust. Wer ein solches Signal erhält, kann unauffällig Kontakt zu der betroffenen Person aufnehmen, sie von den Täter*innen entfernen und Rat bei Ansprechpersonen, Beratungsstellen, Freund*innen, Vorgesetzten, Beschwerdestellen, Gleichstellungsbeauftragten, Betriebsräten, Sicherheitspersonal oder Polizei einholen.

Wichtig bei nonverbalen Reaktionen ist:

Falls Sie diese nicht zur Verstärkung Ihrer verbalen Kommunikation nutzen, geben Sie bitte im Anschluss eine schriftliche oder mündliche Rückmeldung, in der Sie klar und unmissverständlich Feedback zur erlebten Situation geben. Ideal ist es, dies innerhalb von 72 Stunden nach der Situation zu tun, da diese dann noch frisch im Kurzzeitgedächtnis gespeichert ist und sowohl Sie als auch andere Beteiligte leichter darauf zurückgreifen können.

PARAVERBALE KOMMUNIKATION: IHRE STIMME

Die paraverbale Kommunikation bezieht sich auf die Art und Weise, wie wir sprechen. Auf Tonfall, Lautstärke, Geschwindigkeit und Betonung. Wir können diese Aspekte nutzen, um unsere Grenzen zu schützen und wiederherzustellen.

Fester Tonfall

Verwenden Sie einen festen und entschlossenen Tonfall, um zu signalisieren, dass das gezeigte Verhalten nicht akzeptabel ist. Sprechen Sie mit einer klaren Stimme und vermeiden Sie eine zögerliche oder unsichere Tonlage.

Ruhig und gelassen

Bleiben Sie ruhig und möglichst gelassen, während Sie Ihre Ablehnung kommunizieren. Vermeiden Sie einen aufgeregten oder aggressiven Tonfall, um die Situation nicht zu eskalieren. Ein ruhiger Ton vermittelt Autorität und Selbstsicherheit.

Klar und deutlich

Verwenden Sie eine klare Sprache, um Ihre Botschaft präzise zu vermitteln. Vermeiden Sie vage oder unklare Ausdrücke und verwenden Sie deutliche Worte.

Schlüsselwörter betonen

Durch die Betonung von Schlüsselwörtern in Ihrem Satzbau verstärken Sie Ihre Botschaft und heben sie hervor. Vermitteln Sie Ich-Botschaften und betonen Sie diese.

Achten Sie darauf, dass Ihre paraverbale Kommunikation nicht als aggressiv oder provokativ wahrgenommen wird, da dies die Situation verschärfen könnte. Es ist ratsam, ruhig und bestimmt zu sprechen, um Ihre Ablehnung klar und deutlich zu kommunizieren. Üben und trainieren Sie Ihre paraverbalen Stärken, indem Sie beispielsweise diese Formulierungen und Betonungen verwenden:

„ICH möchte, dass du sofort aufhörst, MICH zu belästigen."

„ICH akzeptiere nicht, dass du SO mit MIR sprichst."

„Das ist nicht in Ordnung. ICH toleriere solches Verhalten nicht."

„Weißt du, wie ICH mich durch deine sexistischen Witze fühle?"

SCHRIFTLICHE KOMMUNIKATION: IHRE SÄTZE

Die Methode der schriftlichen Kommunikation kann auch im Nachgang genutzt werden, um zu reagieren und einen Beweis zu haben, dass Sie klar und deutlich kommuniziert haben, dass das Ihnen (oder anderen) gegenüber gezeigte Verhalten unerwünscht ist.

> *„Sehr geehrte/r [Name], ich schreibe Ihnen, um Ihnen mitzuteilen, dass ich das von Ihnen in folgender Situation gezeigte Verhalten als unangemessen empfinde und nicht länger toleriere. Ich erwarte, dass Sie sofort damit aufhören."*

Per E-Mail

Sie können eine E-Mail an die entsprechende Person senden und darin klar ausdrücken, dass das gezeigte Verhalten für Sie und/oder das Unternehmen nicht akzeptabel ist.

Per Brief

Sie können einen Brief verfassen, um Ihre Ablehnung auszudrücken. Ein Brief bietet ebenso die Möglichkeit, sich ausführlich und detailliert zu äußern.

Per SMS oder WhatsApp.

Die Kommunikation per SMS oder WhatsApp ist nicht immer zu empfehlen. Denn beide Kommunikationsformen wirken informeller und umgangssprachlicher, was zu einer weniger professionellen und respektvollen Atmosphäre führt. SMS und WhatsApp sind zudem schnell und einfach zu senden, sodass Schreibende eher impulsiv und unüberlegt reagieren, was zu einer Eskalation oder nur unzureichenden Auseinandersetzung führen kann. Im Falle eines rechtlichen Konflikts oder einer weiteren Intensivierung der Situation ist es oft schwierig, SMS- oder WhatsApp-Nachrichten als Beweismittel zu verwenden. Eine schriftliche Kommunikation per E-Mail oder Brief bietet hingegen einen nachweisbaren Beweis.

Stellen Sie sicher, dass Ihre Botschaft deutlich ist und die Erwartungen an das gezeigte Verhalten klar formuliert sind. Nutzen Sie W3©. Vermeiden Sie beleidigende oder provokative Sprache und bleiben Sie sachlich. Wählen Sie die Kommunikationsform und Sprache, die für Sie am besten funktioniert und sich am sichersten anfühlt.

Manchmal kann es notwendig sein, oder Sie unterstützen, wenn Sie Hilfe von Vertrauenspersonen, Vorgesetzten oder Fachleuten in Anspruch nehmen. Es ist in Ordnung und sogar wichtig, Unterstützung zu suchen und gemeinsam Lösungen und Vorgehensweisen zu finden.

Priorisieren Sie dabei stets Ihre Sicherheit.
Es gibt keine universelle Art, auf sexualisierte Gewalt zu reagieren. Doch jeder Mensch hat das Recht, sich vor belästigendem Verhalten zu schützen und klare Grenzen zu setzen. Wichtig ist, dass Sie reagieren.

DOKUMENTATION:
IHRE GEDANKEN ALS GEDÄCHTNISSTÜTZE

Das Führen eines Gedächtnisprotokolls zur Dokumentation unterstützt Sie in Ihrer Selbstwirksamkeit und Grenzwahrung. Dokumentieren Sie alle Vorfälle von sexualisierter Gewalt, dann haben Sie Ihre Aufzeichnungen griffbereit, wenn Sie Beweise oder Referenzen benötigen. Protokolle und Dokumentationen haben verschiedene Funktionen:

1. Beweismittel
Eine detaillierte Dokumentation von Vorfällen dient als wichtiges Beweismittel, falls rechtliche Schritte, Beschwerden oder Verfahren erforderlich sind. Indem Sie Datum, Uhrzeit, Ort, Zeug*innen und Details des Vorfalls in einem Gedächtnisprotokoll festhalten, erstellen Sie eine Aufzeichnung, die Ihre Erfahrungen und Erlebnisse belegt, falls dies erforderlich ist.

2. Klarheit und Genauigkeit
Eine Dokumentation hilft Ihnen, Vorfälle klar und genau festzuhalten, sodass Sie sich später präziser an die Details erinnern. Das menschliche Gedächtnis kann im Laufe der Zeit nur noch ungenau erinnern, daher ist es wichtig, Ereignisse so schnell wie möglich nach ihrem Auftreten zu dokumentieren, um die Genauigkeit der Informationen zu gewährleisten.

3. Unterstützung bei Beschwerden
Wenn Sie sich entscheiden, eine Beschwerde über die sexualisierte Gewalttat einzureichen, unterstützt eine detaillierte Dokumentation Ihre Meldung. Sie verweisen auf Ihr Gedächtnisprotokoll als Referenz und verwenden die Informationen, um Ihre Anliegen und Bedenken zu verdeutlichen.

4. Emotionaler Schutz

Das Führen eines Gedächtnisprotokolls trägt dazu bei, Ihre eigene emotionale Gesundheit zu schützen. Es ist belastend, Vorfälle sexualisierter Gewalt zu erleben oder darüber zu sprechen. Eine Dokumentation hilft Ihnen bei der Verarbeitung und Sortierung Ihrer Gedanken und Gefühle.

Mit Dokumentationen schützen Sie Ihre Sicherheit. Um sich selbst nicht angreifbar zu machen, vermeiden Sie die Verwendung von Klarnamen oder anderen persönlichen Informationen von Zeug*innen oder Beteiligten, es sei denn, Sie haben die ausdrückliche Zustimmung dazu.
Ebenso wichtig und richtig ist die Information der Arbeitgebenden, der betrieblichen Beschwerdestelle, der Gleichstellungsbeauftragten und des Betriebs- oder Personalrats. Melden Sie Vorfälle von sexualisierter Gewalt, sobald Sie dazu bereit sind. Es gibt emotional kein „zu spät" oder „zu früh".

Ganz im Gegenteil:
Es ist aus vielen Gründen wichtig, Vorfälle dann zu melden, wenn Sie sich damit sicher fühlen. Bedenken Sie jedoch die momentan noch gültige Meldefrist von zwei Monaten nach einem Vorfall, damit entsprechende (rechtliche) Maßnahmen ergriffen werden können:

Schutz vor weiteren Vorfällen

Das Melden von Vorfällen von sexualisierter Gewalt am Arbeitsplatz trägt dazu bei, weitere Vorfälle zu verhindern. Nach der Meldung können und müssen Arbeitgebende entsprechende Maßnahmen ergreifen, um die Sicherheit und das Wohlbefinden der Betroffenen und anderer Angestellter zu gewährleisten.

Rechtliche und arbeitsrechtliche Schritte
Arbeitgebende, betriebliche Beschwerdestellen, Gleichstellungsbeauftragte oder Betriebs- oder Personalräte können nach Meldungen arbeitsrechtliche Maßnahmen ergreifen, Unterstützung und Beratung bieten sowie angemessene Maßnahmen zur Aufklärung des Vorfalls und zur Durchsetzung der Rechte der Betroffenen ergreifen.

Schaffen eines sicheren Arbeitsumfelds
Das Melden von Vorfällen von sexualisierter Gewalt trägt zur Schaffung eines sicheren Arbeitsumfelds bei. Es ist wichtig, dass Arbeitgebende solche Meldungen erhalten und daraufhin angemessene Maßnahmen gestalten können, um die Sicherheit und das Wohlbefinden der Belegschaft zu gewährleisten.

Unterstützung für Betroffene
Das Melden von Vorfällen von sexualisierter Gewalt bietet den Betroffenen nachhaltige Unterstützung. Es trägt langfristig dazu bei, dass sie gehört und ernst genommen werden und Zugang zu Unterstützungsdiensten, Beratung oder anderen Ressourcen erhalten, die ihnen helfen, mit den emotionalen, psychischen und rechtlichen Auswirkungen des Vorfalls umzugehen.

Das Melden von Vorfällen sexualisierter Gewalt am Arbeitsplatz kommt nicht nur den Betroffenen, sondern allen Angestellten und dem Arbeitsumfeld insgesamt zugute. Es trägt langfristig dazu bei, ein positives Arbeitsumfeld zu schaffen, in dem sexualisierte Gewalttaten nicht toleriert werden und alle respektvoll und sicher zusammen arbeiten.

Wenn - ja, wenn - die Arbeitgebenden mit diesen Meldungen sorgfältig, sensibel und ernsthaft umgehen!

Tut Ihr Unternehmen oder Ihre Ansprechpersonen dies nicht oder befürchten Sie, dass sie dies nicht tun, dann suchen Sie außerbetriebliche Unterstützung.
Zum Beispiel bei der Antidiskriminierungsstelle des Bundes unter www.antidiskrimierungsstelle.de.

Es gibt viele weitere externe Organisationen, die Unterstützung und Beratung bieten. Nutzen Sie diese Ressourcen, denn Sie erhalten dadurch vielfältige Hilfe:

Unabhängige und neutrale Beratung
Externe Organisationen bieten unabhängige und neutrale Beratung. Sie unterstützen bei der Einschätzung der Situation, der Klärung von Rechten und Optionen sowie der Entwicklung von Handlungsstrategien, ohne von internen betrieblichen Interessen beeinflusst zu werden.

Spezialisierte Fachkenntnisse
Außerbetriebliche Organisationen verfügen oft über spezialisierte Fachkenntnisse im Bereich der sexualisierten Gewalt. Sie greifen auf Erfahrungen und Ressourcen zurück, um bestmögliche Unterstützung zu bieten - angepasst an die individuelle Situation.

Anonymität und Vertraulichkeit
Sich an eine externe Organisation zu wenden, bietet den Vorteil von Anonymität und Vertraulichkeit. Dies ist besonders wichtig, wenn Sie Bedenken hinsichtlich möglicher Auswirkungen auf Ihre Karriere oder Ihre Arbeitsbeziehungen haben.

Zusätzliche Unterstützungsmöglichkeiten
Außerbetriebliche Organisationen zeigen zusätzliche Unterstützungsmöglichkeiten auf, wie psychologische Beratung, rechtliche Konsultation oder Unterstützung bei der Einleitung von rechtlichen Schritten.

Stärken der eigenen Rechte

Die Inanspruchnahme externer Hilfen unterstützt Sie bei der Durchsetzung Ihrer Rechte und einem selbstbewussten Umgang mit der Situation. Durch die Unterstützung externer Organisationen treffen Sie informiertere Entscheidungen.

Erste Anlaufstellen finden Sie unter „Wichtige Kontakte" am Ende dieses Buches.

KAPITEL 15

RESSOURCEN
WEGE ZUR HEILUNG

Sexualisierte Gewalt am Arbeitsplatz kann und ist häufig für Betroffene und weitere Beteiligte traumatisch und belastend.

Es ist daher wichtig zu wissen, dass es Unterstützungsangebote gibt, die dabei helfen können, mit den Auswirkungen umzugehen, Heilung zu finden und die eigenen Rechte zu wahren.

Verschiedene therapeutische Ansätze unterstützen dabei, die emotionalen und psychischen Folgen von sexualisierten Gewalterlebnissen am Arbeitsplatz zu bewältigen.

THERAPEUTISCHE ANSÄTZE: TRAUMA UND BEWÄLTIGUNG

Das Erleben sexualisierter Gewalt kann zu einem Trauma führen. Ein Trauma ist eine tiefgreifende emotionale Reaktion auf ein extrem belastendes oder schmerzhaftes Ereignis, die die normale Verarbeitung von Erfahrungen überschreitet. Professionelle Therapeutinnen und Therapeuten bieten Unterstützung bei der Behandlung von Traumafolgestörungen, wie posttraumatischer Belastungsstörung (PTBS), Depressionen, Angstzuständen und anderen psychischen Symptomen, durch verschiedene Ansätze:

Kognitive Verhaltenstherapie (VT)
Bei der kognitiven Verhaltenstherapie werden die Gedanken, Gefühle und Verhaltensmuster der Betroffenen in Bezug auf das Trauma identifiziert und verändert. Dieser Ansatz unterstützt dabei, negative Denkmuster und Verhaltensweisen zu erkennen, um mit den Auswirkungen des Traumas besser umgehen zu können.

Eye Movement Desensitization and Reprocessing (EMDR)
EMDR ist eine spezielle Form der Therapie, die darauf abzielt, die Verarbeitung von Erinnerungen zu verbessern. Dabei werden Augenbewegungen oder andere Formen von bilateraler Stimulation verwendet, um die Verarbeitung von traumatischen Erfahrungen zu unterstützen und belastende Erinnerungen zu verarbeiten.

Kunst- und Körpertherapie
Diese therapeutischen Ansätze nutzen kreative Ausdrucksformen wie Kunst, Musik oder Bewegung, um

den Betroffenen dabei zu helfen, ihre Gefühle und Erfahrungen zu bewältigen.

Traumafokussierte Psychotherapie

Dieser Ansatz konzentriert sich auf die Adaption traumatischer Erfahrungen durch Techniken, die direkt auf die Traumaverarbeitung abzielen, um die Symptome zu verringern und das emotionale Erleben zu verändern. Dies geschieht durch das Erarbeiten sicherer Erinnerungsrahmen und die Konfrontation mit Angstsymptomen im geschützten Umfeld.

Somatic Experiencing

Somatic Experiencing ist eine Körpertherapie, die sich auf die körperlichen Reaktionen auf Trauma konzentriert. Dieser Ansatz reguliert die Auswirkungen von Trauma auf das Nervensystem, indem der Fokus auf die körperlichen Empfindungen und deren Entspannung gelegt wird. Durch diese Methode lernen Betroffene, traumatische Stressreaktionen abzubauen und sich sicherer im eigenen Körper zu fühlen.

Systemische Therapie

Die systemische Therapie betrachtet Probleme nicht isoliert, sondern im Kontext der Beziehungen und des Umfeldes der Betroffenen. Diese Therapieform ist hilfreich, um die Auswirkungen des Traumas im sozialen Kontext zu verstehen und Unterstützung durch das soziale Netzwerk zu mobilisieren. Sie trägt dazu bei, dysfunktionale Muster zu identifizieren und zu ändern.

Akzeptanz- und Commitment-Therapie (ACT)

ACT basiert auf der Idee, dass die Akzeptanz der eigenen Gedanken und Gefühle sowie das Engagement für persönliche Werte zu einem erfüllteren Leben führen. Dieser Ansatz hilft dabei, sich von belastenden Gedanken und Gefühlen zu distanzieren und sich auf das Leben gemäß den eigenen Werten zu konzentrieren. ACT verringert die emotionale Belastung durch das Trauma, indem es den Fokus auf positive Veränderungen lenkt.

Diese Methoden werden, je nach individuellem Bedarf und Symptomen, kombiniert oder separat angewendet, um eine umfassende Unterstützung und Therapie zu bieten. Eine professionelle therapeutische Unterstützung durch spezialisierte Fachleute wird empfohlen, da sie ein wichtiger Schritt ist, um mit den Auswirkungen sexualisierter Gewalt umzugehen und Gesundheit sowie Wohlbefinden wiederherzustellen.

Die therapeutischen Angebote in Ihrer Region können Sie bei örtlichen Beratungsstellen, Ihrer Krankenkasse oder den Kassenärztlichen Vereinigungen in Deutschland abrufen unter www.arztsuche.116117.de und der Telefonnummer 116117.

SELBSTHILFE: EMPOWERMENT UND STÄRKUNG

Selbsthilfegruppen bieten die Möglichkeit, sich mit anderen Betroffenen auszutauschen, Gefühle zu teilen und sich gegenseitig zu unterstützen. Sie dienen als sichere Räume, in denen Betroffene über ihre Erfahrungen sprechen können, ohne Angst vor Verurteilung oder Stigmatisierung haben zu müssen. Durch den Austausch ermutigen sie sich gegenseitig, entwickeln Empowerment-Strategien und finden neue Wege zur Bewältigung ihrer Gewalterfahrungen. Dies führt häufig zu einer verbesserten psychischen Gesundheit und einem gesteigerten Selbstwertgefühl der Teilnehmenden, die lernen, ihre eigenen Bedürfnisse besser auszudrücken und für ihre Rechte einzustehen.

Auch Selbsthilfe-Toolkits, Online-Ratgeber und Materialien für Betroffene von sexualisierter Gewalt sind wichtige Ressourcen auf dem Weg der Bewältigung und Heilung. Sie bieten Informationen, praktische Tipps und Übungen, die alltagstauglich und praktikabel sind.

Ebenso liefert (Fach-)Literatur zahlreiche Ideen, um die eigenen Selbsthilfe- und Empowerment-Fähigkeiten zu stärken. Bücher von Überlebenden oder Fachleuten, die sich mit dem Thema beschäftigen, dienen als wertvolle Impulse, um Informationen, Perspektiven und praktische Anleitungen zu erhalten.

All diese Ansätze ergänzen die professionelle Hilfe. Jede Person hat unterschiedliche Bedürfnisse, und was bei einer Person funktioniert, muss bei einer anderen nicht unbedingt wirken. Probieren Sie aus und ermutigen Sie auch andere, dies zu tun.

SELFCARE:
SELBSTFÜRSORGE NACH ERLEBNISSEN

Nach sexualisierten Gewalttaten ist es mehr als wichtig, uns um uns zu kümmern. Uns zu bestärken, zu ermutigen und zu lieben. Auch als Ally tut es gut, uns Raum für unsere Gefühle, Gedanken und Selbstfürsorge zu nehmen. Das können wir, indem wir:

Sichere Umgebungen für uns schaffen
Wenn wir uns in einer bedrohlichen oder unsicheren Situation befinden, sollten wir uns aus dieser entfernen und einen sicheren Raum aufsuchen. Dies kann ein vertrauter Ort, ein geschützter Raum oder der Kontakt zu jemandem sein, bei dem wir uns wohl und sicher fühlen.

Gespräche suchen
Der Austausch über das Erlebte bringt Erleichterung. Durch das Reden über unsere Erfahrungen, Wahrnehmungen und Sorgen bauen wir emotionale Lasten ab und schützen uns. Das Teilen von Erlebnissen hilft dabei, unsere Gefühle besser zu verarbeiten und ermöglicht es uns, neue Perspektiven zu gewinnen und Rat von anderen zu erhalten. Uns gegenseitig zu unterstützen und Mut zuzusprechen stärkt uns und fördert Gemeinschaft sowie Verbundenheit. Diese soziale Unterstützung trägt dazu bei, das eigene Wohlbefinden zu verbessern und das Gefühl der Isolation zu verringern.

Informationen einholen
Wissen verschafft uns Handlungssicherheit und hilft uns, die nächsten Schritte gezielt zu planen und fundiert zu entscheiden, welche Unterstützung oder Ressourcen erforderlich sind. Darüber hinaus ermöglicht es eine proaktive Herangehensweise an Herausforderungen und fördert ein zielgerichtetes Vorgehen.

Stabilisierende Faktoren nutzen

Überlegen Sie, welche stabilisierenden und unterstützenden Faktoren Ihnen zur Verfügung stehen. Das können Strategien der Selbstfürsorge, Entspannung oder Routinen sein, die Ihr emotionales Gleichgewicht stabilisieren.

Persönliche Bewältigungsstrategien entwickeln

Nutzen Sie gesunde Wege zur Stressbewältigung, wie körperliche Aktivität, Meditation, Achtsamkeitsübungen oder kreative Ausdrucksformen wie Malen, Schreiben oder Musik. Tun Sie das, was Ihnen gut tut! Achten Sie auf regelmäßige Pausen und ausreichend Schlaf, um die nötige Erholung zu erhalten. Setzen Sie sich realistische Ziele und planen Sie Ihre Schritte. So behalten Sie den Fokus und die Motivation, auch wenn Herausforderungen auftreten. Bleiben Sie offen für Veränderungen und reagieren Sie flexibel auf neue Situationen. Anpassungsfähigkeit ist ein Schlüssel, um mit Herausforderungen umzugehen.

Negative Gedanken durch Positive ersetzen

Selbstgespräche unterstützen dabei, eine gesunde Selbstwahrnehmung zu erhalten und optimistisch zu bleiben. Auch wenn es anfangs ungewöhnlich erscheinen mag, tragen positive Selbstgespräche zu Ihrem emotionalen Wohlbefinden bei. Indem Sie sich selbst ermutigen und Ihre Stärken betonen, stärken Sie Ihr Selbstvertrauen und schaffen eine mentale Haltung, die Sie in herausfordernden Situationen unterstützt. Oft sind es kleine Änderungen, die große positive Veränderungen bewirken.

Kombinieren Sie diese Bausteine und gestalten Sie Sicherheit in unsicheren und belastenden Situationen.

RECHTLICHE OPTIONEN: ANLAUFSTELLEN

Betroffene von sexualisierter Gewalt am Arbeitsplatz erhalten in Deutschland rechtlichen Schutz und Unterstützung durch verschiedene Anlaufstellen und Organisationen:

Antidiskriminierungsstelle des Bundes

Die Antidiskriminierungsstelle des Bundes unterstützt Menschen, die von Diskriminierung betroffen sind, einschließlich solcher, die sexualisierte Gewalt am Arbeitsplatz erfahren haben. Sie informiert Unternehmen, Arbeitgebende und Führungsverantwortliche darüber, was Diskriminierung ist und welche Maßnahmen dagegen ergriffen werden können. Die Antidiskriminierungsstelle führt wissenschaftliche Untersuchungen durch und berichtet an den Deutschen Bundestag.

Rechtsanwältinnen und Rechtsanwälte

Rechtsanwält*innen, insbesondere mit Erfahrung im Arbeitsrecht und Opferschutz, können Betroffenen bei der rechtlichen Aufarbeitung des Vorfalls helfen, z.B. bei der Anzeigenerstattung, der Durchsetzung von Schadensersatzansprüchen oder dem Einreichen von Klagen.

Gewerkschaften

Gewerkschaften unterstützen Betroffene von sexualisierter Gewalt am Arbeitsplatz in Fragen des Arbeitsrechts und des Opferschutzes. Sie stellen Informationen über Rechte und Pflichten von Angestellten bereit und helfen bei der Durchsetzung von Ansprüchen. Zudem nehmen Gewerkschaften Meldungen solcher Vorfälle in ihre eigenen Statistiken auf, wenn vorhanden, und leiten weitere Schritte ein, um systematische Probleme zu adressieren und Verbesserungen am Arbeitsplatz zu fördern.

Frauen- und Betroffenenberatungsstellen

Fachstellen bieten Unterstützung und Beratung speziell für Betroffene von sexualisierter Gewalt. Sie stellen Informationen über rechtliche Optionen bereit und unterstützen die Betroffenen bei der Anzeigenerstattung und anderen rechtlichen Verfahren.

Spezialisierte Rechtsberatungsstellen

Es gibt spezialisierte Rechtsberatungsstellen, die sich auf Fälle von sexualisierter Gewalt am Arbeitsplatz fokussiert haben und Betroffene in rechtlichen Angelegenheiten unterstützen.

Die lokalen Kontaktdaten für diese Unterstützungsangebote variieren je nach Region. Recherchieren Sie, zusätzlich zu den aufgeführten Anlaufstellen am Ende dieses Buchs unter „Wichtige Kontakte", auch lokale Ressourcen und Beratungsstellen in Ihrer Umgebung, um passende Ansprechpartner*innen zu finden. Alle in diesem Kapitel vorgestellten Ressourcen - von therapeutischen Ansätzen über rechtliche Hilfe bis hin zu Selbsthilfe und Selbstfürsorge - sind von großer Bedeutung und ergänzen sich gegenseitig. Es ist entscheidend, dass Sie Zugang zu einer Vielzahl von Hilfsangeboten haben und diese in Anspruch nehmen, um umfassende Unterstützung zu erhalten. Die Kontaktdaten für Unterstützungsangebote können je nach Region unterschiedlich sein. Recherchieren Sie neben den am Ende dieses Buches unter „Wichtige Kontakte" aufgeführten Anlaufstellen auch lokale Ressourcen und Beratungsstellen in Ihrer Umgebung. Diese bieten maßgeschneiderte Hilfe und stärken Sie dabei, Ihren persönlichen Weg zur Heilung zu finden und zu beschreiten.

KAPITEL 16

DIE VISION
EINE GEWALTFREIE ARBEITSWELT

Sexualisierte Gewalt am Arbeitsplatz ist destruktiv und führt zu erheblichen Verlusten, wie die vorherigen Kapitel zeigen.

Demgegenüber bringt das Beenden sexualisierter Gewalt am Arbeitsplatz große Gewinne und einen hohen Mehrwert mit sich - für Unternehmen und die für sie und mit ihnen arbeitenden Menschen.

Denn nochmal: ein sicheres Arbeitsumfeld fördert das Wir-Gefühl, die Produktivität, die Stabilität und den Erfolg aller!

WAS VERLIEREN WIR, WENN WIR SEXUALISIERTE GEWALT AM ARBEITSPLATZ NICHT BEENDEN?

Die Auswirkungen von sexualisierter Gewalt am Arbeitsplatz sind verheerend, wenn sie nicht thematisiert und bekämpft werden. Und wir verlieren viel:

Betroffene und Zeug*innen verlieren ihre Gesundheit, ihre Karrieren, ihren Selbstwert

Sie erleiden viel zu oft tiefgreifende negative emotionale Auswirkungen, die zu einem Rückgang der Lebensqualität und der beruflichen Leistung führen. Ihre Karrieren stehen auf der Kippe, und ihr Selbstwertgefühl wird untergraben, was langfristig zu sozialer Isolation und persönlichem Elend führt.

Unternehmen verlieren ihre konstruktive Arbeitsatmosphäre, ihre Integrität und ihr Ansehen

Anstelle eines gesunden, produktiven Arbeitsumfeldes gedeiht eine toxische Kultur des Misstrauens und der Angst. Der Ruf des Unternehmens wird beschädigt. Der Reputationsschaden führt zu einem massiven Verlust an Vertrauen in das Unternehmen, die Beteiligten und die Wettbewerbsfähigkeit.

Als Gesellschaft verlieren wir Gerechtigkeit, Fortschritt und Wohlstand

Soziale Ungerechtigkeiten nehmen zu, der gesellschaftliche Fortschritt wird gebremst, wirtschaftliche und soziale Kosten steigen, und die Kultur der Solidarität wird massiv gestört.

Wenn wir sexualisierte Gewalt nicht entschlossen bekämpfen, zahlen wir einen hohen Preis.

WAS GEWINNEN WIR, WENN WIR SEXUALISIERTE GEWALT AM ARBEITSPLATZ BEENDEN?

Wenn wir sexualisierte Gewalt am Arbeitsplatz entschieden bekämpfen und stoppen, gewinnen wir:

Betroffene und Zeug*innen gewinnen Gesundheit, Karrierechancen und Selbstwert

Die Belegschaft erlebt eine Verbesserung ihrer psychischen und physischen Gesundheit, da die ständige Angst und die Traumata der Vergangenheit verschwinden. Sie können sich wieder voll auf ihre beruflichen Aufgaben konzentrieren, ihre Karrieren vorantreiben und ein starkes Selbstwertgefühl aufbauen. Die Unterstützung und Sicherheit fördern ein erfülltes und produktives Arbeitsleben, das zur sozialen und beruflichen Integration beiträgt.

Unternehmen gewinnen eine gesunde Arbeitsatmosphäre, Integrität und Ansehen

Mit dem Ende sexualisierter Gewalt entsteht ein konstruktives und unterstützendes Arbeitsumfeld, das auf Vertrauen und Respekt basiert. Unternehmen stärken ihre Integrität und bauen ein positives Image auf, das alle anspricht. Ein respektvoller und sicherer Arbeitsplatz fördert die Produktivität, verringert die Fluktuation und zieht qualifizierte Talente an. Und sorgt letztendlich für den Erfolg des Unternehmens und aller Beteiligten.

Als Gesellschaft gewinnen wir Gerechtigkeit, Fortschritt und wirtschaftlichen Wohlstand

Durch das Ausmerzen sexualisierter Gewalt schaffen wir eine gerechtere und gewaltfreiere Gesellschaft, in der soziale Ungerechtigkeiten abgebaut werden.

Der gesellschaftliche Fortschritt wird gefördert, da alle Menschen die gleichen Chancen auf beruflichen und persönlichen Erfolg haben. Dies führt zu einer Reduzierung von Gesundheits- und Sozialkosten und stärkt die wirtschaftliche Produktivität. Ein solidarisches und respektvolles Zusammenleben wird zur Norm, was den sozialen Zusammenhalt und den Wohlstand insgesamt steigert.

Und das Ermutigende daran:

Jede Handlung zählt.

FAZIT UND ERMUTIGUNG

Als Gesellschaft, als Unternehmen und als Individuen tragen wir die Verantwortung, ein sicheres, faires und respektvolles Arbeitsumfeld zu gestalten.

Sexualisierte Gewalt am Arbeitsplatz ist dabei absolut inakzeptabel. Gemeinsam können wir einen wirkungsvollen Unterschied machen und aktiv dagegen vorgehen.

Denn wir sind nicht allein. Wir sind viele.

Wir können uns gegenseitig unterstützen, ermutigen und begleiten. Durch Sensibilisierung, aufmerksames Hinsehen, Zuhören und entschlossenes Handeln schaffen wir eine starke und respektvolle Gemeinschaft. Es liegt an uns, Vorbilder, Multiplikator*innen und Allies zu sein - egal welche Rolle oder Funktion wir am Arbeitsplatz haben.

Wir können unser eigenes Denken und Verhalten reflektieren und uns aktiv gegen unangemessene Verhaltensweisen, anerzogene Vorurteile und abwertende Kommunikation einsetzen. Gemeinsam etablieren und leben wir so eine Kultur des Respekts, der Wertschätzung und der Gleichberechtigung. Wir treiben den Wandel voran und ermöglichen eine Zukunft, in der sexualisierte Gewalt am Arbeitsplatz der Vergangenheit angehört. Wir sind entschlossen, eine Arbeitsumgebung zu schaffen, in der jede Person sicher, geschätzt und respektiert ist.

Indem wir sexualisierte Gewalt erkennen, benennen und beenden!

WICHTIGE KONTAKTE

Diese Stellen bieten anonym, vertrauensvoll, kompetent und zumeist kostenfrei Unterstützung.

DEUTSCHLAND

Antidiskriminierungsstelle des Bundes
0800 546 5465 & www.antidiskriminierungsstelle.de

Weißer Ring
116 006 & www.weisser-ring.de

Hilfetelefon Gewalt gegen Frauen
116 016 & www.hilfetelefon.de

Hilfetelefon Gewalt an Männern
0800 123 990 0 & www.maennerhilfetelefon.de

Hotline des Bundes für tatgeneigte Personen
0800 7022240

Kein Täter werden
www.kein-taeter-werden.de

Männer contra Gewalt e.V.
www.maenner-contra-gewalt.de

ÖSTERREICH

Telefonseelsorge
142 & www.telefonseelsorge.at

Opfer Notruf
0800 112 112 & www.opfer-notruf.at

Männernotruf
0800 246 247 & www.maennernotruf.at

SCHWEIZ

Opferhilfe
www.opferhilfe-schweiz.ch/de/

Frauenhelpline gegen Gewalt
0800 222 555 und www.frauenhelpline.ch

Männerwelten
0662 883 464 & www.maennerwelten.ch

EUROPÄISCHE UNION

European Institute for Gender Equality (EIGE)
+370 5 215 7440 & www.eige.europa.eu

The Group of Experts on Action against Violence against Women and Domestic Violence (GREVIO)
+33 3 88 41 20 00 & www.coe.int

WELTWEIT

Global Network of Women's Shelters
www.womenshelters.org

United Nations Women
www.unwomen.org

SafeHorizon
www.safehorizon.org

Rape Crisis Network Europe
www.rcne.com

QUELLEN

Alle angegebenen Quellen wurden zuletzt am 14. März 2025 online abgerufen.

[1] https://zms.bundeswehr.de/resource/blob/5323764/1fd7d34f7236cc2bb9200ae901e92c-f4/studie-tabu-und-tolerenz-data.pdf

[2] https://www.antidiskriminierungsstelle.de/DE/ueber-diskriminierung/diskriminie-rungsmerkmale/sexuelle-identitaet/paragraph_175/paragraph_175_node.html

[3] https://www.thelavenderscare.com/

[4] https://www.gesetze-im-internet.de/agg/

[5] https://www.antidiskriminierungsstelle.de/SharedDocs/downloads/DE/publikationen/Expertisen/umgang_mit_sexueller_belaestigung_am_arbeitsplatz_kurzfassung.pdf?__blob=publicationFile&v=11

[6] https://www.ufo-online.aero/images/themen/gesundheit/pdf/umfrage_sexuelle_bela-estigung.pdf?_t=1557477747

[7] https://bjs.ojp.gov/content/pub/pdf/cv20sst.pdf

[8] https://www.destatis.de/DE/Themen/Arbeit/Verdienste/Verdienste-GenderPayGap/_in-halt.html#

[9] https://www.bka.de/DE/AktuelleInformationen/StatistikenLagebilder/PolizeilicheKrimi-nalstatistik/PKS2019/PKSTabellen/Zeitreihen/zeitreihen_node.html

[10] https://www.i-p-bm.com/images/Literatur_und_Presse/stalking_arbeitsmedizin.pdf

[11] https://www.destatis.de/DE/Presse/Pressemitteilungen/2024/03/PD24_083_621.html

[12] https://ecamaastricht.org/blueandyellow-zoomingin/equal-pay-in-europe-where-does-the-gender-pay-gap-stand-in-2024?utm_source=chatgpt.com

[13] https://elpais.com/opinion/2025-03-06/la-paradoja-del-talento-el-coste-economico-de-la-brecha-de-genero.html?utm_source=chatgpt.com

14 https://www.destatis.de/DE/Themen/Arbeit/Arbeitsmarkt/Qualitaet-Arbeit/Dimension-1/frauen-fuehrungspositionen.html

15 https://www.reederverband.de/sites/default/files/publikationen/deutsche_seeschiff-fahrt/deutsche_seeschifffahrt_-_ausgabe_q4-2020.pdf

16 https://www.weforum.org/reports/gender-gap-2020-report-100-years-pay-equality/

17 https://iqb.de/karrieremagazin/mint/frauen-in-mint-berufen-und-studiengaengen

18 https://eige.europa.eu/sites/default/files/documents/20204159_mh0220657den_pdf.pdf

19 https://crashstats.nhtsa.dot.gov/Api/Public/ViewPublication/813358, zuletzt abgerufen am 12.06.2023

20 vfa-Positionspapier, Berücksichtigung von Frauen und Männern bei der Arzneimittel-forschung, Februar 2023

21 https://www.gesetze-im-internet.de/agg/

22 https://www.bmfsfj.de/resource/blob/140386/59a79b46512dfeaa23af3d8906768679/sexuelle-belaestigung-im-job-data.pdf

23 https://weisser-ring.de/pm_sexualisierte_gewalt#:~:text=Alle acht Minuten wird ein,gegen die sexuelle Selbstbestimmung festhält.

24 https://fra.europa.eu/sites/default/files/fra_uploads/eu-gender_based_violence_survey-_key_results.pdf

25 https://www.ilo.org/sites/default/files/wcmsp5/groups/public/@dgreports/@dcomm/documents/publication/wcms_863095.pdf

26 https://www.antidiskriminierungsstelle.de/SharedDocs/downloads/DE/publikationen/Expertisen/umgang_mit_sexueller_belaestigung_am_arbeitsplatz_kurzfassung.pdf?__blob=publicationFile&v=11

27 https://www.antidiskriminierungsstelle.de/SharedDocs/downloads/DE/publikationen/Leitfaeden/leitfaden_was_tun_bei_sexueller_belaestigung.pdf?__blob=publicationFile&v=19

28 https://www.antidiskriminierungsstelle.de/SharedDocs/downloads/DE/publikationen/Leitfaeden/leitfaden_was_tun_bei_sexueller_belaestigung.pdf?__blob=publicationFile&v=19

29 https://www.antidiskriminierungsstelle.de/SharedDocs/forschungsprojekte/DE/UM-FRAGE_sex_Belaestigung_am_ArbPlatz.html?nn=305536#bodyText

30 https://www.dbb.de/fileadmin/user_upload/globale_elemente/pdfs/2018/forsa_2018.pdf

31 https://www.antidiskriminierungsstelle.de/SharedDocs/downloads/DE/publikationen/
Leitfaeden/leitfaden_was_tun_bei_sexueller_belaestigung.pdf?
__blob=publicationFile&v=19

32 https://www.bmfsfj.de/resource/blob/140386/59a79b46512dfeaa23af3d8906768679/
sexuelle-belaestigung-im-job-data.pdf

33 https://www.antidiskriminierungsstelle.de/SharedDocs/downloads/DE/publikationen/
Expertisen/umgang_mit_sexueller_belaestigung_am_arbeitsplatz.html

34 https://www.bmfsfj.de/resource/blob/140386/59a79b46512dfeaa23af3d8906768679/
sexuelle-belaestigung-im-job-data.pdf

35 https://feps-europe.eu/wp-content/uploads/downloads/publications/survey sexism
and sexual harassment at work feps fjj 2019_en .pdf

36 https://www.bgw-online.de/resource/blob/22160/5d35353fe4c9037e6a-
e64a010e796808/bericht-gewalt-pflege-data.pdf

37 https://eige.europa.eu/publications-resources/publications/costs-gender-based-vio-
lence-european-union

38 https://www.etuc.org/sites/default/files/document/files/
final_report_de_0.docx&psig=AOvVaw1Chjt9ZdTyw7jVsnjonQ3Y&ust=1686045765544579

39 https://www.bmz.de/de/themen/frauenrechte-und-gender/frauen-staerkung-wirt-
schaftliche-teilhabe

40 https://www.gesetze-im-internet.de/agg/index.html#BJNR189710006BJNE000100000

41 https://blogs.lse.ac.uk/businessreview/2019/01/29/the-flip-side-of-segregation-men-in-
typically-female-jobs/

42 Zero Tolerance Report, 2019, Europäischen Föderation der Gewerkschaften in den
Sektoren Lebensmittel, (EFFAT) im Rahmen eines von der Europäischen Union kofinan-
zierten Projekts Finanzhilfevereinbarung VS/2019/0035

43 The costs of gender-based violence in the European Union , 2021, European Institute
for Gender Equality, 2021

44 The economic costs of sexual harassment in the workplace, Final Report 2019, Deloitte
Access Economics Pty Ltd

[45] Paying Today and Tomorrow, Charting the Financial Costs of Workplace Sexual Harassment, Ariane Hegewisch, Jessica Forden, and Eve Mefferd, July 2021, Institute for Women's Policy Research and the TIME'S UP[TM] Foundation

[46] https://www.bmz.de/de/themen/frauenrechte-und-gender/frauen-staerkung-wirtschaftliche-teilhabe

[47] https://feps-europe.eu/wp-content/uploads/downloads/publications/116268_rapport_-feps-fjj_uk.pdf

[48] https://www.lexology.com/library/detail.aspx?g=5ab39cb3-f3ac-4981-b444-1ddb1d1d-d7d0

[49] https://de.statista.com/statistik/daten/studie/1100866/umfrage/rangliste-der-eu-laender-nach-geschlechtsspezifischer-ungleichheit-im-gender-inequality-index/

[50] https://de.statista.com/statistik/daten/studie/1098311/umfrage/frauenanteil-in-fuehrungspositionen-in-der-eu/

[51] https://www.ipu.org/resources/publications/issue-briefs/2018-10/sexism-harassment-and-violence-against-women-in-parliaments-in-europe

[52] https://www.ipsos.com/sites/default/files/ct/news/documents/2023-03/Ipsos-PI_Weltfrauentag_2023-03-07.pdf

[53] https://www.researchgate.net/profile/Gerd-Bohner/publication/305722966_Falschbeschuldigungen_bei_sexueller_Gewalt_False_allegations_of_sexual_violence/links/64c65eff5c44f86be6d5477e/Falschbeschuldigungen-bei-sexueller-Gewalt-False-allegations-of-sexual-violence.pdf

[54] https://www.antidiskriminierungsstelle.de/SharedDocs/aktuelles/DE/2019/20191025_P-K_Studie_Sexuelle_Belaestigung.html

[55] https://www.antidiskriminierungsstelle.de/SharedDocs/downloads/DE/Sonstiges/20230718_AGG_Reform.pdf?__blob=publicationFile&v=12

[56] Effective gender equality training: analysing the preconditions and success factors, 2014, European Institute for Gender Equality

[57] https://signalresponder.ca